MVC 패턴 웹 사이트 개발을 위한

자바스크립트 이해와 AngularJS 활용

MVC 패턴 웹 사이트 개발을 위한

자바스크립트 이해와
AngularJS 활용

초판 발행 2014년 5월 13일

지은이 강요천
발행인 최홍석

발행처 (주)프리렉
출판신고 2000년 3월 7일   제 13-634호
주소 경기도 부천시 원미구 길주로 77번길 33 나루빌딩 401호
전화 032-326-7282(代) **팩스** 032-326-5866
URL www.freelec.co.kr

기획 안동현
편집 안동현
표지 이대범
디자인 김혜정
ISBN 978-89-6540-062-2

MVC 패턴 웹 사이트 개발을 위한

자바스크립트 이해와 AngularJS 활용

강요천 지음

프리렉

시작하며

"자바스크립트를 공부하는 데 있어서 무엇이 필요한가?"라는 질문에 대한 대답은 참으로 다양하겠지만, 역시나 가장 중요한 주제를 뽑으라면 객체, 함수, 이벤트 등이 될 것입니다. 시중에 나와 있는 자바스크립트 서적들은 이에 대해 설명하면서 너무나 극과 극으로 나뉘는 경향이 있었고, 그 사용에 대해서도 많은 아쉬움이 있었습니다. 기획 단계에서 if~else나 for 루프와 같이 완전히 초보자들을 위한 내용은 조금 배제하더라도 좀 더 심도 있게 자바스크립트를 다루어 보고자 했던 욕심이 생각보다 많은 시간을 집필에 보내게 되었습니다.

이 책의 전반부는 자바스크립트에 대해서 필요한 내용을 다루는데, 이벤트와 관련된 7장의 경우는 개인적으로 재사용이 가능한 형태의 프레임워크를 제작하다가 얻은 아이디어를 정리한 부분에 속합니다.

책 전반부를 집필한 다음의 고민은 자바스크립트를 이용하는 프레임워크에 대한 설명이었습니다. 최초에는 이를 위해서 예전에 세미나나 강좌를 진행하면서 다루기 시작했던 backbone.js나 ember.js 등이 고려 대상이었습니다. 그러나 아무리 해도 자바스크립트 프레임워크는 개발자들의 작업을 줄이는데 있어서는 불합리한 모습이 많이 보였고, 제작 시간도 오래 걸리는 문제에 대한 적절한 해결책을 찾기 어려웠습니다. 무엇보다도 이런 프레임워크를 적용하기에는 코드의 작업량이 너무 많았고, 기존과 비교해서 확실하게 매력을 끌 만한 부분이 부족했다는 점이 가장 큰 이유입니다.

AngularJS는 이러한 요구를 가장 만족하게 해주는 프레임워크였습니다. 내부적으로 이벤트와 옵저버 패턴을 활용하면서 수많은 확장 기능을 가지고 있기 때문에 한 번쯤 제대로 다뤄볼 필요가 있겠다고 생각이 들었습니다. 그러다 보니 "자바스크립트 이해와 AngularJS 활용"이라는 제목을 붙이게 되었습니다.

개인적으로 프레임워크나 라이브러리를 이용한 개발에 대한 거부감은 없지만, 항상 아쉬운 것은 프레임워크에 대한 이해 없이 무작정 따라 하기 수준의 책들이 너무 많다는 점이었습니다. 모쪼록 이 책이 저와 같은 생각을 하시는 분들에게 조금이라도 도움이 되기를 바랍니다.

매번 책을 쓸 때 너무나 고마운 사람들이 많습니다. 항상 같이 고민해 주었던 병준이 형 정말 고맙습니다. AngularJS에 대한 원고 제작의 계기가 되었던 심익찬님에게도 감사의 말을 전합니다. 원고 작업 편집한다고 고생하셨던 프리렉의 안동현님과 직원분들 역시 제겐 너무나 고마우신 분들입니다. 원고 작업 때문에 가장 힘들었던 내 아내 성진과 늘 놀아주지 못하는 아빠를 좋아해 주는 우리 아들 주석이에게도 고맙다고 말해 주어야겠습니다.

마지막으로 2014년 4월 16일 불의의 참사로 아직도 돌아오지 못한 우리들의 꽃다운 어린 학생들에 기성세대로서 부끄럽고, 미안하다는 말을 전합니다.

2014년 4월 28일 새벽

강요천

저자 소개

프로그래밍을 즐기는 중년을 꿈꾸는 개발자. 2000년부터 시작해서 10년 넘게 솔루션, SI, SM, 컨설팅, 세미나, 강의, 집필 등 다양한 활동을 하고 있다. 결국, 개발은 인문학에 가깝고 기술은 수단이라는 것을 잊지 않으려고 노력한다. 최근 몇 년간은 강의와 세미나 활동을 주고 하고 있고, IT 교육에 대한 관심이 많다. 저서로 "객체중심 Java" (프리렉), "모바일 웹" (프리렉)이 있다. 공개 SW 개발자 대회의 멘토이며 현재 OLC SW 교육 자문 위원, 비트교육센터 교수로 활동 중이다.

목차

| Part 01 | **자바스크립트 이해** | 15 |

| Chapter 01 | **키워드로 살펴보는 자바스크립트** | 16 |

1. 자바스크립트와 관련된 키워드들   16
  - 1.1 프로그래밍 언어 자바스크립트   17
  - 1.2 웹 제작 도구로서의 자바스크립트   19
  - 1.3 패러다임의 변화로 보는 자바스크립트   24

2. 서버 측 자바스크립트, 클라이언트 측 자바스크립트, 그리고 자바스크립트 엔진   25

| Chapter 02 | **자바스크립트의 REPL 환경과 개발자 도구** | 26 |

1. 브라우저의 개발자 도구   26

2. 자바스크립트 편집기와 웹 서버   28
  - 2.1 압타나의 프로젝트 설정과 실행   30
  - 2.2 클라우드 환경의 자바스크립트도구   35

| Chapter 03 | **자바스크립트의 언어적인 특징** | 38 |

1. 자바스크립트의 성격   38

2. 변수에 대한 차이   39
  - 2.1 기본 자료형과 참조 자료형   39
  - 2.2 변수의 범위   40

3. 객체에 대한 개념   41

    3.1 객체란 메모리를 차지하는 모든 것   42

    3.2 함수도 객체   43

4. 연산자에 대한 차이   45

    4.1 동등 연산자와 일치 연산자   45

    4.2 in 연산자   46

    4.3 온점(.)과 대괄호([ ]) 연산자   46

Chapter 04 | **function 객체**   48

1. 함수의 선언과 변수의 해석   49

    1.1 함수의 선언 방식   50

    1.2 arguments 객체의 특별함   56

    1.3 함수 내에서의 호이스팅   58

2. 함수 실행의 조력자들: 스코프 체인, 전역 객체, 활성화 객체   59

    2.1 스코프 체인   59

    2.2 함수 실행 중 메모리   61

3. 클로저와 함수들의 상태 문제   63

    3.1 전역 변수의 문제점   63

    3.2 함수의 상태를 유지하는 클로저   63

    3.3 클로저를 사용하는 방법   66

    3.4 클로저와 메모리   67

    3.5 클로저는 바깥쪽 대상을 참조   70

Chapter 05 | **객체, 클래스, 프로토타입**   73

1. 객체 개념과 생성 방식   74

    1.1 키와 값의 자료구조: 객체   74

    1.2 간편한 객체 리터럴 방식   76

    1.3 반복적인 객체 생성을 위한 생성자 함수의 활용 방법   78

    1.4 Object.create( ) 방식의 객체 생성   80

2. 함수와 프로토타입 방식의 객체 생성   83

    2.1 프로토타입 체인 __proto__   85

    2.2 __proto__는 객체의 참조용 링크   88

    2.3 this 키워드의 의미   91

    2.4 함수의 prototype 속성   93

    2.5 생성자 함수와 new 키워드의 관계   99

    2.6 Object.create( )와 프로토타입 객체   100

Chapter 06 | **객체지향 프로그래밍을 위한 준비**   103

1. 메서드와 클래스 메서드   103

    1.1 객체의 메서드 추가 방법   103

    1.2 메서드와 함수의 전환   110

2. 접근 제한 기능과 모듈 패턴   116

    2.1 모듈 패턴   118

3. 객체의 자료형 평가   120

4. 객체 상속   123

    4.1 부모 객체를 공유하는 방법   124

    4.2 부모의 생성자 함수를 빌려 사용하는 방법   125

    4.3 프로토타입 공유 방식   127

Chapter 07 | **이벤트**   130

1. 이벤트라는 개입   130

    1.1 자바스크립트의 이벤트 처리 객체   132

2. 개발자가 작성하는 이벤트   134

    2.1 사용자 정의 이벤트 생성   135

    2.2 이벤트 발생과 전달의 순서   137

    2.3 발생한 이벤트에 데이터 추가하기   140

    2.4 이벤트 전달과 의존성의 문제   143

3. 이벤트 기반의 발행자/구독자 패턴   146

4. 모델 객체와 데이터 처리   149

    4.1 MVC 구조와 Model2 방식   151

    4.2 자바스크립트에서의 모델   153

5. 비동기화된 처리, 실시간 데이터의 문제   159

    5.1 2-way 데이터 바인딩   159

    5.2 프락시 패턴의 활용   164

    5.3 간단한 메모장 프로그램 적용   175

| Part 02 | **AngularJS 활용** | 181

Chapter 08 | **AngularJS의 소개**   182

1. AngularJS의 성격   183

    1.1 템플릿 기반의 처리 엔진   183

    1.2 2-way 데이터 바인딩 도구   184

    1.3 구조 설계를 위한 프레임워크   184

    1.4 Single Page App(SPA)을 위한 도구   185

2. AngularJS를 이용한 개발 준비   185

    2.1 WebStorm IDE와 AngularJS   186

    2.2 WebStorm 프로젝트의 생성과 실행   188

    2.3 Batarang 크롬 앱 설치   192

3. AngularJS의 Hello AngularJS   193

4. Hello AngularJS의 실행 과정   194

    4.1 부트스트랩(AngularJS의 시작)   195

    4.2 AngularJS의 용어   198

5. 의존성 주입과 2-way 데이터 바인딩   205

Chapter 09 | **모듈, 컨트롤러와 스코프($scope)** 209

1. 모듈 선언 209

1.1 모듈과 $rootScope 214

2. $scope와 컨트롤러 215

2.1 데이터를 전달하는 중간 모델로서의 $scope 217

2.2 범위로서의 $scope 218

3. 컨트롤러 선언법 220

3.1 컨트롤러의 사용지침 223

Chapter 10 | **지시자와 표현식** 224

1. 표현식 225

1.1 표현식의 특징들 226

2. 지시자 228

2.1 컨트롤러와 2-way 데이터 바인딩의 ngModel 지시자 228

2.2 직접 출력을 위한 ngBind 지시자 230

2.3 상황에 따른 표현 234

2.4 루프 처리를 위한 ngRepeat 지시자 240

2.5 DOM 이벤트 처리 250

2.6 filters를 이용한 필터링 253

2.7 사용자 정의 필터 작성법 271

Chapter 11 | **AngularJS의 서비스** 276

1. 서비스 객체의 등록 278

1.1 factory( ) 방식 279

1.2 service( ) 방식 280

1.3 provider( ) 방식 282

2. $http 서비스 284

2.1 $http 서비스 활용 방식 284

2.2 $http 서비스와 서비스-컨트롤러의 연결 작업 문제 291

3. 축약형 $http 서비스 기능들　　　　　　　　　　　298

3.1 JSONP 방식의 호출　　　　　　　　　　　　298

4. $q와 Promise 처리　　　　　　　　　　　　　302

4.1 $q 활용 방식　　　　　　　　　　　　　　303

4.2 $q.all( )을 이용한 다중 Promise 처리　　　　306

5. $timeout 서비스와 $log 서비스　　　　　　　311

5.1 $log 서비스와 로그 처리　　　　　　　　　314

6. MongoLab과 $resource 서비스　　　　　　　315

6.1 MongoLab 회원가입과 DB 생성　　　　　　315

6.2 MongoDB와 기본 용어들　　　　　　　　320

6.3 MongoLab API 키 확인과 테스트　　　　　　322

6.4 $resource를 이용한 REST 서비스 호출:

ngResource 모듈　　　　　　　　　　　　324

Chapter 12 　ngRoute 모듈과 페이지 내비게이션　　　341

1. ngRoute 모듈을 이용한 페이지 내비게이션　　342

1.1 ngRoute를 이용한 경로 설정　　　　　　　342

2. $route의 속성　　　　　　　　　　　　　　348

2.1 각 페이지별 컨트롤러 적용하기　　　　　　348

2.2 resolve( )를 이용한 데이터 전달　　　　　　350

2.3 $routeParams를 이용하는 파라미터 추출　　352

2.4 $location 서비스　　　　　　　　　　　　354

2.5 $locationProvider　　　　　　　　　　　355

3. ngAnimate 모듈을 이용한 페이지 전환 효과　　355

3.1 CSS3의 애니메이션　　　　　　　　　　　356

4. ngAnimate의 적용 원리　　　　　　　　　　360

4.1 ngAnimate의 ng-enter, ng-leave　　　　　362

4.2 뷰 전환 시 슬라이드 효과 만들기　　　　　362

Chapter 13 | **AngularJS 내부에 대한 이해**   368

1. AngularJS의 컨텍스트와
   $digest( ), $apply( ), $watch( )   368
   1.1 $apply( )   372

2. 컨트롤러 간의 이벤트 데이터 전달   374

Chapter 14 | **사용자 정의 지시자**   377

1. 모듈에 추가되는 사용자 정의 지시자   377
   1.1 name, restrict와 template   378
   1.2 사용자 정의 지시자에 데이터를 전달하는 scope 속성   380

2. 격리된 $scope   381
   2.1 사용자 정의 지시자의 scope를 이용한
       격리된 $scope 객체 생성   383
   2.2 1-way와 2-way의 scope 속성값   385
   2.3 컴파일과 링킹   387

찾아보기   391

자바스크립트 이해

PART 01

CHAPTER 01 | 키워드로 살펴보는 자바스크립트

CHAPTER 02 | 자바스크립트의
REPL 환경과 개발자 도구

CHAPTER 03 | 자바스크립트의 언어적인 특징

CHAPTER 04 | function 객체

CHAPTER 05 | 객체, 클래스, 프로토타입

CHAPTER 06 | 객체 지향 프로그래밍을 위한 준비

CHAPTER 07 | 이벤트

Chapter

1

키워드로 살펴보는 자바스크립트

프로그래밍 언어로서 자바스크립트는 사람에 따라서 호불호가 극명하게 갈리는 참 특이한 언어가 아닌가 싶습니다. 또한, 지난 십 년이 넘는 시간 동안 가장 많이 위상이 바뀐 언어이기도 합니다. 개인적으로 자바스크립트를 이해하려면 이러한 호불호가 생기는 원인이 무엇이고, 그 상황을 이해할 필요가 있다고 생각합니다.

이번 장에서는 자바스크립트에서 가장 중요하다고 생각되는 키워드를 통해서 이러한 입장의 차이가 왜 나오게 되었는지를 이해해 볼 수 있도록 합니다.

1. 자바스크립트와 관련된 키워드들

자바스크립트를 이해하기 위해서 많은 기반 지식이 필요하겠지만, 그중에서 다음과 같은 키워드들은 자바스크립트를 이해하는 중요한 키워드들일 것입니다.

Web App
HTML5 Script Language
Browser Object
Event HTML,CSS jQuery
MVC
Function Ajax
Closure
Server

이 키워드들을 성격에 따라서 분류해 보면 다음과 같이 정리할 수 있습니다.

- **자바스크립트를 프로그래밍 언어로 볼 때의 키워드** Script Language, Event, Object, Function 등과 같이 문법적인 개념의 이해가 필요한 내용
- **코딩과 관련된 키워드** Browser, jQuery, HTML, CSS, Ajax 등과 같이 실제로 자바스크립트 를 이용해서 작성하는 작업들에 대한 키워드들
- **패러다임이나 시대의 변화와 관련된 키워드** HTML5, Web App 등과 같이 개발 방식의 변화나 플랫폼의 변화

1.1 프로그래밍 언어 자바스크립트

자바스크립트는 원래 그 태생 자체가 브라우저라는 특수한 환경에서 브라우저의 개발 언어에 관계없이 동작할 수 있는 가벼운 프로그래밍 언어라는 개념에서 출발하였습니다. 따라서 C나 자바와 같은 엄격한 언어들과는 달리 문법적으로 단순하고, 빠르게 작성할 수 있는 형태입니다.

스크립트 언어

스크립트 언어(Script Language)란 응용 소프트웨어를 제어하기 위한 목적으로 사용하는 언어를 말합니다. 즉 자바스크립트는 브라우저라는 응용 소프트웨어를 제어하기 위한 용도로 사용되는 언어라고 생각할 수 있습니다.

> **자바스크립트의 역사**
>
> 간단하게 자바스크립트의 역사를 살펴보면 과거에는 주로 브라우저라는 응용 프로그램을 제어하는 용도로, 원래의 시작은 브렌단 아이크(Brendan Eich)가 만든 간단한 스크립트 언어인 모카(Mocha)에서 시작되었습니다.
>
> 자바스크립트는 이후에 라이브 스크립트(Live Script)라는 이름으로 바뀌었고, 초기 브라우저 시장에서 인기를 끌었던 넷스케이프에서 자바스크립트(JavaScript)라는 이름으로 사용되면서부터 우리에게는 자바스크립트라는 용어로 알려지게 되었습니다.

사실 마이크로소프트사의 경우에는 자바스크립트 외에도 브라우저를 제어할 수 있는 VBScript와 같은 스크립트 역시 지원해왔고, 자바스크립트를 독자적인 해석으로 구현하여 JScript라는 별도의 이름으로 부르기도 했습니다.

스크립트 언어들은 그 목적이 별도의 소프트웨어를 제어하는 것이기 때문에, 다음과 같은 특징이 있습니다.

- **문법적으로 단순한 구조** 스크립트 언어는 기본적으로 그 태생이 응용 프로그램의 명령어에서 시작하기 때문에, 별도의 문법적인 장치를 최소화하고 쉽게 익힐 수 있도록 설계됩니다.

- **즉시 실행이 가능한 환경** 응용 소프트웨어만 있다면 언제나 직접 실행할 수 있는 환경을 제공하는데, 보통 REPL(Read-Eval-Print-Loop) 환경이 제공됩니다. 프로그래밍 언어 중에 같은 스크립트 언어로 분류되는 Ruby나 PHP 같은 언어들 역시 간단히 실행할 수 있는 환경들이 제공됩니다.

- **해석되는 방식의 언어** 스크립트 언어들은 기본적으로 코드를 읽어서 해석되는 과정을 거치는 인터프리트(Interpret) 방식으로 실행됩니다. 자바스크립트 역시 최근 몇 년 전까지도 이러한 방식을 사용해 왔지만, 최근의 브라우저들은 자바스크립트의 속도 개선을 위해서 컴파일 방식을 사용하기도 합니다(예를 들어 크롬 브라우저의 경우 자바스크립트의 코드를 직접 기계어로 번역한 결과를 실행합니다).

이벤트와 함수

자바스크립트를 프로그래밍 언어로 바라볼 때 눈에 띄는 특징 중의 하나는 데이터의 교환 방식이라고 할 수 있는 메시지의 전달 방식에 있어서 이벤트(Event) 방식을 이용한다는 점을 들 수 있습니다. 자바스크립트는 전통적으로 브라우저라는 특정한 프로그램에서 발생하는 데이터와 화면에서 사용자들이 발생시키는 데이터를 이벤트 형태로 전달하게 되고, 자바스크립트를 처리하는 엔진 내부에서 이 메시지를 처리하는 형태로 동작합니다.

자바스크립트는 이러한 이벤트의 처리를 담당하는 객체를 과거에는 주로 함수(function)의 형태로 작성했기 때문에 흔히 자바스크립트의 이벤트 처리는 함수로 한다고들 표현합니다만, 자바스크립트는 함수 역시 객체로 간주하므로 이벤트 처리용 객체로 함수를 이용한다는 표현이 더 정확합니다.

객체

다른 프로그래밍 언어들과 달리 자바스크립트는 아직 클래스(Class)라는 구조적인 장치를 가지고 있지 않습니다(다음 자바스크립트 버전에 class라는 키워드가 추가될 가능성이 있긴 합니다). 자바스크립트는 객체(Object)라는 개념을 클래스 기반의 언어들보다 상당히 느슨하게 바라보기 때문에, 특정한 메모리 공간을 차지하는 것을 모두 객체로 간주합니다. 따라서 자바스크립트에서 선언하는 모든 변수나 함수 등 역시 객체로 간주 됩니다.

1.2 웹 제작 도구로서의 자바스크립트

과거의 자바스크립트는 그저 홈페이지를 제작하는 데 있어서 필요한 HTML과 브라우저의 동작을 제어하기 위한 용도로서의 간단한 스크립트 언어였습니다.

브라우저라는 프로그램

자바스크립트의 태생 자체가 각자 다른 프로그래밍 언어로 제작된 브라우저라는 프로그램들 내에서 실행할 수 있는 간단한 스크립트 언어였기 때문에, 자바스크립트는 브라우저에서 실행되는 언어라는 것이 가장 일반적인 개념이었다고 할 수 있습니다.

이러한 개념은 약간의 오해의 소지가 있는데, 엄밀하게 말하자면 브라우저라는 프로그램이 자바스크립트를 해석하고 실행할 수 있는 자바스크립트 엔진(JavaScript Engine)을 가지고 있다는 것이 정확한 표현이기 때문입니다. 최근 들어 Node.js 등의 서버 측 자바스크립트가 주목받으면서 브라우저에서만 실행되는 언어라는 개념보다는 자바스크립트 엔진에 의해서 해석되고 실행되는 언어라는 인식이 자리 잡고 있습니다.

jQuery

자바스크립트의 수많은 라이브러리 중에서 가장 성공한 라이브러리를 꼽자면 단연 jQuery를 뽑을 수 있습니다. jQuery는 브라우저마다 조금씩 다르게 동작하는 자바스크립트의 고질적인 문제를 가장 성공적으로 해결해 주었을 뿐만 아니라, 수많은 개발자의 참여로 많은 확장 라이브러리가 있습니다.

다만, jQuery는 그 용도에 있어서 구조적인 설계보다는 브라우저를 제어하거나 HTML의 구조를 변경하는 용도로 많이 사용되었기 때문에, 그 사용에 있어서 제한적이었다는 것이 그 한계라고 할 수 있습니다.

HTML과 CSS

자바스크립트를 웹 화면을 제어하는 용도로 생각했을 때, 가장 밀접한 관계를 맺는 기술은 HTML과 CSS라고 할 수 있습니다. HTML은 'Hyper Text Markup Language'라는 뜻이 의미하듯이 구조화된 데이터를 마크업으로 구성해서 표현하는 언어입니다. 따라서 HTML은 그저 화면에 뭔가를 보여주는 언어가 아니라, 문자열로 데이터들의 구조를 표현하는 언어로 인식해 주어야 합니다.

DOM

HTML은 브라우저로 전달되는 문자열로 만들어진 구조화된 데이터이므로, 브라우저와 같은 프로그램에서는 이러한 데이터를 처리하기 위해서 HTML을 메모리로 로딩하는 작업을 거치게 됩니다. 이때 메모리에 만들어지는 것이 DOM(Document Object Model)입니다.

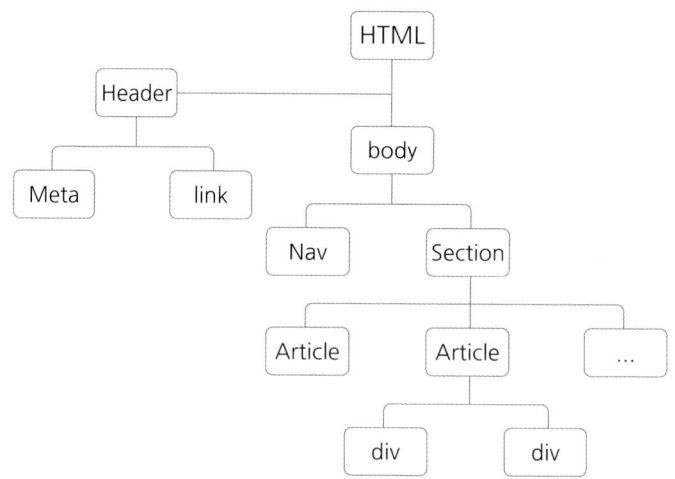

HTML의 구조를 DOM으로 구성하면 이와 같은 트리 구조로 표현되는데, 이것을 DOM 트리라고 하고, 브라우저는 이 구조를 만들기 위해서 HTML을 파싱하고 처리하는 내부적인 엔진을 가지고 있습니다.

CSS

CSS는 HTML로 작성된 데이터를 화면에 배치하거나 색상 등을 지정하는 용도로 사용되는 언어입니다. CSS를 이용해서 비로소 HTML 데이터는 다양한 모습으로 브라우저에서 출력됩니다.

CSS의 발전

CSS는 최초에 워드 프로그램 등에서 사용하는 스타일로부터 비롯되었습니다. 다만, CSS1은 그 효용성을 인정받지 못했고, 브라우저들이 지원하지 않는 문제 때문에 아예 세상에 제대로 등장도 못한 상태에서 사라진 비극적인 기술 스펙이 되고 맙니다.

이후에 HTML이 점차 발전하면서 HTML4 스펙 이후에 브라우저들이 지원하기로 합니다. 최근 HTML5에는 CSS3이 적용되어 있는데, 이는 과거의 플래시 등에서 사용되던 애니메이션을 지원하고, GPU 자원을 활용함으로써 더욱 동적인 화면을 만드는 데 사용됩니다.

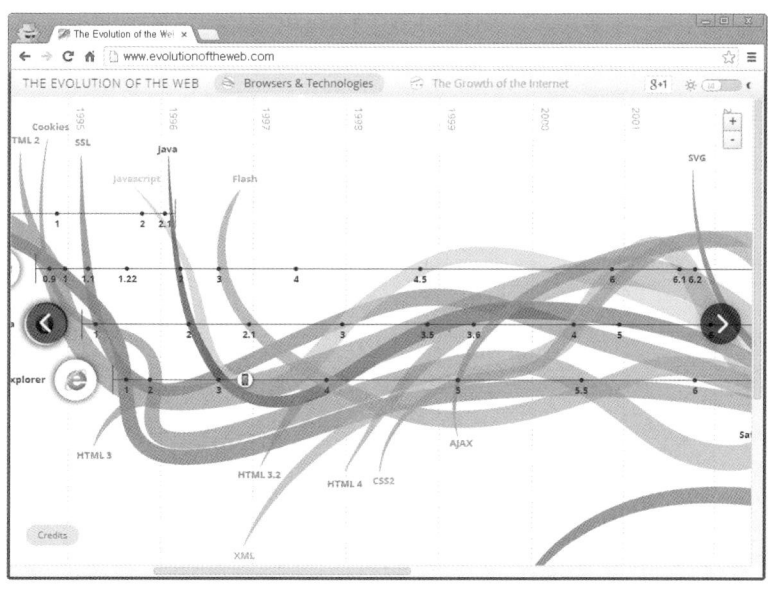

자바스크립트는 이 중간에 HTML과 CSS를 제어하는 역할을 하는 용도로 사용되었습니다. 그림으로 표현하면 하나의 웹 페이지는 다음과 같이 구성됩니다.

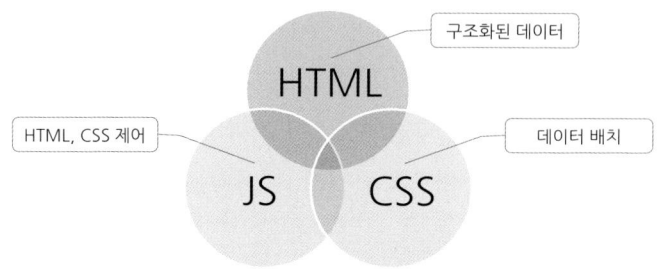

웹 페이지 하나가 HTML이라는 데이터와 자바스크립트라는 제어 가능한 로직을 포함하기 때문에 최근에는 웹 페이지라는 개념에서 한 단계 더 진화한 웹 앱(Web App)이라는 개념이 보다 인정받고 있습니다.

Ajax

하드웨어의 발전으로 인해 브라우저는 점점 더 많은 작업의 처리가 가능해 졌고, 이를 적극적으로 활용해 보려는 노력이 지속되었습니다. 그 중에서 가장 성공적인 형태가 서버에서 모든 데이터를 구성하는 방식 대신에 브라우저가 서버를 호출하고, 데이터를 가져오는 방식으로 사용하자는 움직임이었습니다. 이를 위해서 사용되기 시작한 패턴이 Ajax(Asynchronous JavaScript and XML)라는 비동기화 데이터 처리 방식입니다.

Ajax는 브라우저의 내부에서 특정한 객체를 이용해서 데이터를 전송하고, 처리하기 때문에 매번 새롭게 브라우저의 화면에 필요한 모든 데이터를 서버에서 처리해서 전송해주는 방식과 달리 필요한 데이터만을 주고받기 때문에, 데이터의 전송량을 줄이고 사용자들에게는 화면이 깜빡이는 불편함을 없애는 기술로 주목받았습니다.

전통적인 데이터 처리 방식과 Ajax 방식을 비교해 보면 다음과 같이 설명할 수 있습니다.

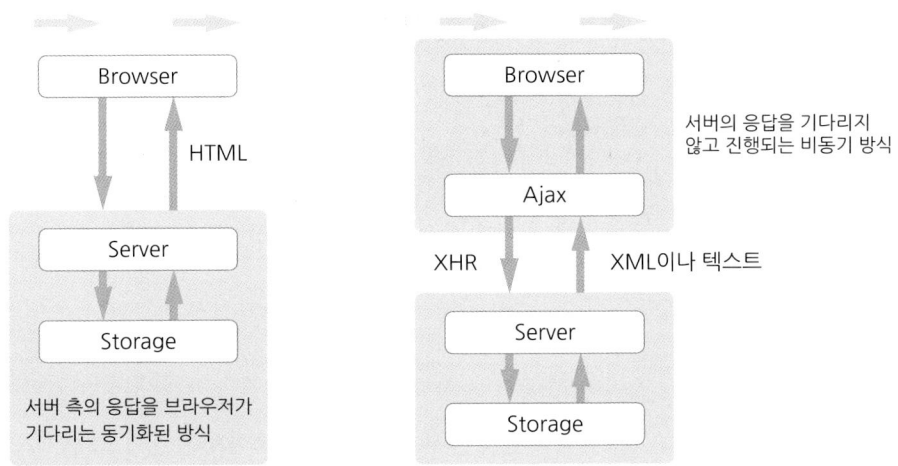

전통적인 방식과 Ajax 방식 비교

전통적인 방식의 경우 브라우저에서 요청하는 데이터를 처리하기 위한 작업이 진행되는 작업이 브라우저의 동작을 멈추고 진행되는 반면에, Ajax 방식은 비동기적으로 동작하기 때문에 브라우저의 흐름과 별도로 진행되고 호출의 결과를 받아서 처리하는 방식으로 동작합니다.

Ajax는 화면의 흐름을 방해하지 않고, 데이터를 주고받아 화면을 갱신하는 방식으로 사용되는데, 이에 대한 가장 대표적인 예는 자동 완성이나 지도 등의 서비스를 들 수 있습니다.

1.3 패러다임의 변화로 보는 자바스크립트

자바스크립트를 이해하는 데 반드시 필요한 흐름은 지난 10년이 넘는 시간 동안 너무나 많은 시대적인 흐름의 변화일 것입니다. 하드웨어의 발전 속도와 더불어, 인터넷의 보급, 무선 인터넷의 보급 등으로 인해 시대 자체가 빠르게 변해왔고 이에 프로그래밍 언어들 역시 영향을 받기 때문입니다.

HTML5

자바스크립트와 관련된 흐름의 변화에서 가장 주목받는 변화는 역시나 HTML5를 들 수 있습니다. HTML5는 그 스펙 자체가 결정되지 않았음에도 브라우저들이 경쟁적으로 지원하는 형태로 이미 대부분의 브라우저가 HTML5를 상당히 지원하는 형태가 되어 있습니다.

HTML5는 웹을 단순한 데이터가 아니라 모든 프로그램에서 필요한 것들을 지원하는 하나의 플랫폼의 성격으로 규정하고, 기존에 지원되지 않았던 저장 기능이나, 멀티미디어 기능, 실시간 통신 기술 등을 지원할 것을 의미합니다.

HTML5가 이러한 기능을 지원하기 위해서 필수적으로 필요한 것이 이를 컨트롤할 수 있는 자바스크립트이다보니 자바스크립트는 지금껏 받은 관심보다 더 많은 관심을 받게 되었습니다.

웹 앱

웹의 탄생 자체가 데이터의 조회와 화면의 출력이었다면, 지금의 브라우저는 너무나 많은 기능을 가지고 있습니다. 따라서 현재의 웹 페이지는 단순한 뷰어의 기능이 아닌 기존에 데스크톱에 설치되는 애플리케이션들과 같은 기능들을 가지게 되었습니다.

이러한 흐름에 맞춰 웹 앱은 브라우저가 가진 기능들을 활용해서 단순 데이터가 아닌 하나의 애플리케이션으로 인식될 만한 웹 페이지를 의미하게 되었습니다.

Part 2에서 설명할 AngularJS라는 프레임워크 역시 이러한 시대의 변화를 반영해 주는 것으로, 브라우저에서 실행되는 애플리케이션을 구현할 수 있게 하는 데 많은 도움을 줍니다.

2. 서버 측 자바스크립트, 클라이언트 측 자바스크립트, 그리고 자바스크립트 엔진

자바스크립트는 그 언어의 성격이 해석형 언어이고, 이를 실행하기 위한 별도의 해석기 (Interpreter)의 존재가 필수적입니다. 이 해석기를 흔히 자바스크립트 엔진(JavaScript Engine)이라고 하는데, 자바스크립트 엔진은 각 브라우저에 포함되어 있습니다.

최근에는 자바스크립트 엔진을 별도의 프로그램으로 제작해서 데스크톱과 같은 환경에서 사용할 수 있도록 하는 Node.js와 같은 프로그램이 널리 퍼지면서 자바스크립트를 서버 환경을 구축하는 용도로 활용할 수 있게 되었습니다. 이러한 자바스크립트를 서버 측 자바스크립트라고 부르고 있습니다.

브라우저에서 실행되는 자바스크립트와 서버에서 실행되는 자바스크립트의 가장 큰 차이는 역시 지원되는 API의 차이라고 할 수 있습니다. 예를 들어 브라우저의 경우 윈도우처럼 브라우저와 관련된 정보를 처리하는 API가 제공되는 반면에 서버에서는 윈도우가 없기 때문에, 그 구현 방식이나 용도가 달라지게 되었습니다.

최근에 자바스크립트 엔진을 기반으로 해서 제작되는 주요 프로그램들은 다음과 같습니다.

- MongoDB   크롬 브라우저가 사용하는 V8 자바스크립트 엔진을 기반으로 해서 제작된 Document based Database 프로그램
- CouchDB   SpiderMonkey 엔진을 기반으로 제작된 데이터베이스
- Node.js   V8을 기반으로 입출력 프로그램과 이벤트 기반의 처리를 지원하는 서버 측 프로그램

Chapter

2

자바스크립트의
REPL 환경과 개발자 도구

자바스크립트를 개발하는 데 필요한 것은 엄밀하게 말하면 자바스크립트 엔진이 탑재된 프로그램이라고 할 수 있습니다. 물론 브라우저는 자바스크립트 엔진을 내장하고 있기 때문에, 자바스크립트를 공부하는 데 있어서 필요한 것은 브라우저뿐이라고 해도 과언이 아닙니다.

이 장에서는 조금 더 나아가서 자바스크립트의 동작 방식과 브라우저를 이용해서 자바스크립트 언어 자체를 해석하고 실행하는 개발자 도구들을 살펴보도록 합니다.

1. 브라우저의 개발자 도구

최근의 브라우저들은 자바스크립트의 개발에 있어서 상당히 많은 도구를 제공하고 있는데, 개발자 도구 메뉴를 이용하면 이러한 기능들을 활용할 수 있습니다(사용하는 브라우저의 설정 메뉴 등을 보면 개발자 도구를 활성화 시키거나 사용을 설정할 수 있습니다).

개발자 도구에는 기본적으로 콘솔(Console)이라는 탭이 있는데, 이 도구는 자바스크립트 프로그램을 작성하고 실행할 수 있는 환경을 제공합니다.

인터넷 익스플로러의 경우는 다음 화면의 하단에서처럼 입력할 수 있는 공간이 제공됩니다(단축키 F12).

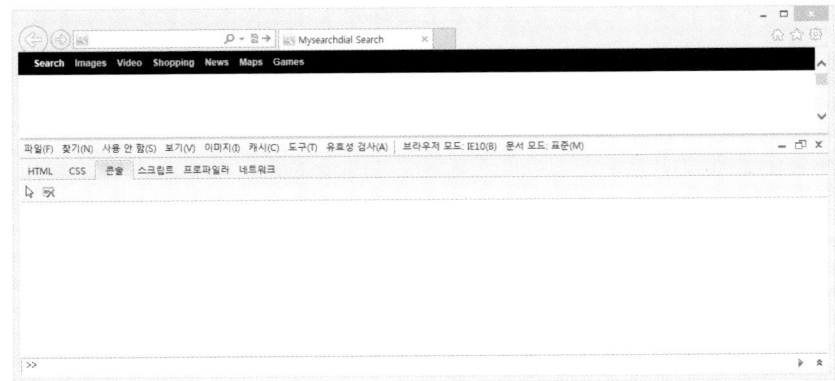

크롬의 경우에는 인터넷 익스플로러에 비해 상대적으로 넓은 공간에 입력할 수 있습니다.

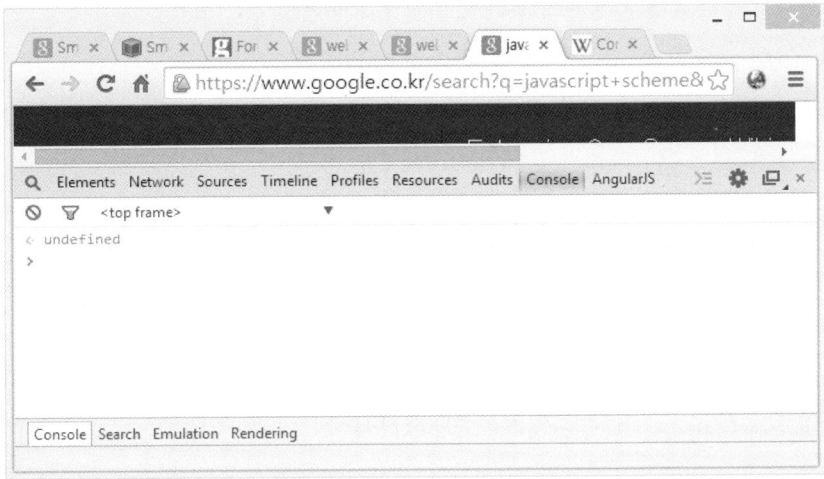

REPL

개발자 도구에서 보이는 콘솔창은 스크립트 언어들이 지원하는 REPL 환경입니다.
REPL은 Read-Eval-Print-Loop의 약자로, 주어진 코드를 읽어서 해석하고 출력하는
일을 반복하게 합니다. 자바스크립트와 같은 스크립트 언어 계열은 프로그램을 실행하기
위한 코드와 그 코드를 실행하는 데 필요한 데이터의 개념이 컴파일형 언어와 다릅니다.

개발자가 REPL 환경에 넣은 코드는 프로그램에서는 데이터로 간주되고 이를 처리하는 것이 REPL 환경의 핵심이라고 할 수 있습니다.

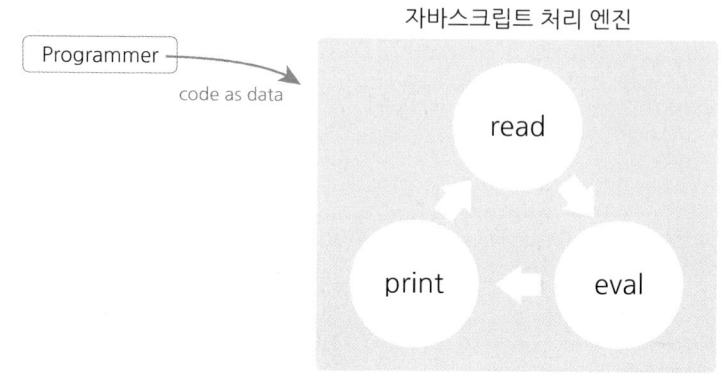

스크립트 언어 계열은 이러한 REPL 환경을 이용해서 작성된 코드를 바로 실행해볼 수 있는데, 최근의 브라우저들의 경우에는 console이라는 API를 활용해서 이를 제어할 수 있는 기능들을 제공합니다(https://developers.google.com/chrome-developer-tools/docs/console 참조).

2. 자바스크립트 편집기와 웹 서버

REPL 환경이 간단한 자바스크립트를 작성하거나 현재 브라우저에서 보이는 문서에 대해 처리할 수 있다는 장점이 있기는 하지만, 좀 더 전문적인 개발을 위해서는 통합개발환경을 활용하는 것을 권장합니다.

자바스크립트의 경우 브라우저에서 실행되는 결과를 제대로 확인하려면 별도의 웹 서버를 이용하는 것이 좋은데, 압타나(Aptana)나 웹스톰(WebStorm)과 같은 통합개발환경(IDE)을 사용하면 별도의 웹 서버의 설치 없이도 편하게 웹 서버를 통한 HTML이나 자바스크립트의 실행 결과를 볼 수 있습니다(이 책의 앞부분은 압타나를, AngularJS 부분은 웹스톰을 이용하도록 하겠습니다).

압타나는 http://aptana.com 사이트에서 무료로 내려받아 설치할 수 있습니다.

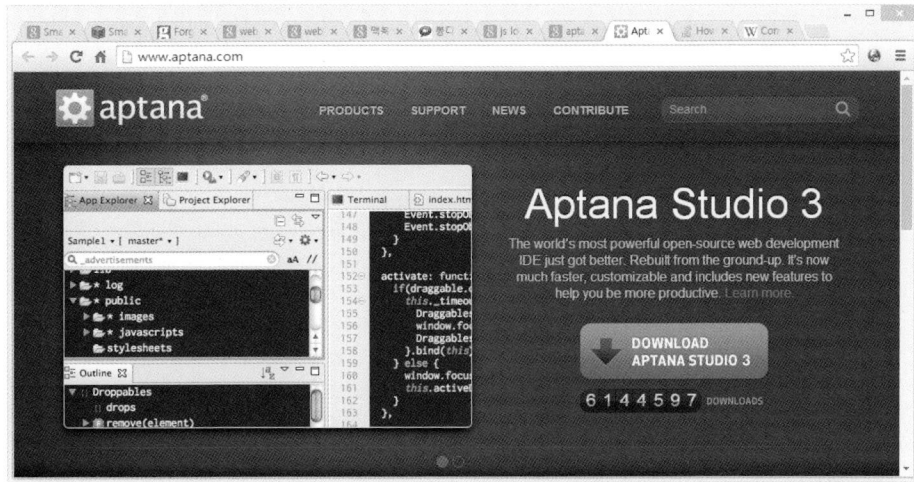

만일 윈도우 환경에 익숙한 개발자라면 마이크로소프트사가 제공하는 도구를 활용하는 것도 좋습니다(http://www.asp.net/vwd).

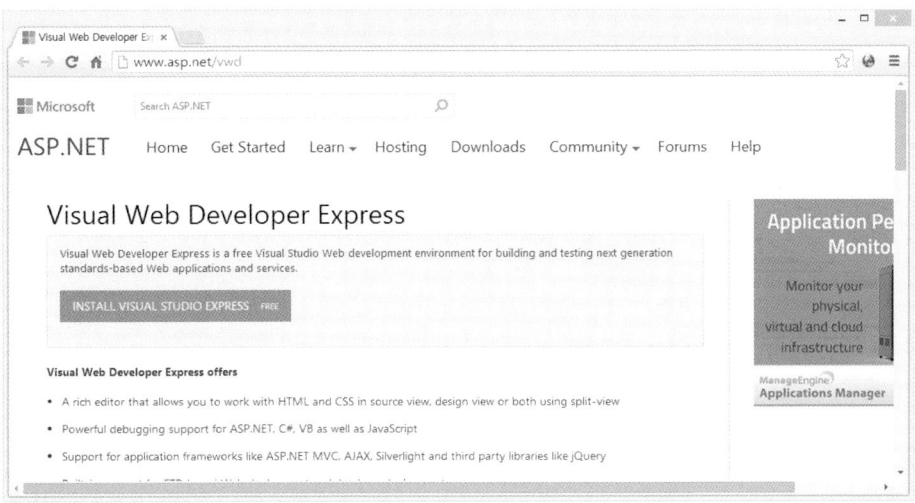

2.1 압타나의 프로젝트 설정과 실행

압타나의 프로젝트를 생성하는 과정은 [File] 메뉴에서 새로운 웹 프로젝트(Web Project)를 설정하는 것으로 시작합니다.

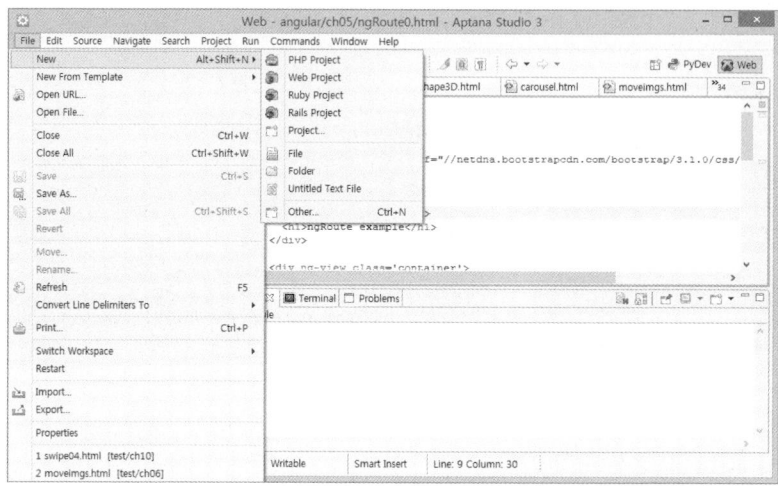

Web Project의 생성에는 다음과 같이 선택할 수 있게 되어 있습니다.

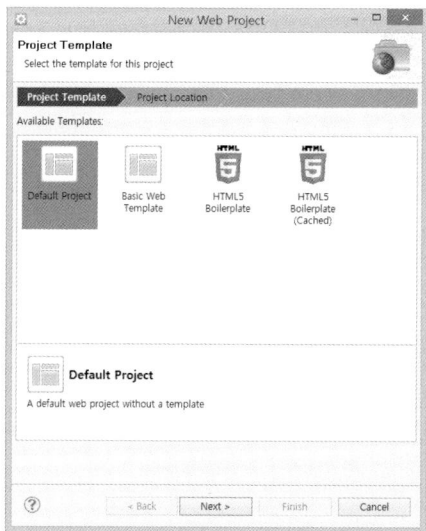

실제 웹 사이트의 전체 구조를 잡으려면 'HTML5 Bolierplate' 등을 이용하는 것이 좋고, 간단한 자바스크립트나 HTML의 실행을 위해서는 'Default Project'를 설정하면 됩니다.

프로젝트의 이름란에는 원하는 이름을 입력해주면 됩니다.

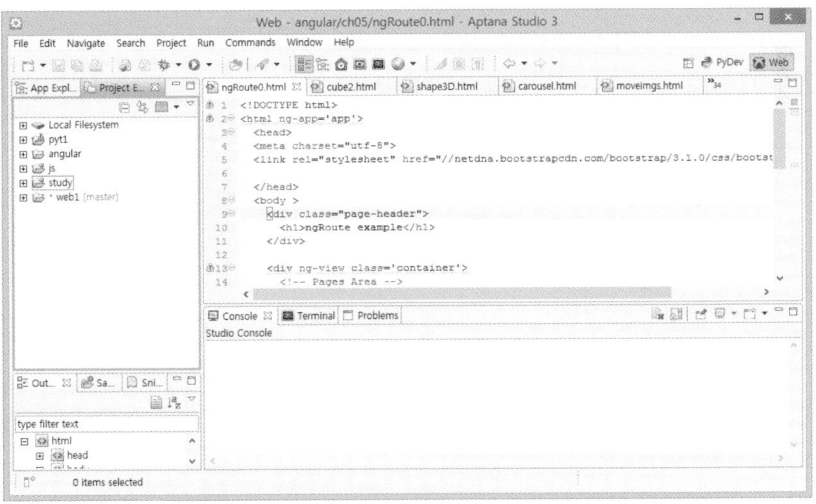

프로젝트의 생성이 끝나면 다음과 같이 생성된 프로젝트의 목록을 볼 수 있게 나타나고, 각 프로젝트에 원하는 파일을 작성해주면 됩니다.

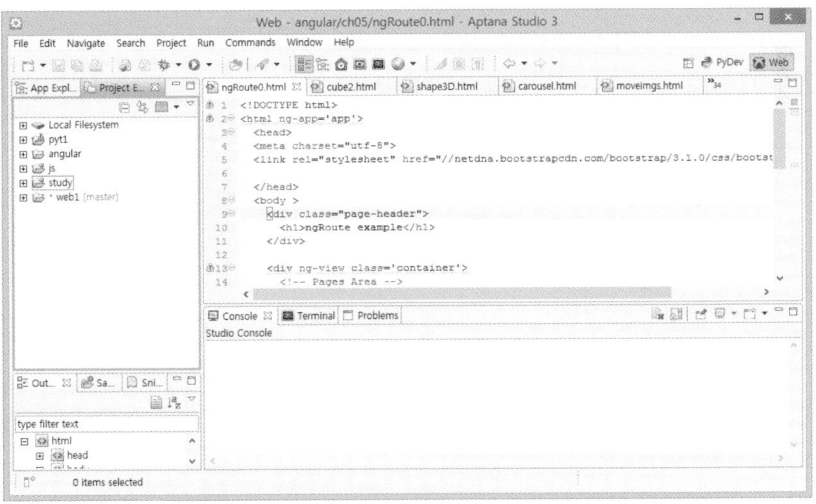

HTML의 제작과 실행 브라우저의 결정

압타나에서 새로운 HTML을 작성하려면 프로젝트 내에서 [New From Template] 메뉴를 이용하여 선택합니다.

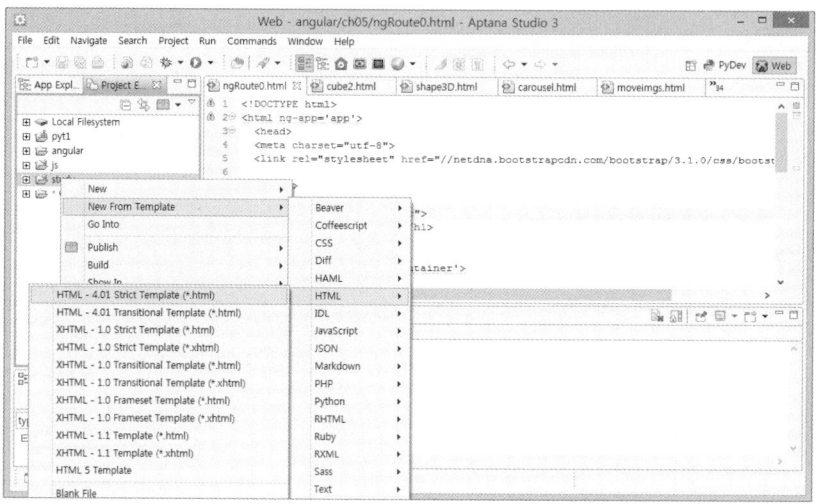

원하는 HTML의 템플릿을 선택하고 이름을 입력하면 HTML 페이지가 작성된 것을 확인할 수 있습니다.

압타나는 웹 서버를 내장하고 있기 때문에 간단한 설정만으로 브라우저에서 서버를 통해서 실행되는 결과를 볼 수 있는데. 실행하려는 .html 파일을 선택하고 [Run As] 메뉴를 선택해서 실행될 브라우저를 지정할 수 있습니다.

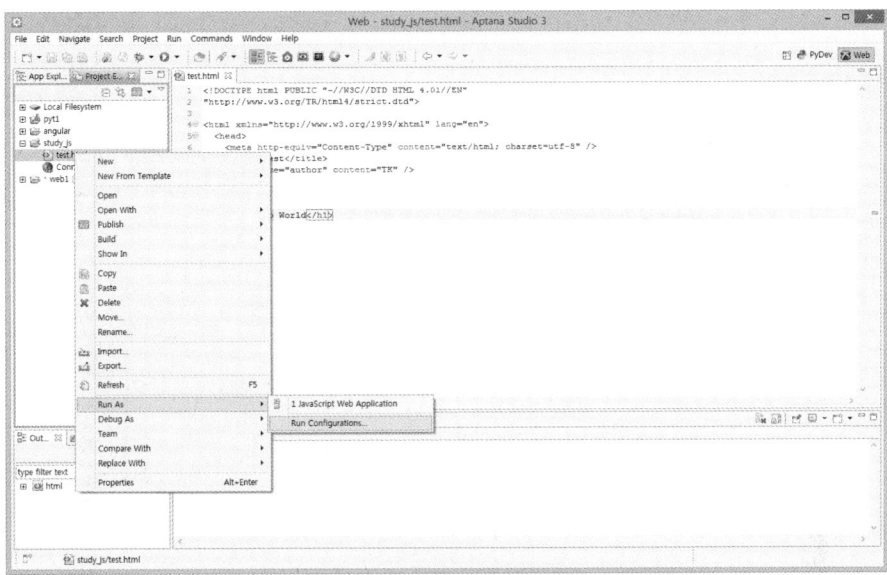

압타나는 기본적으로 파이어폭스 브라우저를 이용하는데, 이것을 원치 않는다면 새로운
브라우저를 설정해주면 됩니다(다음 그림은 크롬 브라우저를 실행 프로그램으로 지정한
경우입니다).

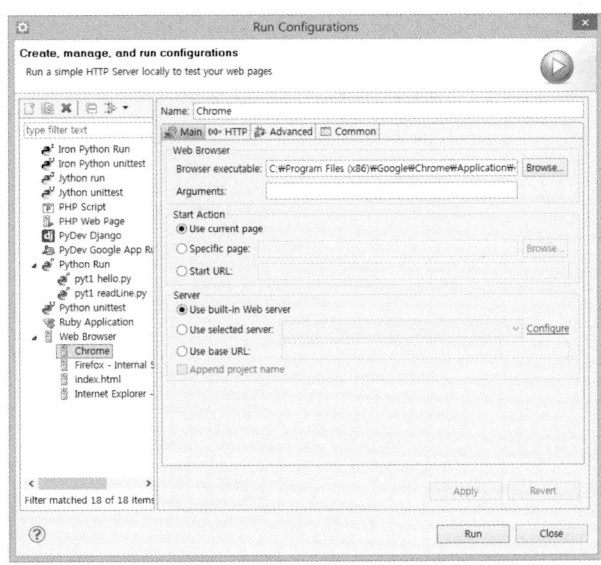

브라우저의 설정이 완료되면 〈Run〉 버튼을 이용해서 실행하고, 브라우저 다음과 같이 확인할 수 있습니다.

압타나 서버의 환경 설정

압타나의 경우는 기본적으로 8020 포트를 통해서 서비스되기 때문에 가끔은 이러한 설정을 변경하고 싶을 때가 있습니다. 압타나의 [Window] → [Preferences] 메뉴의 'Apatana Studio' → 'Web Servers'의 메뉴를 이용하면 현재 실행되는 서버의 IP와 포트 정보를 조절할 수 있습니다(이때 주의할 것은 반드시 설정 후에 프로그램을 다시 시작해주어야 한다는 것입니다).

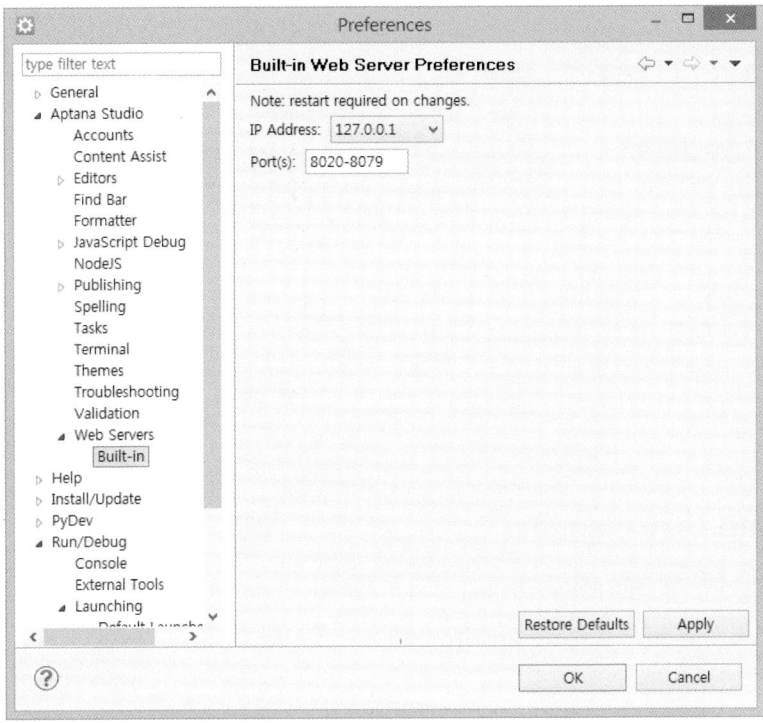

2.2 클라우드 환경의 자바스크립트도구

최근에는 자바스크립트를 개발하는 데에 있어서 별도의 프로그램 설치 없이 클라우드 서비스를 이용하는 방식의 개발 역시 권장할만하고 그 기능 역시 다양해지고 있습니다.

Plunker (http://plnkr.co)

최근에 가장 주목받는 클라우드 방식의 개발 도구입니다. 다양한 라이브러리를 쉽게 추가할 수 있고, GitHub 사이트와 연동 되는 점 등이 편의성을 더해줍니다.

Plunker의 경우는 코드의 버전 관리나 외부 라이브러리 추가, 내려받기 등의 기능들을 가지고 있어서, 개발뿐 아니라 공유에도 상당히 유연하게 사용할 수 있다는 장점이 있습니다.

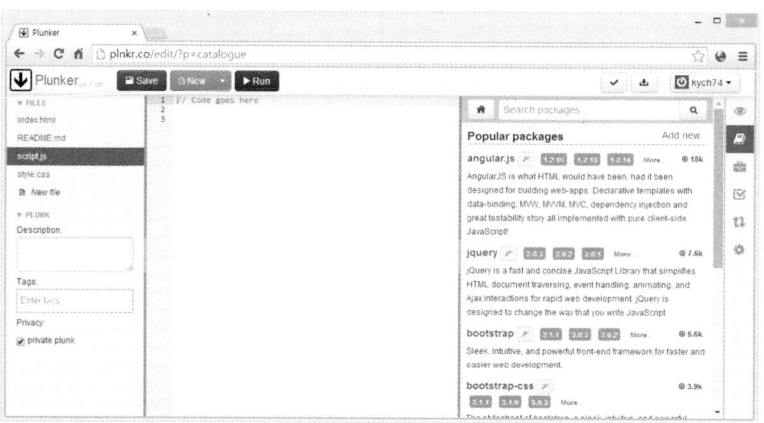

JS Bin (http://jsbin.com)

JS Bin은 간단한 웹 페이지와 자바스크립트 작성 및 테스트에 유용합니다. Plunker와
마찬가지로 작성된 코드를 외부에 공유할 때 유용합니다.

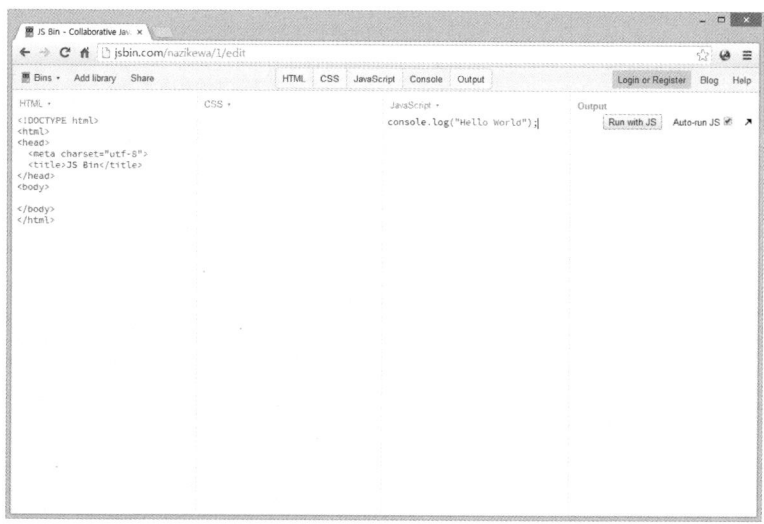

Cloud9 IDE (http://c9.io)

Cloud9 IDE는 Node.js를 지원하고, 파이썬 등의 언어들을 지원하는 서비스입니다. 개발자는 별도의 Workspace를 생성해서 사용하는데, 웹이라기보다는 좀 더 일반 프로그램적인 메뉴나 구성을 가지고 있습니다.

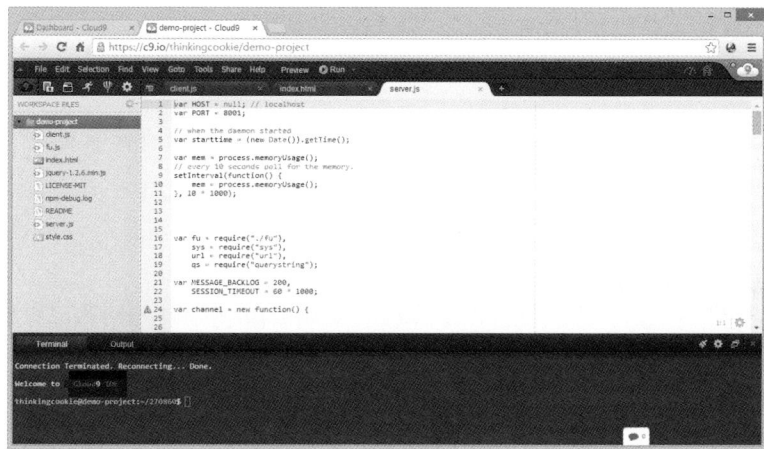

3 자바스크립트의 언어적인 특징

자바스크립트는 문법적으로는 자바 언어의 영향을 받지만, 실제적인 동작 방식에 있어서는 상당히 다른 모습을 보여주는 경우가 더 많습니다. 따라서 이번 장에서는 다른 언어들과 비교했을 때 가장 큰 차이를 보이는 몇 가지 내용에 대해서 정리해 보도록 합니다.

이 장에서 다루는 내용은 크게 기존 프로그래밍 언어들의 변수와 자바스크립트의 변수의 개념 차이, 연산자와 객체의 차이를 위주로 설명합니다.

1. 자바스크립트의 성격

프로그래밍 언어들은 서로 영향을 주고받으면서 만들어지는데, 자바스크립트 역시 다양한 언어에서 이러한 영향을 받아서 만들어졌습니다.

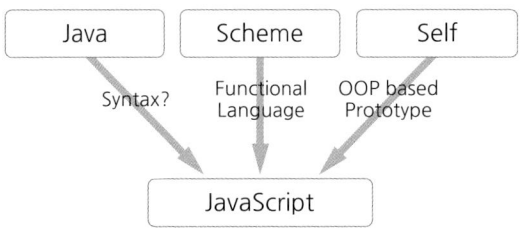

자바스크립트에 대한 대부분의 오해는 그 문법이 기존에 사용하던 언어들(C, C++, 자바 등)과 상당히 유사하기 때문에 일어나는 일종의 '착시'에 가까운 경우가 많습니다. 자바스

크립트는 문법적으로는 자바와 유사하지만, 실제로 객체지향 개념이나 함수형 개념은 다른 언어(Scheme, Self)들의 영향으로 봐야 합니다.

2. 변수에 대한 차이

자바스크립트의 변수는 자료형을 중요하게 생각하지 않기 때문에 간단히 var라는 키워드만을 이용해서 변수를 선언합니다. 변수를 선언할 때 자료형을 구체적으로 지정하는 언어들에 비해서 자바스크립트의 변수 선언은 편리해 보이지만 다른 언어에서 볼 수 없는 몇 가지 특징이 있습니다.

2.1 기본 자료형과 참조 자료형

자바스크립트의 변수는 기본 자료형(Primitive Type)과 참조 자료형(Reference Type)으로 구분됩니다. 기본 자료형의 선언이나 사용 방법에 대해서는 기존 언어들과 동일하지만, 필요한 경우에 자바스크립트는 기본 자료형으로 선언된 변수를 자동으로 참조형으로 변화시키는 특징을 가지고 있습니다.

예제 | type0.html

```
09: <script>
10:    var num1 = 10;
11:    console.log(num1.valueOf());  // --> 10
12:    console.log(num1.toString()); // --> 10
13: </script>
```

위의 코드를 보면 줄 10의 num1은 기본 자료형의 변수로 선언되었지만, 실제로 사용되는 방식을 보면 다른 언어에서 참조 자료형을 이용하는 형태로 온점(.)을 이용해서 동작하는 것을 볼 수 있습니다.

2.2 변수의 범위

자바스크립트에서 변수를 다룰 때 가장 주의할 만한 사항은 변수의 범위가 기존 언어들과는 다르게 처리된다는 점입니다.

예제 | scope0.html

```
01: <!DOCTYPE html>
02: <html lang="en">
03:   <head>
04:     <meta charset="utf-8">
05:   </head>
06:   <body>
07:     <script>
08:     var num1 = 1;
09:     function doA(){
10:       console.log(num1);   //--> undefined 출력
11:       var num1 = 10;
12:     }
13:     doA();
14:     </script>
15:   </body>
16: </html>
```

줄 08에서 선언된 변수 num1의 값은 1이고, 줄 11에서 선언된 변수 num1의 값은 10인 상태입니다. 줄 09의 doA( )는 num1 변수의 값을 출력하도록 되어 있습니다.

C나 자바와 같은 언어는 문법에서 { }가 그대로 메모리 상에서도 변수의 범위가 되는 반면에 자바스크립트에서는 이 범위가 함수 단위로 처리됩니다. 따라서 doA( )가 실행될 때에는 doA( ) 안에 선언된 변수가 우선하여 처리되는데, 이러한 현상을 호이스팅(Hoisting)이라고 합니다.

undefined는 변수의 할당 작업이 아래쪽에서 이루어졌기 때문에 변수는 선언만 되고 한 번도 값이 할당되지 않은 상태이기 때문에 나오는 결과입니다.

자바스크립트를 작성할 때 일반적으로 권고되는 방식은 단일 var 패턴이라는 방식인데, 이 방식은 함수의 내부에 변수들을 모아서 선언하는 방식입니다.

```
08:  function doA(){
09:    var num1 = 10, num2, num3;
10:    console.log(num1);
11:    console.log(num2);
12:    console.log(num3);
13:  }
14:  doA();
```

이 방식은 함수 내의 모든 변수가 한곳에 있기 때문에 개발자가 호이스팅에 의한 오류를 줄일 수 있다는 장점이 있습니다.

3. 객체에 대한 개념

자바스크립트는 C++이나 자바와 마찬가지로 객체지향 패러다임을 가진 언어입니다. 다만, 이 객체에 대한 문법적인 부분이 다른 언어들과 조금 다른 부분이 있습니다.

일반적으로 객체지향 언어는 3가지 종류로 나누어집니다.

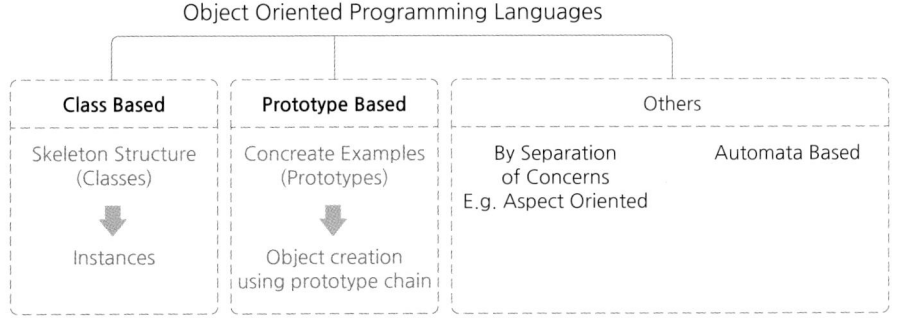

클래스 기반 언어는 대표적으로 자바와 같은 언어를 들 수 있습니다. 클래스 기반 언어의 경우 객체(Object)란 클래스에서부터 생산되는 복사본의 개념입니다. 이 복사본을 흔히 인스턴스(Instance)라고 하는데, 클래스 기반 언어에서는 인스턴스를 이용해서 프로그램을 실행하는 방식입니다.

프로토타입 기반 언어는 조금 그 성격이 다릅니다. 프로토타입 기반 언어는 객체를 바라볼 때 보다 인스턴스 중심으로 봅니다. 즉 어떤 자료형 자체가 중요한 것이 아니라 현재의 객체가 어떤 기능이나 속성이 있는지를 더욱 중요하게 보는 것입니다.

클래스 기반의 인스턴스들이 모두 동일한 속성과 기능을 가지도록 작성되는 반면에 프로토타입 기반의 인스턴스들은 그저 공통분모로 어떤 속성이나 동작이 있는 것뿐이고, 이 공통의 속성이나 동작을 프로토타입이라고 합니다. 따라서 프로토타입 기반의 언어는 클래스 언어들과는 달리 구조가 아닌 실제 속성과 기능에 집중하는 형태라고 할 수 있습니다.

자바스크립트는 분명히 문법적으로는 자바 언어의 계통을 이어받았지만, 객체지향의 개념은 Self 언어를 이어받았으므로 프로토타입 기반 언어에 속합니다.

3.1 객체란 메모리를 차지하는 모든 것

엄밀하게 말해서 자바스크립트의 모든 변수나 함수 등은 전부 객체에 속합니다. 자바스크립트에서 말하는 객체는 메모리 공간을 차지하는 모든 것을 객체로 바라보는 것이 올바른 방식입니다.

이러한 객체의 개념으로 말미암아 자바스크립트에는 객체를 생성하는 방법도 무척이나 다양할 수밖에 없지만, 자료형을 보는 언어들과 비교하자면 분명히 상당한 유연함을 가지고 있습니다.

예를 들어 다음 코드는 에러를 발생시키지는 않습니다.

```
var num1 = 10;  // 기본 자료형
num1.doA = 100; //
```

자바스크립트에서는 모든 메모리 공간을 차지하는 것을 객체로 간주하기 때문에 앞의 코드는 num1이라는 변수가 차지하는 메모리 공간에 doA라는 변수의 참조를 연결한 형태가 됩니다.

3.2 함수도 객체

자바스크립트에서 작성되는 함수 역시 동일한 개념으로 특정한 메모리 공간을 차지하기 때문에 하나의 객체라는 개념으로 바라볼 수 있습니다.

예제 | object1.html

```
08: function doA(){
09:   console.log('doA');
10: }
11: function doB(){
12:   console.log('doA');
13: }
14: var arr = [doA, doB];
15: console.log(arr);
```

줄 08에서 doA( )가 선언되었고, 줄 11에서는 doB( )가 선언됩니다. 줄 14를 보면 두 개의 함수를 묶어서 변수로 선언하는 것이 보입니다. 이 코드의 실행 결과는 다음과 같이 정상적으로 처리되는 것을 볼 수 있습니다.

자바스크립트는 클래스라는 문법적인 장치가 없기 때문에(다음 자바스크립트의 표준인 ECMAScript 6에는 class가 키워드로 들어갈 가능성도 있기는 합니다만 아직 브라우저들의 움직임은 미비합니다(http://kangax.github.io/es5-compat-table/es6/). 원한다면 특정한 객체에 이러한 함수를 추가해줄 수도 있습니다.

예제 | object2.html

```
08: var obj = {};
09: function doA(){
10:    console.log('doA');
11: }
12: function doB(){
13:    console.log('doB');
14: }
15: obj.fnA = doA;
16: obj.fnB = doB;
17: obj.fnA(); // ---> doA
18: obj.fnB(); //---> doB
```

줄 09와 12에서 선언한 함수 doA( ), doB( )는 줄 08에서 선언한 객체를 참조하는 변수 obj를 이용해서 fnA와 fnB라는 속성으로 추가됩니다.

자바스크립트에서 볼 수 있는 객체지향의 유연함은 이러한 포괄적인 객체라는 개념에서 시작됩니다. 뒤에서 객체와 함수에 대해서는 좀 더 자세히 살펴보도록 합니다.

4. 연산자에 대한 차이

자바스크립트의 연산자들은 거의 다른 언어들이 가지는 연산자들과 동일하지만 몇 가지 자바스크립트에서 유용하게 사용할 수 있는 연산자들이 있습니다.

4.1 동등 연산자와 일치 연산자

자바스크립트에서 어떤 변수나 객체가 같은지를 확인하는 것에는 == (동등, Equal) 연산자와 === (일치 혹은 항등, Strict Equal) 연산자가 있습니다. 일치 연산자의 경우는 단순히 변수의 내용을 따지는 것뿐만 아니라 변수의 자료형까지도 따지는 연산자입니다.

예제 | equal0.html

```
08: var num1 = 10;
09: var num2 = new Number(10);
10: console.log(num1 == num2);  // --> true
11: console.log(num1 === num2); //--> false
```

줄 08의 변수 num1과 줄 09의 변수 num2는 같은 숫자의 값(value)를 가지기는 하지만, 자료형이 다릅니다. 자바스크립트에서는 ==보다는 ===를 이용해서 정확한 자료형까지 검사하는 것을 권장합니다.

4.2 in 연산자

in 연산자는 특정 객체에 속성이 존재하는지를 검사할 때 사용하는 연산자입니다. in 연산자는 배열이나 객체에서 유용하게 사용할 수 있는데 다음과 같은 방식으로 사용됩니다.

예제 | inEx0.html

```
08:  var arr = [1,2,3,4,5];
09:  console.log( 3 in arr );    // --> true
10:  var obj = {name:'홍길동', id:'user00'};
11:  console.log( 'name' in obj); // --> true
```

줄 09를 보면 배열 안에 특정 요소가 있는지를 확인하고 있습니다. 줄 11에서는 줄 10에서 선언된 객체 obj 안에 'name'이라는 속성이 있는지를 확인합니다. 여기서 눈여겨봐야 하는 부분은 문자열을 이용하여 이 부분을 처리할 수 있다는 점입니다. 문자열을 이용하기 때문에 코드의 실행 중간에 외부에서 들어온 데이터 등을 이용해서 처리할 수 있다는 장점이 있습니다.

4.3 온점(.)과 대괄호([ ]) 연산자

많은 프로그램 언어들이 온점(.)이나 대괄호([ ])를 이용해서 메모리상의 이동을 처리합니다. 언어마다 차이가 있기는 하지만, 언어 대부분은 이 기능을 특정 상황에서는 사용할 수 없도록 제한합니다. 예를 들어 배열에서는 [ ]만을 이용해야 한다는 방식처럼 상황에 맞게 문법적인 제한을 합니다.

자바스크립트는 이러한 제한이 거의 없다고 볼 수 있을 만큼 유연하기 때문에 다음과 같은 방식으로 접근할 수 있습니다.

예제 | dot0.html

```
08:  var obj = {name:'AAA', id:'BBB'};
09:  //동적으로 실행 시간에 처리하는 경우
```

```
10:  console.log(obj['name']);
11:  //정적인 처리
12:  console.log(obj.name);
```

function 객체

자바스크립트를 제대로 활용하기 위해서 반드시 필요한 개념은 함수와 객체, 그리고 이벤트에 대한 올바른 이해와 활용입니다. 흔히 다른 프로그래밍 언어들과 유사한 문법적인 구문들 때문에 자바스크립트는 오해를 받는 언어가 되었습니다.

자바스크립트의 함수는 바로 이러한 오해의 결정적인 부분을 담당합니다. 자바스크립트에서 함수는 1급 객체(First-class Object)로 사용되는데, 쉽게 말해서 객체와 함수의 구분이 상당히 모호합니다. 예를 들어 자바스크립트의 함수는 다른 함수의 파라미터로 추가될 수도 있고, 반환 자료형이나 배열 등의 요소로도 사용될 수 있습니다. 또 함수이면서 클래스 기반의 언어처럼 함수가 클래스를 대신해서 동작하는 방식도 가능합니다. 자바스크립트의 객체에 대한 부분 역시 상당히 많은 오해의 소지가 있습니다. 우선 현재 유행하는 대부분의 객체지향 언어가 클래스(Class)라는 문법적인 장치를 사용하고, 엄격한 자료형의 언어이기 때문에 자바스크립트가 객체지향이라는 사실을 인식하고는 있지만, 현실적인 사용에 대해서는 상당히 어색할 수밖에 없습니다.

자바스크립트의 함수는 다른 언어들이 말하는 단순한 함수의 용도가 아니라, 좀 더 객체의 개념으로 접근하는 것이 올바른 선택입니다. 자바스크립트를 이용하는 디자인 패턴들에서는 함수를 상당히 다양한 형태로 사용하는 경우가 많이 있는데, 이런 코드들을 이해하기 위해서 함수에 대한 정리가 필요합니다.

가장 먼저 말하고 싶은 내용은 자바스크립트에서 함수의 용도가 생각보다 다양하다는 것입니다. 자바스크립트에서 함수가 중요한 위치를 차지하는 만큼 함수는 다음과 같은 용도를 가지고 있습니다.

- **일반 함수**   일반적인 언어들이 의미하는 함수로서의 기능
- **객체의 생성자**   클래스가 없는 자바스크립트에서 클래스 대용으로 사용할 수 있는 기능
- **중첩 함수**   함수 내에서 마치 객체의 속성처럼 사용되거나 접근 제한의 용도로 사용되는 기능
- **객체의 메서드**   함수를 객체의 속성으로 등록함으로써 객체의 일부로 동작하게 하는 기능
- **이벤트 리스너**   이벤트 처리 전담 객체로서의 기능
- **네임스페이스**   객체들의 울타리를 제공하는 기능

1. 함수의 선언과 변수의 해석

자바스크립트의 함수가 위와 같이 다양한 용도로 쓰인다고 해서 문법적인 구성이 달라지거나 특별한 문법적인 장치를 활용하는 것은 아닙니다. 다만, 함수의 선언과 변수의 해석에 있어서는 자바스크립트만의 특별함이 배어 있습니다.

우선 함수의 선언은 크게 세 부분으로 구성됩니다.

- **함수의 이름**
- **함수의 파라미터**
- **함수의 몸체를 의미하는 { }**

기존의 엄격한 언어들과의 가장 큰 차이는 다음과 같은 사항들입니다.

- 함수의 반환 자료형을 명시하지 않는다. 대신에 함수 내부에서 return 키워드를 활용해서 어떠한 값도 반환할 수 있다.
- 함수 파라미터에 제약이 없다.
- 함수 내에 변수의 범위가 상당히 다르다.
- 필요하다면 실행 중에 함수를 생성하고 실행하는 작업 역시 가능하다.

1.1 함수의 선언 방식

자바스크립트의 함수는 크게 다음과 같은 형태로 선언됩니다.

- 함수 선언(Declaration)을 이용하는 함수 선언
- 함수 표현식(Expression)을 이용하는 함수 선언
- 익명 함수로 선언되는 함수
- 이름을 가지는 함수로 선언되는 경우
- 즉시 실행 함수로 선언되는 경우

▎함수 선언

함수 선언으로 작성하는 경우는 다른 언어들과 유사하게 작성합니다.

```
function 함수 이름(파라미터, ...) {
    // 로직
    return 반환값
}
```

자바스크립트 함수 선언은 타입을 따지지 않는 자바스크립트의 특징상 선언 시에 반환형을 명시하지 않습니다. 파라미터 역시 자료형 없이 선언해줄 수 있습니다.

반환값의 경우 역시 타입이 없으므로 필요한 데이터를 return 키워드와 함께 사용하는 것으로 충분합니다. 일반적으로 함수의 선언식은 함수가 다른 프로그래밍의 언어에서처럼 어디서나 접근 가능한 형태로 사용하기 원할 때 주로 사용합니다.

▎함수의 표현식

반면에 함수는 변수에 할당하는 방식으로도 작성하는 표현식(Expression)으로 작성되는 때도 있습니다.

```
var 변수 이름 = function [함수 이름] (파라미터, ...) {
    // 로직
    return 반환값
}
```

함수의 선언식은 함수를 객체로 보는 개념이라고 볼 수 있는데, 변수를 선언해 주고 메모리 공간을 차지하는 함수를 변수에 할당하는 방식이기 때문입니다.

예제 | function0.html

```
01:  <!DOCTYPE html>
02:  <html lang="en">
03:    <head>
04:      <meta charset="utf-8">
05:    </head>
06:    <body>
07:      <script>
08:      function doA(){
09:        console.log('doA');
10:      }
11:      var doB = function() {
12:        console.log('doB');
13:      };
14:      doA();
15:      doB();
16:      </script>
17:    </body>
18:  </html>
```

함수 표현식의 경우에는 다음과 같은 형태로 작성될 수 있습니다.

- 변수와 이름 없는 함수

- 변수와 이름이 있는 함수

- 변수와 즉시 실행 함수

일반적으로 함수 표현식을 이용하는 경우는 대부분 함수의 이름을 지정하지 않고, 함수를 할당받는 변수명을 이용해서 호출합니다.

변수에 함수를 할당하고 이름을 주는 경우 대부분은 함수 내에서 다시 재귀 호출을 할 때에 주로 사용됩니다.

예제 | function1.html

```
01:  <!DOCTYPE html>
02:  <html lang="en">
03:     <head>
04:        <meta charset="utf-8">
05:     </head>
06:     <body>
07:        <script>
08:        var outer = function inner(num){
09:           console.log(num);
10:           if(num == 0){
11:              return;
12:           }
13:           inner( --num);
14:        };
15:        outer(10);
16:        </script>
17:     </body>
18:  </html>
```

줄 08에 선언된 함수는 outer라는 변수에 할당되었지만, 그 자체가 이름을 가집니다. 이이름은 외부에서 호출될 때 사용되는 것이 아니라, 줄 13에서처럼 내부에서 다시 현재 함수를 호출할 때 필요한 이름으로 쓰이게 됩니다.

함수 선언과 함수 표현식의 차이

함수를 선언할 때 함수 선언을 이용할 것인가 함수 표현식을 이용할 것인가는 그 실행 과정에 차이가 있다는 것을 이해하면 판단할 수 있습니다.

함수 선언의 경우 자바스크립트가 자바스크립트 엔진에 전달되어서 해석되는 시점에 메모리 공간을 차지하게 됩니다. 따라서 해석 이후에 실행할 때에는 함수의 위치에 관계없이 호출할 수 있습니다만 함수 표현식을 이용하는 경우는 변수만 선언되고 함수의 할당은 실행 과정에서 이루어지기 때문에 함수 표현식 이전의 코드에서 함수를 호출하게 되면 undefined인 상태에서 호출이 이루어지므로 에러가 발생하게 됩니다.

예제 | function2.html

```
01: <!DOCTYPE html>
02: <html lang="en">
03:   <head>
04:     <meta charset="utf-8">
05:   </head>
06:   <body>
07:     <script>
08:     doA();          ●──[ 함수의 선언 혹은 함수 표현식
09:     doB();              전에 함수 호출 ]
10:     function doA(){
11:       console.log('doA');
12:     }
13:     var doB = function(){
14:       console.log('doB');
15:     };
16:     </script>
17:   </body>
18: </html>
```

▌즉시 실행 함수

가끔은 변수에 함수를 직접 할당하지 않고, 함수의 결과물을 할당하기 위해서 변수에 바로 즉시 실행 함수를 사용할 때가 있습니다. 이 경우는 주로 전역 변수를 사용하지 않으려고 사용합니다(뒤에서 설명하는 클로저와 관계가 있습니다).

예제 | function3.html

```
01:  <!DOCTYPE html>
02:  <html lang="en">
03:    <head>
04:      <meta charset="utf-8">
05:    </head>
06:  <body>
07:    <script>
08:    var doA = (function(num){
09:      var current = num;
10:      return function(){
11:        --current;
12:        console.log(current);
13:      };
14:    })(10);
15:    doA(); //--> 9
```

```
16:        doA(); //--> 8
17:        doA(); //--> 7
18:        doA(); //--> 6
19:        console.log( typeof doA);
20:      </script>
21:    </body>
22: </html>
```

Function( )을 이용하는 함수의 생성

자바스크립트는 동적으로 실행 시점에 원하는 함수를 작성할 수 있는 기능을 제공합니다. 이때에는 특별하게 대문자로 시작하는 Function이라는 객체를 이용해서 문자열만으로 도 실시간으로 필요한 함수를 생성할 수 있습니다.

예제 | function4.html

```
01: <!DOCTYPE html>
02: <html lang="en">
03:   <head>
04:     <meta charset="utf-8">
05:   </head>
06:   <body>
07:     <script>
08:     var fn = Function("v1", "v2", "return v1 + v2;");
09:     console.log(fn(10,20));
10:     console.log(typeof fn);
11:     </script>
12:   </body>
13: </html>
```

많이 사용되지는 않지만, Function 객체를 이용하는 방식은 흔히 동적(Dynamic) 처리 방식으로, 코드의 해석이 아닌 실행 시점에 함수를 생성하기 때문에 유연한 구조를 만들 때 도움이 됩니다.

1.2 arguments 객체의 특별함

자바스크립트에서 함수는 파라미터와 반환 자료형에 대해서 유연하기 때문에 함수의 호출 시에 반드시 파라미터의 수를 일치시키지 않아도 됩니다.

예제 | parameter0.html

```
01:  <!DOCTYPE html>
02:  <html lang="en">
03:    <head>
04:      <meta charset="utf-8">
05:    </head>
06:    <body>
07:    <script>
08:    function doA( num1, num2, num3){
09:        console.log('num1', num1);
10:        console.log('num2', num2);
11:        console.log('num3', num3);
12:        console.log('--------------');
13:      }
14:    doA(1);
15:    doA(1,2);
16:    doA(1,2,3);
17:    </script>
18:    </body>
19:  </html>
```

줄 08에서 정의된 doA( )는 파라미터를 3개 받도록 설계되었지만, 줄 09~11의 호출을 보면 파라미터의 숫자를 지키지 않는 것을 볼 수 있습니다. 만일 함수의 파라미터로 전달된 변수가 부족한 경우에 자바스크립트에서는 파라미터의 값은 undefined로 처리됩니다.

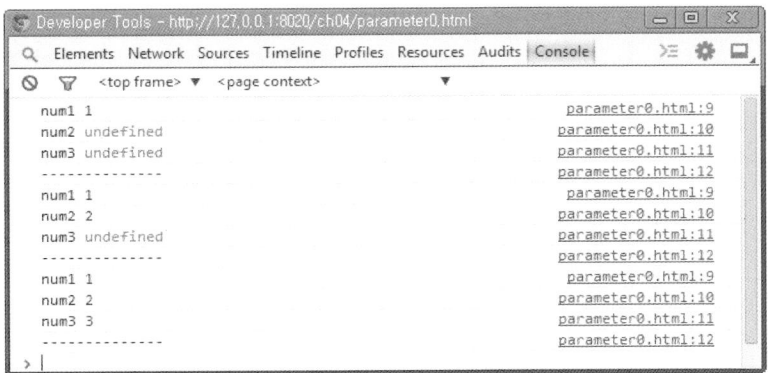

반대로 모든 함수는 실행 시에 arguments라는 특별한 객체를 자동으로 참조하게 됩니다. 따라서 모든 함수의 내부에서는 arguments를 이용해서 전달된 파라미터의 수와 상관없이 함수 호출에 사용하는 데이터를 꺼낼 수가 있습니다.

예제 | parameter1.html

```
01: <!DOCTYPE html>
02: <html lang="en">
03:    <head>
04:       <meta charset="utf-8">
05:    </head>
06:    <body>
07:       <script>
08:       function doA( ){
09:          console.log(arguments);
10:          console.log('--------------');
11:       }
12:       doA(1);
13:       doA(1,2);
14:       doA(1,2,3);
15:       </script>
16:    </body>
17: </html>
```

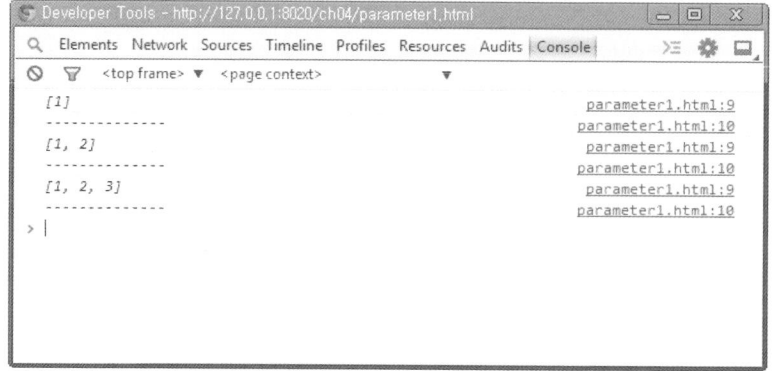

arguments는 기본적으로 배열과 유사하지만, 배열처럼 인덱스 번호를 이용해서 내용물을 바꾸는 작업을 진행할 수는 없습니다.

1.3 함수 내에서의 호이스팅

다른 언어들과는 달리 자바스크립트에서 변수의 범위는 그 변수가 속한 함수에 의해서 결정됩니다. 따라서 함수 내에 선언된 어떠한 변수나 함수 역시 같은 범위를 가지고 있게 되는데 이렇게 변수가 자신이 속한 블록({ }) 안에 있지 않고, 바깥쪽으로 끌어올려 지는 현상을 호이스팅(Hoisting, 끌어올리기)이라고 합니다.

예제 | hoisting0.html

```
01: <!DOCTYPE html>
02: <html lang="en">
03:   <head>
04:     <meta charset="utf-8">
05:   </head>
06:   <body>
07:     <script>
08:     function doA(num){
09:       console.log('before',value); // --> undefined
10:       if(num % 10 === 0){
11:         var value = true;
12:       }
```

```
13:            console.log('after',value);   // --> true
14:        }
15:        doA(10);
16:        </script>
17:    </body>
18: </html>
```

실제 변수는 줄 10에서 생성되지만, 줄 09에서 나오는 결과는 undefined(변수가 선언은 되었으나 할당된 적이 없는)입니다. 이것은 함수 내의 선언된 모든 변수가 같은 범위를 갖기 때문에 생기는 문제입니다.

2. 함수 실행의 조력자들: 스코프 체인, 전역 객체, 활성화 객체

함수를 작성하는 일에 비해서 함수의 실행 구조를 이해하는 것은 상당히 복잡합니다. 함수의 실행에는 여러 객체의 조력자들이 같이 동작하는데, 이 구조를 이해하면 복잡한 구조의 함수나 객체를 이해하는 데 도움이 됩니다.

당연한 얘기지만 모든 함수는 메모리상에서 실행됩니다. 즉 메모리상에 어떤 공간을 이용해서 메모리가 할당되고 실행된다는 것인데, 함수가 실행될 때 만들어지는 메모리 공간을 실행 영역(Execution Context)이라고 합니다. 함수가 동작하는지 이해하는 것은 이 때 어떤 실행 영역들이 생성되는지를 이해하는 데 있습니다(C 언어와 달리 자바스크립트 역시 가비지 컬렉션을 기반으로 동작합니다. 즉 우리가 어떤 메모리 영역을 직접 손대는 것이 아니므로, 이 실행 영역에 있는 데이터를 직접 처리할 수는 없습니다).

2.1 스코프 체인

함수가 생성되면 모든 함수는 하나의 스코프 체인이 생성됩니다. 스코프 체인은 함수의 호출과 관련된 여러 객체의 참조를 저장하는 메모리 공간이라고 생각하면 됩니다.

스코프 체인은 기본적으로 키(Key)와 값(Value)의 구조로 되어 있고, 스코프 체인의 안쪽에 들어가는 객체들을 변수 객체(Variable Object)라고 합니다.

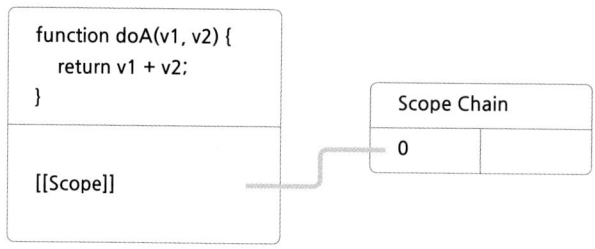

생성된 스코프 체인의 내부에는 먼저 전역 객체(Global Object)가 체인의 안쪽으로 자리 잡게 됩니다. 이 공간을 흔히 전역 컨텍스트(Global Context)라고 하기도 합니다.

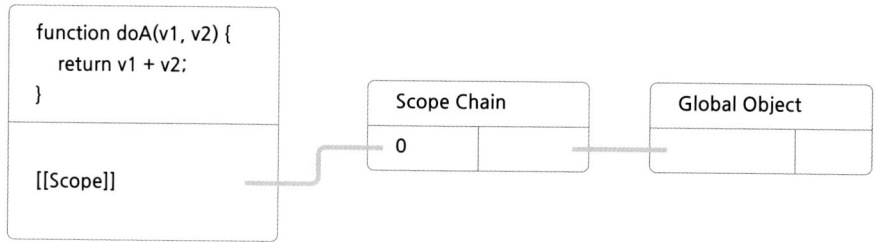

전역 객체는 함수가 암묵적으로 참조하는 변수들이 들어가게 됩니다. 여기에는 다음과 같은 객체들이 존재합니다.

- **this** 함수에서 참조하는 메모리 영역. 예를 들어 함수를 호출한 존재, 다른 객체지향 언어에서는 현재 실행 중인 객체를 의미할 때 this를 의미하지만, 자바스크립트의 this는 실행 영역 자체를 의미한다고 생각할 수 있습니다.
- **전역 객체** 브라우저일 때는 window, document 등, Node.js일 때는 global과 같은 전역 객체
- **함수 객체** 현재 실행하는 함수 자체에 대한 참조

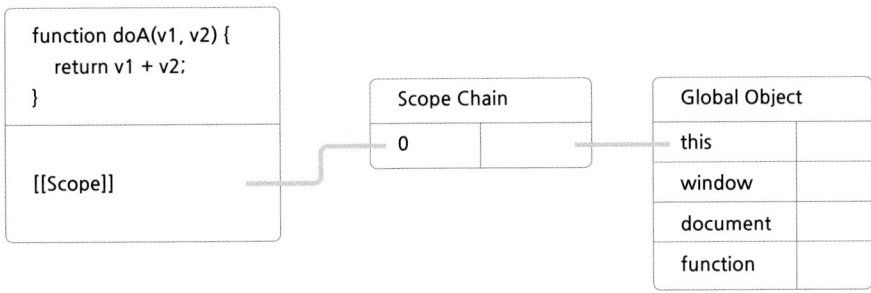

2.2 함수 실행 중 메모리

함수가 호출되게 되는 시점에 메모리에는 함수의 실행 영역(Execution Context)이라는 영역이 생성됩니다. 모든 함수는 실제로 하나의 실행 영역을 가지고 있습니다. 흔히 자바 스크립트에서 범위(스코프)라는 단어는 이 영역을 의미합니다.

실행 영역에서 함수가 실행되면 스코프 체인에는 활성화 객체(Activation Object)가 추가됩니다.

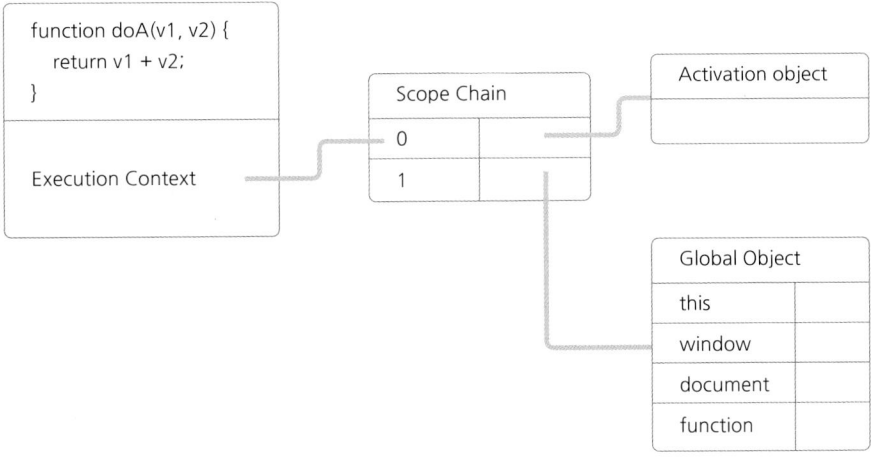

활성화 객체에는 다음과 같은 객체들이 들어가게 됩니다.

- this
- arguments 객체
- 함수의 선언에 정의된 파라미터들
- 함수의 내부에 선언된 변수

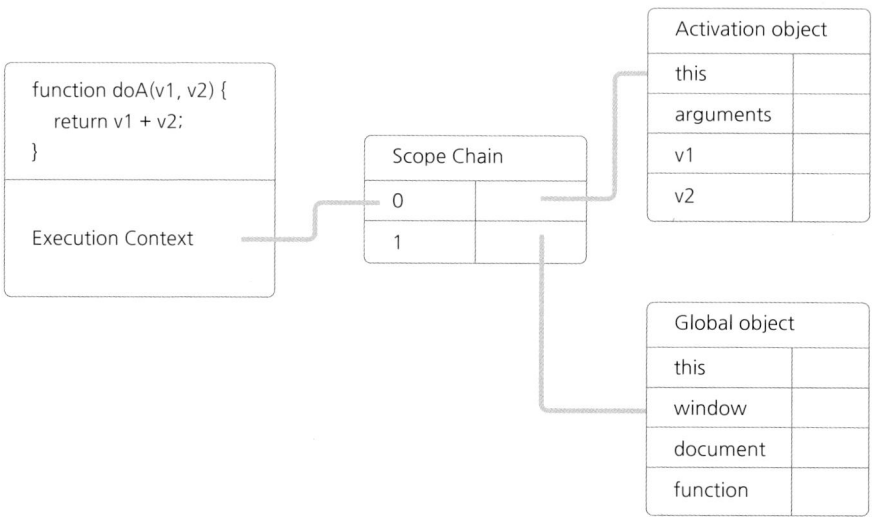

함수의 내부에서 document나 window와 같이 전역 객체의 메모리를 참조할 일이 없다면 함수는 현재의 활성화 객체 내에서 필요한 변수들을 사용하게 됩니다. 이처럼 함수의 내부에 필요한 변수들에 접근하는 것을 변수 해석(Variable Resolution)이라고 하는데, 함수의 실행 시에 찾아야 하는 메모리의 영역이 적을수록 빠른 성능을 낼 수 있습니다(이런 이유로 함수 내에서 선언된 지역 변수(Local Variable)를 이용하는 것이 더 빠른 성능을 낼 수 있게 됩니다).

3. 클로저와 함수들의 상태 문제

함수 기반 프로그래밍의 특징은 필요한 기능의 수만큼을 함수로 구성하는 작업입니다. 이렇게 여러 개의 함수를 만들게 되면 반드시 발생하는 것이 바로 함수는 실행되고 나면 상태를 유지할 수 없다는 문제입니다.

자바스크립트에서는 이러한 상태 유지의 문제를 해결하고자 1) 전역 변수를 선언해서 지속적으로 변수의 상태를 유지하거나, 2) 클로저 기능을 활용해서 함수가 가려져 있는 다른 함수의 데이터를 참고하는 방식을 활용합니다.

3.1 전역 변수의 문제점

만일 같은 함수를 여러 번 호출하고, 이때마다 결과가 유지(혹은 누적)돼야 되는 상황이라면 가장 쉽게 생각할 수 있는 것은 전역 변수를 선언하고 이 변수를 활용하는 것입니다.

예제 | global0.html

```
08:  var total;
09:  function add(num){
10:      total += num;
11:  }
```

전역 변수의 사용에는 여러 가지 문제가 있긴 하지만, 가장 대표적인 것이 전역 변수로 선언된 변수에 대해 제어할 수 없다는 점입니다. 예를 들어 특정 변수를 어떤 함수들만이 공유하는 상황이나 제한적으로 몇 개의 함수가 같이 공유하는 데이터를 만들어내기 어렵다는 문제가 있습니다.

3.2 함수의 상태를 유지하는 클로저

자바스크립트에서 함수는 클로저(Closure)라는 문법적인 장치를 이용해서 전역 변수의 남발을 피할 수 있습니다. 개인적으로는 클로저의 공식적인 의미와 우리가 흔히 클로저라고 말하는 기법은 조금 다른 뜻으로 사용되고 있는 것 같다고 생각합니다.

클로저 기법을 사용한다는 것을 굳이 한국어로 해석하자면 '감춰진 참조(Reference)를 가진 함수' 정도가 적합한 표현일 될 듯한데, 하나의 함수가 다른 함수를 암묵적으로 참조하는 상황을 의미합니다.

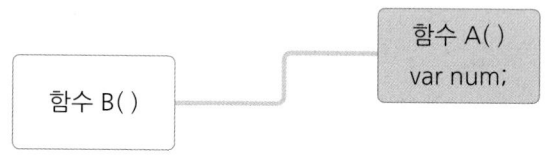

함수 B( )에서 아무런 선언 없이도 함수 A( )에 접근하여 사용 가능

흥미로운 것은 클로저의 원래 의미는 "함수의 변수가 스코프 체인 내에 있고, 어떤 함수가 닫히게 되는 것은(Close) 함수 내의 변수에 따른다."라는 의미인데, 쉽게 말하자면 함수가 종료되면 함수의 스코프 체인도 같이 종료되는 것을 의미합니다. 이런 의미에서 보면 자바스크립트의 모든 함수는 스코프 체인을 가지고 있기 때문에 클로저라고 할 수 있습니다.

그럼에도, 굳이 클로저를 이용한다는 것에 대한 의미가 다르게 활용되는 것은 일반적인 함수가 아니라, 중첩 함수와 같은 곳에서 스코프 체인이 상당히 흥미로운 결과를 가져오기 때문입니다. 미리 결론부터 말하자면 함수의 실행이 끝난 상태에서도 여전히 함수 내의 변수가 상태를 유지하는 기법입니다.

예를 들어 간단히 숫자를 더하는 기능을 상태를 유지하면서 처리하려면 가장 간단한 선택은 역시나 전역 변수를 사용하는 상황이 됩니다.

```
var total;

function add(num){
  total += num;
}
```

같은 상황을 클로저를 사용하는 경우에는 다음과 같이 처리할 수 있습니다.

예제 | closure0.html

```
08:  function add(){
09:    var total = 0;
10:    return function(num){
11:      total += num;
12:      return total;
13:    };
14:  }
15:
16:  var addFn = add();
17:  console.log(addFn(1)); //1
18:  console.log(addFn(2)); //3
19:  console.log(addFn(3)); //6
20:  console.log(addFn(4)); //10
```

줄 09에 정의된 변수 total은 add( )라는 함수 내에서 선언되었기 때문에, 함수의 종료 후에는 total 변수 역시 사라져야 정상입니다. 줄 10에서는 특이하게도 함수를 반환하는데, 이 반환된 함수가 줄 09의 total 변수를 사용하고 있습니다.

위의 코드를 보면 total 변수는 전역 변수가 아니므로 원래는 add( )의 실행 후에 종료되어야 정상이지만, 줄 17 이하에서 보는 것처럼 상태를 계속해서 유지하는 것을 볼 수 있습니다.

클로저는 특정 함수가 암묵적으로 다른 함수의 참조를 가지고 있기 때문에 함수 실행 시에 현재 호출되는 함수가 참조하는 다른 함수의 메모리 공간을 참조해서 사용하게 합니다. 이를 제대로 이해하려면 원칙적으로는 메모리의 동작 구조를 이해하는 것이 우선이지만, 그전에 작성하는 방식이나 활용을 먼저 살펴보도록 합니다.

3.3 클로저를 사용하는 방법

클로저를 사용하려면 아주 간단한 문법적인 사항을 아는 것만으로 충분합니다.

- 자바스크립트의 함수 내에서 다른 함수들을 정의할 수 있다(중첩 함수).
- 자바스크립트의 모든 변수의 범위는 함수를 기준으로 한다.

클로저는 특정 함수가 다른 함수의 참조를 암묵적으로 물고 있는 형태이므로, 대부분의 시작은 상태(정확히는 상태를 유지해야 하는 변수)를 가지고 있는 바깥쪽의 참조될 함수를 작성하는 것으로 시작합니다.

```
function makeSum(){
  var sum = 0;
}
```

상태를 가지고 있는 함수 안에서 다른 함수를 하나 선언하도록 합니다. 이때 안쪽으로 선언되는 함수는 바깥쪽 함수의 상태를 사용하도록 작성해 줍니다.

```
function makeSum(){
  var sum = 0;
  var fn = function doJob(num){
    sum += num;
    return sum;
  };
  return fn;
}
```

가장 중요한 단계는 이제 안쪽에서 선언된 함수를 바깥쪽 함수의 실행 이후에도 계속 참조할 수 있도록 만드는 작업입니다. 이 경우는 다음과 같이 사용할 수 있습니다.

- 별도의 전역 변수에 안쪽 함수를 할당하는 방식
- 바깥쪽 함수의 반환값으로 안쪽 함수를 전달하는 방식
- 함수로 전달하는 방식
- 객체로 전달하는 방식

일반적인 경우라면 반환값을 이용하는 것이 더 보편적입니다. 엄밀하게 따지자면 클로저라는 장치가 함수가 감춰진 다른 참조를 가지고 있다는 것이기 때문에 위의 두 방식 모두 가능하긴 합니다.

클로저를 이용하면 위와 같이 간단하게 전역 변수의 사용을 줄이고, 더욱 깔끔한 형태의 코드를 유지할 수 있습니다. 이 기법을 잘 활용하면 마치 디자인 패턴에서 말하는 싱글턴 패턴(Singleton: 객체 생성 시 유일무이한 하나의 객체를 생성해서 활용하는 패턴)과 비슷한 방식으로 구현할 수 있습니다. 이에 대해서는 즉시 실행 함수와 같이 알아두는 것이 좋습니다.

3.4 클로저와 메모리

앞의 코드를 그림으로 표현하면 makeSum( )을 호출했을 때 다음과 같은 모습이 됩니다.

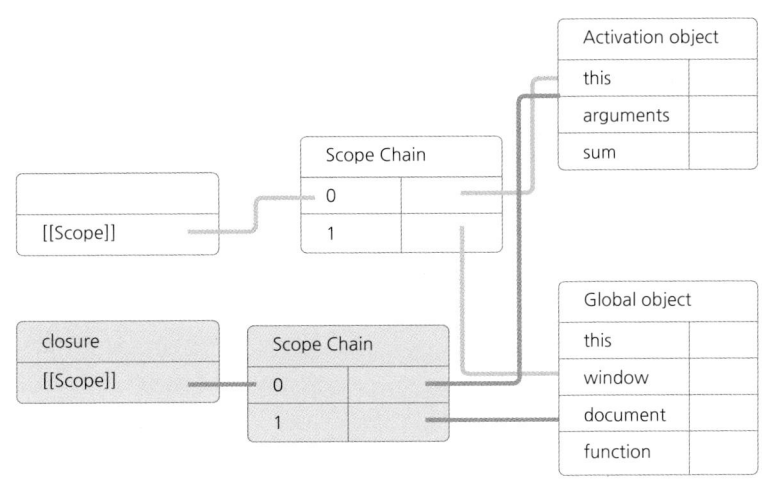

만일 makeSum( )의 실행 결과로 반환된 함수를 실행하면 활성화 객체(Activation Object)가 추가되기 때문에 다음과 같이 됩니다.

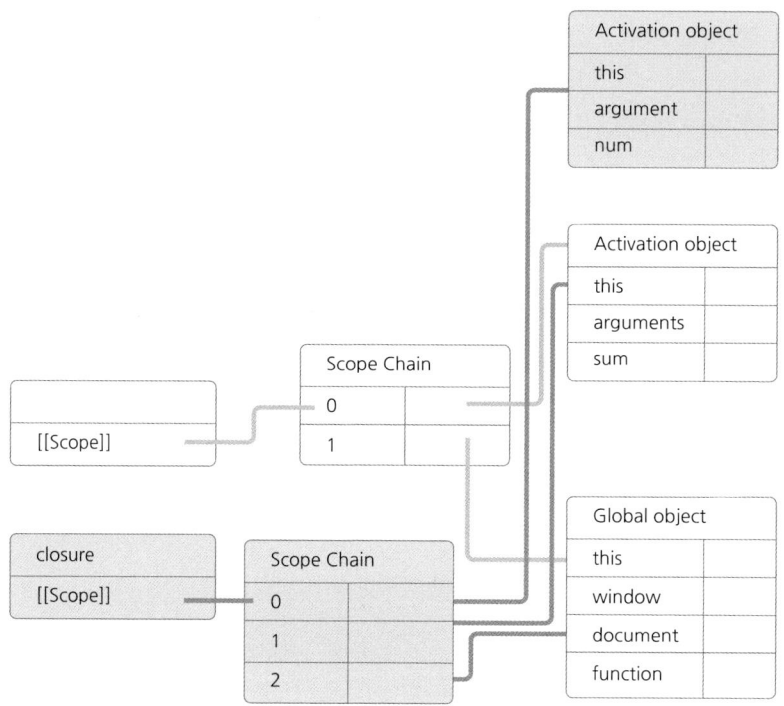

즉시 실행 함수와 클로저

클로저를 가장 많이 사용하는 형태는 바로 즉시 실행 함수의 형태와 같이 사용하는 방식이기 때문에 간단하지만 알아두면 꽤 유용합니다.

즉시 실행 함수는 말 그대로 함수의 선언과 동시에 실행을 지정합니다. 예를 들어 다음과 같은 형태로 사용됩니다.

예제 | closure1.html

```
08:  var makeSum  = (function (){
09:    var sum = 0;
10:    return function doJob(num){
```

```
11:    sum += num;
12:    return sum;
13:  };
14: })();
15:
16: console.log(makeSum(10)); //10
17: console.log(makeSum(20)); //30
18: console.log(makeSum(30)); //60
```

줄 08에서 선언된 makeSum은 즉시 실행 함수를 이용해서 실행된 결과를 변수에 할당하기 때문에, 줄 16 이후의 호출은 줄 10에서 반환된 결과를 이용하는 것과 같습니다. 줄 11을 보면 현재 실행하는 함수 내에 변수가 아닌 sum을 이용해서 실행하는 것을 볼 수 있습니다.

즉시 실행 함수는 함수의 형태를 유지하는 것이 아니라, 함수를 한 번 실행하는 것을 목적으로 합니다. 즉 함수를 재사용하려는 것이 아니라 함수를 실행해서 필요한 상황을 만드는 것을 목적으로 합니다.

즉시 실행 함수의 가장 중요한 특징은 대부분의 경우에 즉시 실행 함수는 함수 자체가 다른 곳에서 사용되지 않고, 오직 한번 실행하는 것을 목적으로 하는 경우가 많습니다. 이렇게 작성하는 데에는 주로 다음과 같은 이유가 있습니다.

- 반드시 실행될 기능을 처리하기 위한 방법 – 자동 실행
- 함수 자체를 외부에 공개하지 않도록 하는 방법

일반 함수의 경우에는 반드시 외부에서 특정 함수를 호출하는 코드가 들어가야만 하지만, 즉시 실행 함수의 경우에는 이럴 필요가 없다는 것이 아마도 최대의 장점일 것입니다. 즉시 실행 함수로 작성된 코드는 자동으로 실행되기 때문에 초기화가 필요한 경우에 유용하게 사용할 수 있습니다(가장 대표적인 예로 jQuery 역시 즉시 실행 함수를 이용해서 jQuery를 초기화합니다).

즉시 실행 함수와 자바스크립트의 중첩 함수의 클로저를 같이 이용하게 되면, 즉시 실행 함수의 내부에 필요한 변수들을 선언하고, 중첩 함수들을 외부로 공개해서 중첩 함수가 즉시 실행 함수를 참조하는 형태의 깔끔한 코드를 만들어 낼 수 있습니다. 이때에는 다음 과 같은 방식으로 작성하면 편리합니다.

3.5 클로저는 바깥쪽 대상을 참조

클로저를 이용할 때 가장 주의해야 하는 내용은 클로저에서 사용되는 변수 등을 복사해서 가지는 것이 아니라, 참조를 통해서 사용한다는 것입니다. 간단한 예제를 보면서 생각해 봅니다.

예제 | closure3.html

```
08:  function makeArr(){
09:    var arr =[];
10:    for( var i = 0;i < 10; i++){
11:      arr.push(function(){
12:        return i;
13:      });
14:    }
15:    return arr;
16:  }
17:
18:  var resultArr = makeArr();
19:  console.log(resultArr[0]());  // 10
20:  console.log(resultArr[1]());  // 10
21:  console.log(resultArr[2]());  // 10
22:  console.log(resultArr[3]());  // 10
```

줄 10에서는 루프를 이용해서 함수를 작성하고 arr 배열에 추가합니다. 추가된 후에 반환 된 배열을 이용해서 결과를 출력해 보면 10이라는 숫자만 출력됩니다.

줄 12를 보면 마치 현재 함수가 작성되면서 변수 i의 값을 가지고 있는 것처럼 보이지만, 실제로는 줄 11에서 13까지 작성된 함수는 바깥쪽 함수의 참조를 가진 상황입니다.

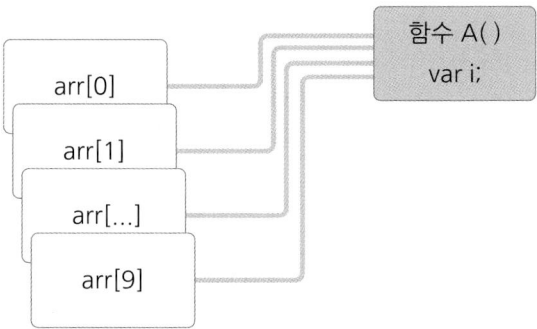

따라서 arr[0]에서 작성된 함수를 실행할 때에는 바깥쪽 함수의 i 값이 10으로 변경된 후에 참조하게 됩니다. 이 문제를 해결하는 가장 일반적인 방식은 즉시 실행 함수를 이용해서 바깥쪽 함수의 변수를 클로저로 작성되는 함수들의 변수로 명시적으로 지정하는 것입니다.

예제 | closure4.html

```
08:  function makeArr(){
09:    var arr =[];
10:    for( var i = 0;i < 10; i++){
11:      arr.push(
12:        (function(num){
13:          return function (){
14:            var result = num;
15:            return result;
16:          };
17:        })(i));
18:    }
19:    return arr;
20:  }
21:
22:  var resultArr = makeArr();
```

```
23: console.log(resultArr[0]()); //0
24: console.log(resultArr[1]()); //1
25: console.log(resultArr[2]()); //2
26: console.log(resultArr[3]()); //3
```

줄 12에서는 루프를 도는 순간에 즉시 실행되는 함수를 이용해서 반환값으로 만들어지는 함수 내에 result라는 변수의 값을 현재 루프를 도는 인덱스 번호의 값으로 세팅하도록 합니다. 위의 방식은 즉시 실행 함수가 실행된 결과를 만들 때 바깥쪽 함수를 참조하는 것이 아니라, 고정된 상태의 값을 부여하는 방식입니다.

클로저를 이용하면 메모리의 효율이 조금 떨어지는 것은 사실입니다(바깥쪽 함수가 끝나고 정리되지 못하고 남아 있어야 하는 문제). 하지만, 클로저는 지저분한 전역 변수의 지옥을 벗어나는 데 유용한 방식임은 틀림없습니다.

객체, 클래스, 프로토타입

자바스크립트는 사실상 거의 모든 것이 객체로 구성되는 객체지향 프로그래밍 기반으로 되어 있지만, 기존의 언어들과는 다른 점들 때문에 공부해야 하는 부분이 적지 않습니다. 예를 들어 자바스크립트에서 문자열이나 숫자 등은 분명히 기본 자료형이긴 하지만 실제로는 코드를 작성할 때에는 객체로 포장되어서(Wrap) 사용되는 등, 기본 자료형을 순수하게 사용하는 경우는 거의 드물다고 할 수 있습니다.

자바스크립트의 객체에 대한 이해를 위해서 지금까지와는 달리 객체(Objet)라는 개념에 좀 더 너그러워지는 것이 좋다고 생각합니다. 예를 들어 개인적으로 자바스크립트의 객체를 이해하는 데 가장 너그러운 개념은 그저 '메모리 공간을 차지하는 존재' 정도로만 생각하면 꽤 편리한 방법이 됩니다.

자바스크립트에서는 함수 역시 객체이고, 생성자 함수를 이용해서도 객체를 만들어 낼 수도 있습니다. 또한 클래스가 없기 때문에 그저 { }로 묶는 작업만으로도 객체가 되기도 하고, Object.create( )와 같은 별도의 함수를 이용하는 등의 방식이 상당히 다양합니다.

아마도 가장 주의 깊게 봐야 할 부분은 역시 프로토타입(Prototype)이라는 자바스크립트의 고유한 방식을 이해하는 일입니다. 클래스 기반의 언어들과의 비교를 통한 접근 방식이 도움될 것입니다.

1. 객체 개념과 생성 방식

자바스크립트에서 객체는 크게 기본적으로 제공되는 객체와 사용자가 생성하는 객체로 나누어집니다. 기본적으로 제공되는 객체를 내장 객체(Built-in Object, 흔히 기본 객체라고 표기하므로 이하 기본 객체)라고 하고, 사용자가 만들어 내는 객체는 사용자 정의 객체(User-defined Object)로 구분합니다.

자바스크립트의 객체 생성 방식은 클래스 기반의 언어들과 비교했을 때 상당히 독특한 특징을 가지고 있는데, 이에 대한 내용에 대해서는 이어지는 객체 관련 설명에서 다루도록 하고, 먼저 자바스크립트의 모든 기본 객체의 생성은 '함수'를 통해서 이루어진다는 것을 명심해야 합니다.

가장 먼저 기본 객체를 만들 때 사용하는 함수들은 다음과 같습니다(향후에 나오는 ECMAScript 6 버전에는 Map이나 WeakMap, Set 등의 자료구조나 Proxy 등의 객체가 추가될 예정입니다).

- Object
- Function
- Array
- Boolean
- Error

- Number
- JSON
- ArrayBuffer
- DataView

이 기본 객체 중에서 반드시 알아두어야 하는 존재가 Object라는 함수의 존재입니다. Object는 클래스 기반 언어에서처럼 만들어지는 모든 객체의 조상에 속하는 객체입니다.

1.1 키와 값의 자료구조: 객체

일반적일 때 객체지향 프로그래밍은 다음과 같은 기준으로 객체를 생성하곤 합니다.

- 구조체와 같이 여러 데이터를 묶어서 하나의 구조로 만드는 경우
- 다양한 기능과 그에 필요한 변수를 묶어 하나의 역할을 객체로 구성하는 경우

자바스크립트는 객체지향의 개념 자체는 동일하게 적용될 수 있지만, 객체라는 범위에 대해서는 그저 메모리상에 모여 있는 키(Key)와 값(Value)으로 구성된 존재로 인식합니다. 예를 들어 자료구조에서는 Map으로 구성되는 정보는 객체로 간주한다고 생각하면 됩니다.

예제 | map0.html

```
10: var shape1 = {};
11: shape1.width = 100;
12: shape1.height = 200;
13:
14: shape1.getArea = function(){
15:   return this.width * this.height;
16: };
```

줄 10에서는 단순히 {}를 이용해서 메모리 공간을 차지하도록 했을 뿐입니다. 줄 11, 12에서는 이 공간에 새로운 속성을 부여합니다.

자바스크립트는 클래스에서 객체를 만드는 방식이 아니므로, 위와 같이 객체(Object)라는 것을 생성해 두고 필요한 속성과 기능을 사용할 수 있습니다.

줄 15를 보면 this를 이용해서 현재 함수가 실행되는 공간의 width와 height를 사용하는 모습을 볼 수 있습니다.

자바스크립트에서의 객체 생성 방식

자바스크립트에서 단순히 {}를 이용해서도 객체를 생성할 수 있지만, 객체를 생성하는 데에 더 자주 사용하는 방식은 다음과 같습니다.

- 객체 리터럴을 이용한 간단한 객체 생성

- 반복적인 객체 생성 작업을 위해서 주로 사용하는 생성자(Constructor) 함수

- 간편한 상속을 위한 Object.create( ) 방식의 객체 생성

1.2 간편한 객체 리터럴 방식

자바스크립트에서 가장 간단하게 객체를 사용하는 방식을 뽑으라면 객체 리터럴 (Literal)이라는 기법을 들 수 있습니다. 객체 리터럴은 쉽게 말해서 {} 안에 키(Key)와 값 (Value)으로 객체를 구성하는 방식입니다.

```
var obj = {id:'user00' , pw:'pw00'};
```

객체 리터럴 방식은 주로 다음과 같은 때에 사용합니다.

- 함수의 파라미터를 전달하는 경우 필요에 따라서 간단하게 객체를 생성해서 전달하는 경우

- 함수의 반환 자료형으로 객체를 전달해야 하는 경우

- 주로 설정 정보와 같이 선택적인 정보들을 모아서 객체를 구성하는 경우

함수를 사용할 때 파라미터를 여러 개 사용하다 보면 원하는 파라미터만을 지정하는 경우에는 상당히 불편하지만, 객체 방식으로 파라미터를 이용하고 객체 리터럴을 이용해서 파라미터를 지정하면 간편하게 사용할 수 있습니다.

예제 | literal0.html

```
08: function fn1(p1,p2,p3,p4){
09:    console.log(p1);
10:    console.log(p2);
11:    console.log(p3);
12:    console.log(p4);
13: }
```

```
14:
15:  //only p1 and p3
16:  fn1(1,null,3);
17:  //only p1 and p4
18:  fn1(1,null, null, 4);
19:
20:  function fn2(config){
21:    console.log(config.p1);
22:    console.log(config.p2);
23:    console.log(config.p3);
24:    console.log(config.p4);
25:  }
26:
27:  //only p1 and p3
28:  fn2( {p1:1, p3:3});
29:  //only p1 and p4
30:  fn2( {p1:1, p4:4});
```

줄 16과 줄 18을 보면 중간에 비어 있는 파라미터를 처리하기 위해서 null을 이용해 주어야만 했습니다. 파라미터를 여러 개 이용할 때는 파라미터의 뒤쪽은 생략할 수 있지만, 중간 파라미터의 생략은 불가능하기 때문입니다.

반면에 줄 28과 줄 30의 호출 방식은 즉석에서 객체 리터럴을 이용해서 객체를 생성하는 것이 얼마나 편리한 방식인지 보여주고 있습니다. 메모리의 사용 측면에서도 객체 리터럴은 여러 개의 데이터가 묶은 객체의 참조만을 사용하기 때문에 더 효율적입니다.

객체 리터럴 방식의 장점과 단점

객체 리터럴 방식은 자바스크립트에서 가장 간단하게 사용자 정의 객체를 생성하는 방식입니다. 이 방식에는 다음과 같은 장·단점이 존재합니다.

장점

- 별도의 클래스와 같은 구조 없이 빠르게 객체를 작성할 수 있다.
- 객체 구성이 자유롭다.
- 객체의 확장이나 변경이 쉽다.

단점

- 구조가 미리 정의된 적이 없으므로 객체의 구조 파악이 어렵다.
- 항상 객체의 구조 변경에 대비해야만 한다.
- 구조가 없으므로 재사용이 불가능하다.

객체 리터럴 방식의 가장 큰 문제는 역시나 클래스 기반의 언어들과는 달리 동일한 구조의 객체를 재생산하는 데 있어서 문제가 있습니다. 이에 대한 대안으로 다음과 같은 것들을 고려할 수 있습니다.

- **함수를 통해서 동일한 객체가 생성되도록 하는 방식**   흔히 팩토리(Factory)라는 방식으로, 말 그대로 '객체 생성의 공장' 역할을 하는 함수를 선언하고 함수를 실행해 주면 객체를 생성해서 반환하는 방식입니다.
- **생성자 함수를 이용하고 new를 통해서 객체를 생성하는 방식**   함수를 정의하고 함수를 새로운 메모리 공간에서 실행하여 메모리 공간에 작업하는 방식으로, 겉으로는 마치 클래스와 객체의 모습처럼 작성하고 실행하는 방식입니다.

1.3 반복적인 객체 생성을 위한 생성자 함수의 활용 방법

자바스크립트의 객체 생성 방식은 클래스 언어와는 완전히 다른 방식으로 동작하지만, 적어도 생성자 함수를 이용하는 방식을 보면 그 모습에 있어서는 클래스 기반의 언어들의 객체 생성과 유사하게 보이기도 합니다. 생성자 함수는 말 그대로 '함수를 객체의 생성자'로 활용하는 방식입니다. 이때에 같이 필요한 키워드가 하나 더 필요한데 바로 new라는 키워드의 존재입니다.

생성자 함수를 이용하는 방식은 기존의 엄격한 클래스 기반 언어와 유사하기 때문에, 다음과 같은 방식으로 작성하면 됩니다.

예제 | constructor0.html

```
08: function Point(lat, lng , name){
09:   this.lat = lat;
10:   this.lng = lng;
11:   this.name = name;
12: }
13:
14: var p1 = new Point(37,222,127.333, 'BugDonald');
15: var p2 = new Point(37,333,127.444, 'Potato King');
16: var p3 = new Point(37,432,127.555, 'KFG');
17:
18: console.log(p1);
19: console.log(p2);
20: console.log(p3);
```

생성자 함수를 사용할 때 new는 말 그대로 메모리상에 새로운 공간을 생성하고 this를 이용해서 이 공간에 속성들을 붙여줍니다. 즉 생성자 함수는 특정 메모리에 해야 하는 작업을 반복적으로 할 수 있게 설계된 함수에 불과하고 매번 새로운 객체를 만들 때마다 new를 이용해서 작업합니다.

생성자 함수를 이용하는 경우에는 다음과 같은 때에 주로 사용합니다.

- 동일한 속성과 메서드를 가진 객체를 여러 번 생성하는 경우
- 클래스의 기능처럼 정해진 속성과 동작을 가지게 하고 싶은 경우
- 객체의 자료형(타입) 정보를 엄격하게 해야 할 필요가 있는 경우

생성자 함수는 일반적으로 대문자로 표시해서 일반 함수와의 구분을 주는 것이 좋습니다. 생성자 함수는 외형상이나 동작 방법으로 봤을 때에는 일반 함수와 전혀 차이가 없으므로 잘못된 방식의 호출을 막기 위해서입니다.

생성자 함수의 장점과 단점

생성자 함수는 함수를 이용하는 객체 생성 방식으로 다음과 같은 장점과 단점이 있습니다.

장점

- 같은 구조의 객체를 여러 번 생산하는 데 있어서 유리하다.
- 클래스 언어와 유사한 문법적인 구조 덕분에 진입 장벽이 낮다.

단점

- 일반 함수와 객체 생성용 함수의 구분이 없다. 대소문자와 같은 표기법 역시 자바스크립트에서 강제적인 문법이 아니다.
- 같은 구조에는 적합하지만, 객체의 변경이 유연한 자바스크립트의 장점을 줄이게 된다.

1.4 Object.create( ) 방식의 객체 생성

자바스크립트에서 new를 이용하는 방식의 객체 생성에 대한 대안으로 많이 거론되는 방식은 Object.create( )를 이용하는 방식입니다. 이 방식은 아직은 브라우저에 따라 지원의 차이가 있습니다(이 기능에 대한 브라우저의 지원 여부는 http://kangax.github.io/es5-compat-table/#Object.create를 통해서 확인해 볼 수 있습니다).

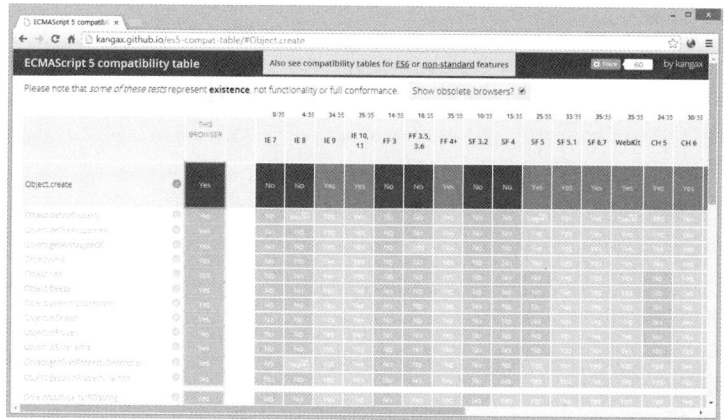

Object.create(proto)는 새로 객체를 하나 만들어 주고, 그 객체에 내부적으로 proto로 지정된 객체의 참조를 가지는 구조를 생성합니다. 간단한 예를 들어 보도록 합니다.

예제 | create0.html

```
08: var member = {
09:   userid:'user',
10:   passwd:'1234'
11:   };
12: var user1 = Object.create(member);
13: user1.name ='Hong Gil Dong';
14: console.dir(user1);
15:
16: var user2 = Object.create(member);
17: user2.fname ='Tony';
18: user2.lname='Stack';
19:
20: console.dir(user2);
```

줄 08에서 정의된 mebmer라는 객체는 userid, passwd라는 속성을 가지도록 만들어집니다. 줄 12에서는 Object.create( )를 이용해서 member 객체를 참조하는 user1이라는 객체를 생성해 냅니다.

줄 16에서도 Object.create( )를 이용해서 member 객체를 참조하는 user2 객체를 생성해냅니다. 이를 실행한 결과는 다음과 같습니다.

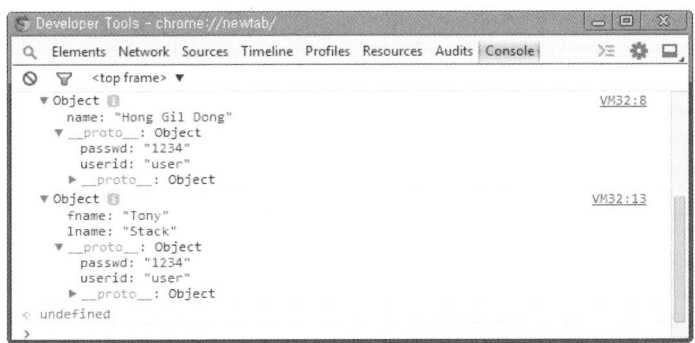

결과를 보면 중간에 __proto__라는 속성이 존재하는 것을 볼 수 있고, __proto__가 참조하는 객체가 member 객체임을 알 수 있습니다.

사실 여기까지만 보면 기존의 클래스 기반 언어들의 상속과 같다고 생각되지만, 실제로 메모리상에는 다음과 같은 구조로 만들어 집니다(클래스 기반의 언어들은 자식 클래스의 객체가 생성될 때 부모 클래스의 객체도 같이 생성되는 반면에 자바스크립트의 __proto__는 아래와 같이 공유되는 형태가 됩니다).

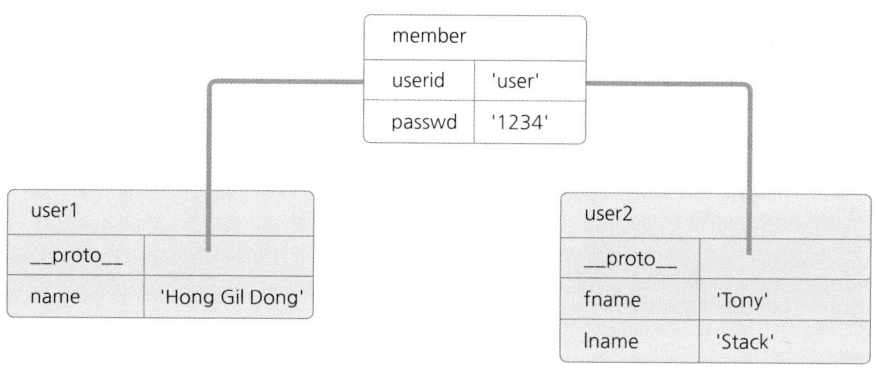

따라서 user2를 이용해서 객체의 속성을 수정하면 다음과 같은 결과를 볼 수 있습니다.

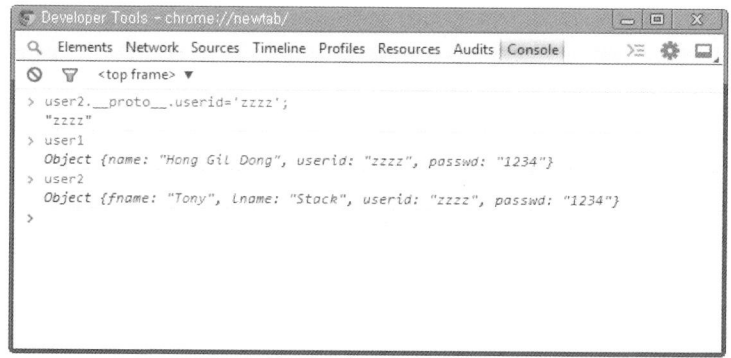

위의 그림을 보면 분명히 user2를 이용해서 user2.__proto__.userid를 'zzzz'로 수정해주었습니다. 위의 그림에서 보듯이 __proto__는 공유되기 때문에 user2를 통해서 수정

했음에도 불구하고 user1의 userid 속성의 값마저도 변경되는 것을 확인할 수 있습니다.

Object.create( ) 방식은 객체의 생성보다는 객체의 상속 구조를 작성할 때 유용한 방식으로 주로 사용됩니다. Object.create( )를 이용하는 상속 방식은 속도의 측면에서는 객체 리터럴 방식과 비교하면 더 느리지만, 생성자 함수가 일반 함수와의 구분이 모호하다는 점, 객체 리터럴 방식이 상속에 적합하지 않은 상황에서 대안이 될 수 있습니다.

▌ Object.create( ) 방식의 장점과 단점

Object.create( ) 방식은 다음과 같은 장점과 단점을 가집니다.

장점

- 어떤 형태로든 존재하는 객체를 그대로 복사해서 다른 객체를 생산하는 경우
- 상속 구조를 사용하는 데 있어서 편리한 방식

단점

- 아직 일부 브라우저에서 지원하지 않는 문제점(IE 8, Opera v11.5)
- 느린 속도

2. 함수와 프로토타입 방식의 객체 생성

자바스크립트의 사용자 정의 객체를 이해하는 데 가장 필수적인 내용은 문법적인 내용보다는 다른 언어들과의 차이를 이해하는 데 있습니다. 객체 지향 프로그래밍을 지원하는 언어들의 객체 생성 방식은 크게 세 가지로 구분됩니다.

- **클래스를 이용한 객체 생성**
- **프로토타입 기반의 객체 생성**
- 기타(Aspect based, etc.)

자바스크립트의 경우 언어의 태생 자체가 조금 독특해서 문법적으로는 자바 언어의 구문들을 활용하지만, 함수와 관련된 기능은 Lisp 계열인 Scheme 언어의 전통을 이어받습니다. 객체 지향 언어의 경우에는 Self 언어의 특징을 이어받는다고 설명합니다.

C++이나 자바, C# 등과 같은 객체지향형 언어에서 클래스라는 것은 다음과 같은 의미가 있습니다.

- 클래스는 마치 객체들의 설계도와 유사하다.
- 클래스는 객체가 가질 속성과 동작(기능)을 정의하고 있다.
- 클래스는 객체가 다른 객체들과 어떻게 연관되어야 하는지에 대한 정보도 가지고 있다.

즉 클래스 기반의 객체 생성에서는 클래스라는 존재를 이용해서 구조(Structure)와 기능을 정의합니다. 이렇게 정의된 구조와 기능은 새로운 메모리 공간에 구조를 그대로 적용하는 방식(흔히 붕어빵의 틀과 붕어빵의 관계라고들 표현하기도 합니다)을 이용해서 동일한 구조의 객체들을 생산하는 방식을 이용합니다.

반면에 프로토타입 기반의 언어는 쉽게 말해서 객체라고 불리는 인스턴스(Instance) 기반의 설계입니다. 기본적으로 객체를 생성하고 이 메모리 공간에 다양한 데이터와 기능을 주입(Inject)하는 방식의 설계를 합니다.

클래스 기반의 언어의 포커스는 항상 구조와 관계에 중점을 둡니다. 따라서 어떤 객체를 만들기 전에 구조를 먼저 설계하는 방식이라고 하면, 프로토타입 기반은 어떤 존재가 원하는 속성이나 데이터가 있는지가 중요할 뿐이고, 다른 것에는 관심이 없습니다.

반면에 프로토타입 기반의 언어는 객체를 만들어서 원하는 속성이나 기능을 주입(Inject)하는 방식을 사용하게 되는데, 이때 고민이 되는 것이 "만일 공통적인 속성이나 데이터가 있다면 어떤 방식으로 주입시켜주는가?"에 대한 고민입니다. 이에 대한 해결책으로 프로토타입 기반 언어에서는 프로토타입 체인(Prototype Chain)이라는 방식을 사용합니다.

프로토타입 체인은 쉽게 말해서 객체들이 공통으로 필요한 기능을 하나의 객체로 만들어 두고(원형 객체) 새로운 객체 생성 시에 이 객체에 대한 연결을 갖는 형태로 작성하는 것입니다. 만일 원형이 되는 객체가 10가지 메서드나 속성을 가지고 있다면, 이를 기반으로 제작된 객체들은 10가지 속성이나 메서드를 공유하게 됩니다. 이 방식은 클래스 기반의 언어에서는 상속의 구조와 유사하긴 하지만, 공유되는 방식이라는 점이 틀립니다.

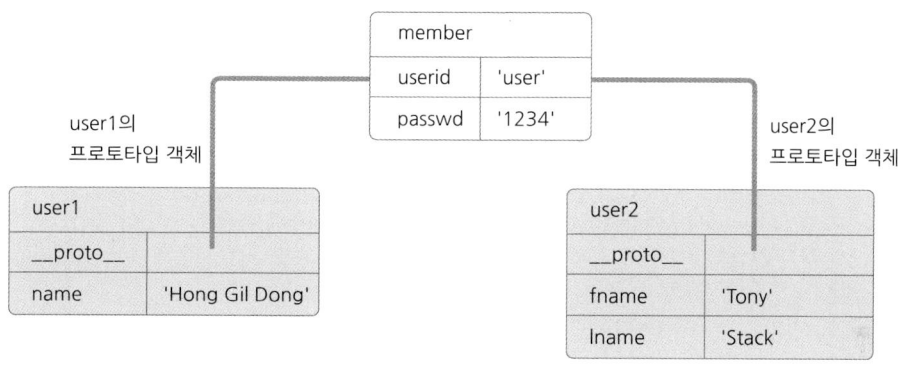

자바스크립트에서 프로토타입 방식을 이해하려면 다음과 같은 3가지 용어에 대한 정확한 이해가 필요합니다.

- **프로토타입 체인이라는 메모리에서의 참조 방식**
- **__proto__로 표시되는 메모리상의 암묵적인 참조(비표준)**
- **프로토타입 객체라고 불리는 원형 객체**

2.1 프로토타입 체인 __proto__

예를 들어, 다음과 같이 간단한 객체 리터럴 방식의 객체를 생성해 봅니다.

```
var obj = {}; //아무것도 없는 비어 있는 객체
```

현재 obj 변수가 참조하는 객체에는 아무런 속성이나 메서드도 없는 상태이지만, 실제로 toString( )과 같은 동작이 가능합니다.

```
var obj = {}; //아무것도 없는 비어 있는 객체
console.dir(obj.toString());  // [object Object] 출력
```

문제는 이때 사용한 toString( )이라는 메서드는 클래스가 없는 상태에서 어떤 방식으로
동작하는가입니다. 이를 이해하려면 객체를 다음과 좀 더 자세히 볼 필요가 있습니다.

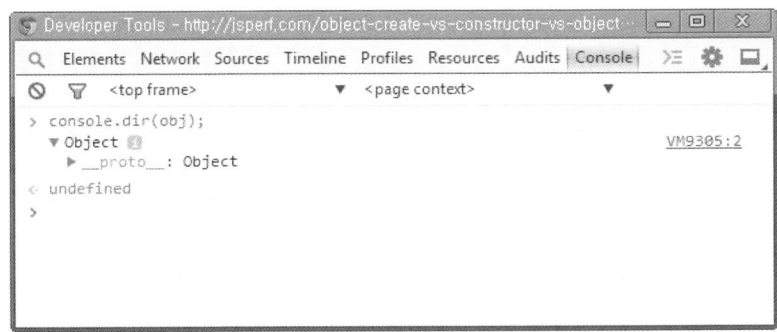

console.dir( )을 이용하면 객체가 가진 속성과 메서드를 볼 수 있는데, 특이하게도
__proto__라는 속성이 설정되어 있는 것이 보입니다(__proto__ 속성은 파이어폭스나 사
파리, 크롬 브라우저에서는 지원되는 속성이지만, 인터넷 익스플로러에서는 정상적으로
지원되지 않는 비공식적인 속성(비표준)입니다. 따라서 다음 설명은 크롬 브라우저에서
실행한 결과를 캡처한 것입니다).

객체에 속성을 가지도록 만들면 위의 구조는 조금 다르게 처리됩니다.

```
var obj = { name:'AAA' };    //name 속성이 있는 객체
console.dir(obj.toString()); // [object Object] 출력
```

위의 그림처럼 객체가 가지는 속성은 현재 변수가 참조하는 객체의 메모리 구조상에 있지만, 이 중 그림에서 보이는 __proto__ 속성은 쉽게 말해서 객체에 주입된 속성으로, 다른 메모리 공간에 대한 참조입니다. 현재 obj의 __proto__ 속성은 다시 Object를 의미하고 있으므로, 이를 확장해서 보면 다음과 같이 보입니다.

```
🔵 Developer Tools – http://jsperf.com/object-create-vs-constructor-vs-object-literal         _  □  X
  🔍  Elements  Network  Sources  Timeline  Profiles  Resources  Audits │ Console │        >≡  ⚙  ▭
  ⊘  ▽  <top frame>                       ▼  <page context>            ▼
 > console.dir(obj);
   ▼ Object 🔵
       name: "AAA"
     ▼ __proto__: Object
       ▶ __defineGetter__: function __defineGetter__() { [native code] }
       ▶ __defineSetter__: function __defineSetter__() { [native code] }
       ▶ __lookupGetter__: function __lookupGetter__() { [native code] }
       ▶ __lookupSetter__: function __lookupSetter__() { [native code] }
       ▶ constructor: function Object() { [native code] }
       ▶ hasOwnProperty: function hasOwnProperty() { [native code] }
       ▶ isPrototypeOf: function isPrototypeOf() { [native code] }
       ▶ propertyIsEnumerable: function propertyIsEnumerable() { [native code] }
       ▶ toLocaleString: function toLocaleString() { [native code] }
       ▶ toString: function toString() { [native code] }
       ▶ valueOf: function valueOf() { [native code] }
       ▶ get __proto__: function __proto__() { [native code] }
       ▶ set __proto__: function __proto__() { [native code] }
                                                                         VM9326:2
 ⊲ undefined
 >
```

기존의 클래스 기반의 언어를 이용한 적이 있다면 Object라는 존재는 상당히 익숙한 객체일 것입니다. 자바스크립트에서 Object 객체는 내부적으로 연결된 최상위 객체에 해당합니다. 즉 객체 리터럴로 작성된 객체는 자동으로 __proto__ 속성이 부여되어서 참조해야 하는 객체와 연결(Chaining)되게 되어 있습니다.

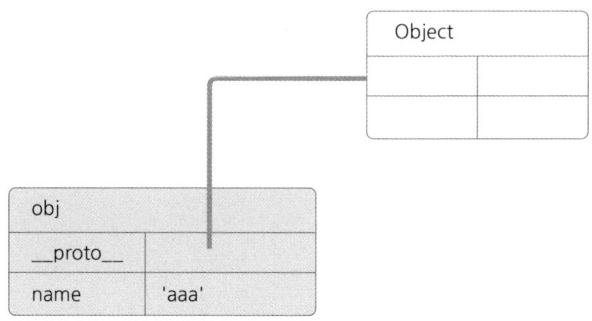

자바스크립트에서 사용자가 정의하는 모든 객체는 최종적으로 Object 객체와 연결되어 있습니다. 덕분에 Object에 있는 기능들을 사용자가 생성한 객체에서 자유롭게 활용할 수 있습니다.

2.2 __proto__는 객체의 참조용 링크

자바스크립트에서 객체는 정해진 구조를 가지지 않기 때문에 객체의 수정에 대해서 자유롭습니다. 만일 어떤 객체의 __proto__ 속성이 다른 객체를 가리키도록 하면 어떤 일이 생기는지 살펴봅니다.

```
var sample = {};
var pSample = { p1 : 'AAA' };
sample.__proto__ = pSample;
console.dir(sample);
```

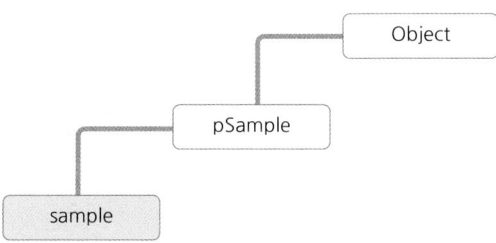

```
> var sample = {};
  var pSample = { p1 : 'AAA' };
  sample.__proto__ = pSample;
  console.dir(sample);
  ▼Object 🏷
   ▼__proto__: Object
     p1: "AAA"
     ▶__proto__: Object
< undefined
> |
```
VM202:5

위의 그림을 보면 sample이 참조하는 객체는 pSample이 참조하는 객체를 가리키게 되어 있고, pSample은 다시 Object를 참조합니다. 따라서 다음과 같은 연결 구조를 가지게 됩니다.

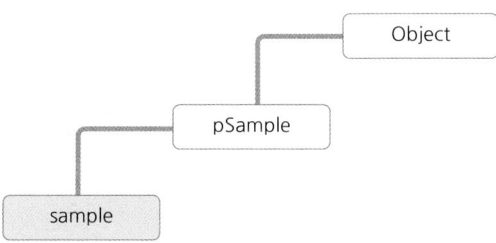

만일 위의 구조에서 pSample의 객체가 메서드를 가지고 있다면 어떤 방식으로 동작하는지 살펴봅니다.

예제 | proto0.html

```
08: var sample = {};
09: var pSample = {
10:   p1: 'AAA',
11:   show: function(){return "hello: " + this.p1}
12: };
13:
14: sample.__proto__ = pSample;
```

```
15: console.dir(sample);
16: console.log(sample.show());
```

줄 11에서 this.p1을 이용한 부분을 자세히 봐둘 필요가 있습니다.

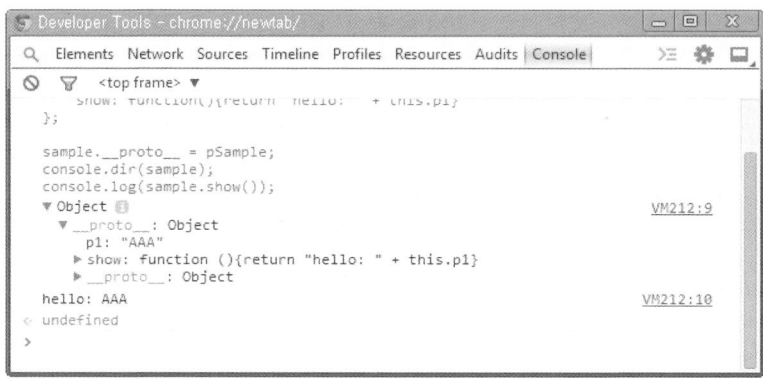

위의 그림에서 흥미로운 사실은 호출의 실행은 sample을 통해서 했지만, 실제 호출은
sample 변수가 참조하는 pSample 객체가 했다는 점입니다. 즉 sample이 참조하는 객
체에서 show( )라는 메서드를 찾을 수 없었기 때문에 sample의 __proto__로 올라가서
실행되는 구조입니다.

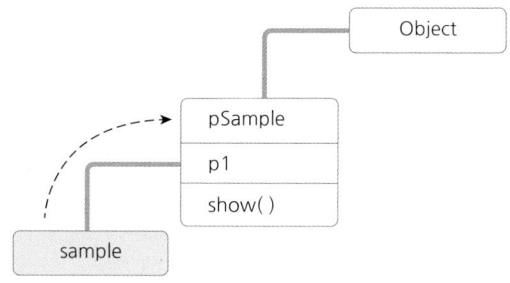

엄밀하게 말해서 자바스크립트의 프로토타입 체인(Prototype Chain)이라고 하는 것은
위에서 본 __proto__에만 국한됩니다. 이 프로토타입이라는 용어가 혼란을 일으키는 가

장 큰 원인은 잠시 뒤에 나오는 함수의 프로토타입 객체에 대한 설명과 혼란이 있기 때문입니다.

2.3 this 키워드의 의미

sample이 참조하는 객체를 보면 show( )라는 메서드에서 this.p1이라는 구문이 보입니다. 자바스크립트에서 this를 가장 쉽게 생각하는 방법은 this를 하나의 울타리나 경계선으로 보는 것입니다. 예를 들어 다음 코드를 살펴봅니다.

예제 | proto1.html

```
08: var sample = {};
09: var pSample = { p1:'AAA',
10:  show: function () { return "hello " + this.p1}
11:  };
12:
13: sample.__proto__ = pSample;
14: sample.p1='BBB'; // sample 객체에 pSample 객체와 동일한 p1 속성을 추가
15: console.dir(sample);
16: sample.show();    // 실행 결과는? --> hello BBB
17:
18: console.dir(sample);
19: console.log(sample.show());
```

줄 14를 보면 sample이 참조하는 객체에 상위 객체에 해당하는 pSample 객체의 속성과 동일한 p1이라는 속성을 추가하는 것이 보입니다. 객체의 구조를 살펴보면 다음과 같이 p1이라는 속성은 sample과 pSample 모두에 존재하는 것을 볼 수 있습니다.

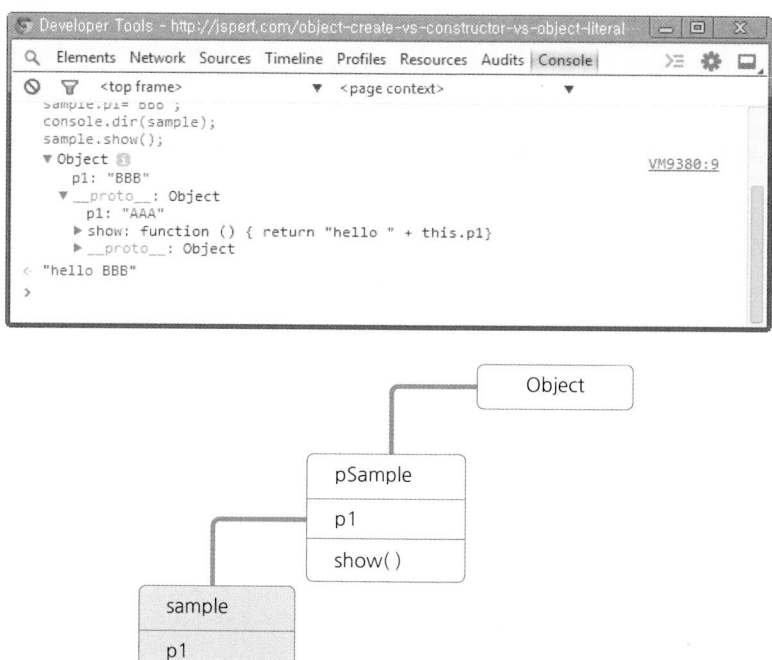

이제 this의 의미는 좀 더 명확해집니다. 자바스크립트의 함수는 객체의 메서드로 사용될 수 있다고 설명했던 것처럼, show( )를 실행하려면 실행 영역(Execution Context)이 존재하게 되는데, 객체의 메서드로 실행되는 경우에 this는 해당 객체의 공간을 가리키게 됩니다.

다음의 구조에서 sample과 pSample 모두 p1이라는 속성이 있지만, 가장 먼저 찾을 수 있는 p1은 sample 쪽에 있는 'BBB' 값이 됩니다. 따라서 실행 결과가 'hello BBB'로 나오게 됩니다.

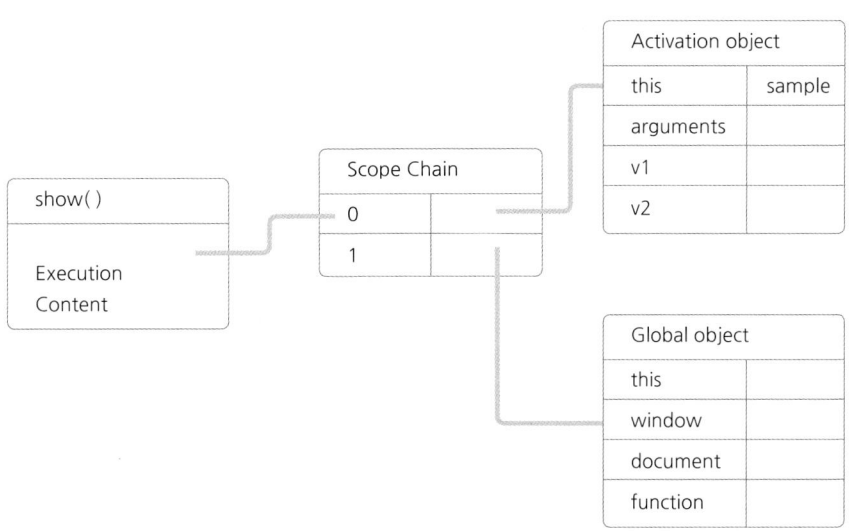

정리하자면 __proto__는 모든 객체가 가진 암묵적 링크(Implicit Link)로 참조해야 하는 객체와 연결된 고리입니다. 자바스크립트에서 프로토타입이라고 말할 때에는 이 __proto__와 prototype 속성을 동일한 용어로 사용하기 때문에 다음과 같이 구분이 필요합니다.

- 프로토타입 체인이라고 말할 때에는 __proto__를 의미
- 생성자 함수에서 프로토타입 객체라고 말할 때에는 함수의 원형 객체를 의미

2.4 함수의 prototype 속성

자바스크립트 객체 생성 방식에서 생성자 함수를 이용하는 경우에 말하는 프로토타입은 주로 지금부터 설명하는 함수가 가지는 prototype이라는 속성을 의미합니다. 이것은 자바스크립트의 함수가 가지는 특별한 속성입니다. 예를 들어 함수를 하나 선언하고 구조를 조사해 보면 prototype 속성이 주입된 것을 확인할 수 있습니다.

prototype 속성에 대해서 올바르게 이해하려면 다음과 같은 명제들이 필요합니다.

- 모든 함수 객체는 자동으로 prototype이라는 속성이 존재한다(추가된다).
- 함수의 prototype 속성이 참조하는 것은 '함수의 프로토타입(원형) 객체'이다.
- 생성자 함수를 이용해서 작성되는 객체들은 '함수의 프로토타입(원형) 객체'를 __proto__가 참조하게 된다.

자바스크립트의 모든 함수는 객체이고, 함수들은 특이하게도 prototype이라는 속성을 하나 가지고 있습니다. 간단한 함수를 조사해 보도록 합니다.

```
08: function fn1(){}
09: //객체의 내용을 보는 dir
10: console.dir(fn1);
```

위의 코드를 브라우저에서 보면 아래와 같이 작성되는 것을 볼 수 있습니다.

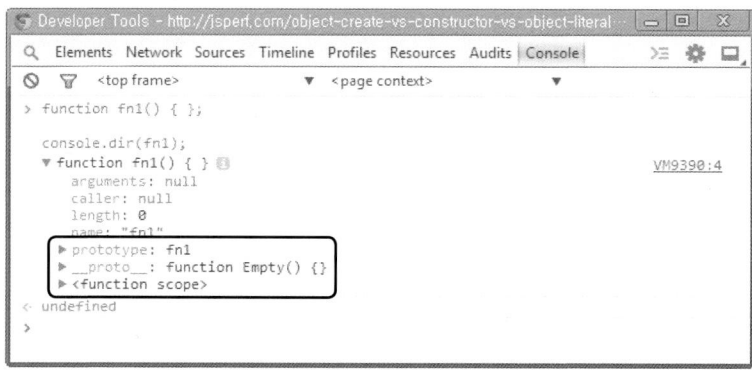

정의된 함수 fn1의 속성을 보면 prototype이라는 속성과 __proto__ 속성이 같이 보이는 구조로 되어 있는 것이 보입니다. 이제 이 prototype 속성이 가리키는 곳을 '함수의 프로토타입(원형) 객체'라고 칭하도록 하겠습니다.

함수의 프로토타입(원형) 객체에는 다음과 같이 생성자 함수로 함수 자체의 참조가 들어가고, __proto__의 참조값으로 Object가 들어가 있습니다.

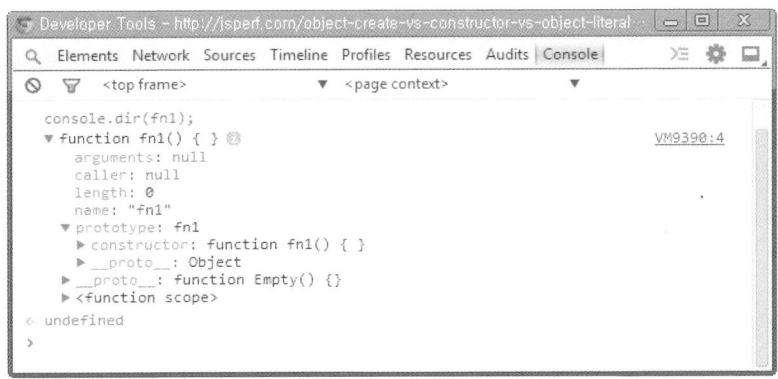

즉 우선 여기까지의 내용을 정리하자면 함수를 만들게 되면 자동으로 함수의 프로토타입 객체가 생성되고, 함수에서는 prototype이라는 속성으로 이 객체를 참조하고 있다는 사실입니다.

생성자 함수의 객체 생성 이해

ECMAScript의 스펙을 보면 생성자 함수와 프로토타입에 대해서 눈에 띄는 그림이 하나 있습니다(http://es5.github.io/#x4.2.1). 자바스크립트의 프로토타입을 이해하는 데 개인적으로 편리한 그림이라 원문 그대로 실어봅니다.

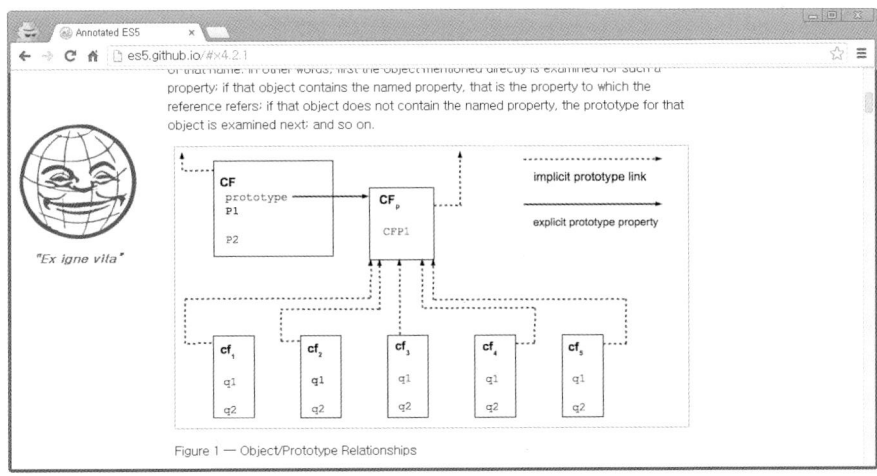

앞의 그림에서 나오는 몇 가지 기호는 다음과 같습니다.

- **CF** 　　　 생성자 함수
- **CFp** 　　 함수의 프로토타입 객체
- **cf1~cf5** 　 만들어진 객체

앞서 설명한 __proto__라는 변수가 '암묵적인 링크'라면, 지금부터 다루게 되는 prototype은 명시적인 속성(Explicit Property)입니다.

생성자 함수를 사용하게 되면 new 키워드를 이용해서 객체를 생성하게 됩니다. 이때의 구조를 살펴보면 다음과 같습니다.

예제 | prototype1.html

```
08: function Member(uid, pw){
09:   this.uid = uid;
10:   this.pw = pw;
11: }
12: var m1 = new Member('m1','p1');
13: console.dir(m1);
```

m1의 구조는 현재 다음과 같습니다.

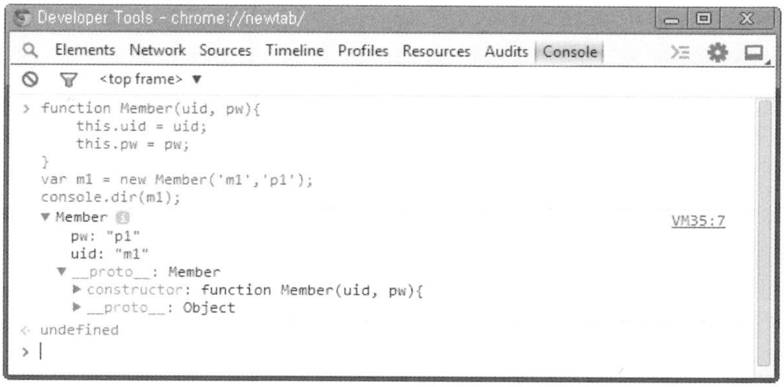

객체의 구조를 보면 m1의 __proto__ 속성의 값으로 'Member'가 지정되어 있습니다. 이때 중요한 것은 이 'Member'라는 것이 Member( ) 함수 자체가 아닌 Member( ) 함수의 프로토타입 객체라는 사실입니다.

▌함수의 프로토타입 객체의 조정

생성자 함수로 만들어진 객체가 __proto__로 참조하는 것이 '함수의 프로토타입 객체'라는 사실을 증명하고 싶다면, 함수의 prototype 속성을 지정해보면 됩니다.

예제 | prototype2.html

```
01: <!DOCTYPE html>
02: <html lang="en">
03:   <head>
04:     <meta charset="utf-8">
05:   </head>
06:   <body>
07:     <script>
08:     function Member(uid, pw){
09:       this.uid = uid;
10:       this.pw = pw;
11:     }
12:     Member.prototype.title ='Member';
13:     Member.prototype.fn = function () { };
14:
15:     var m1 = new Member('m1','p1');
16:     var m2 = new Member('m2','p2');
17:     console.dir(m1);
18:     console.dir(m2);
19:     </script>
20:   </body>
21: </html>
```

자바스크립트의 모든 함수는 prototype이라는 속성을 이용해서 자신을 사용하는 객체들과 프로토타입 객체를 공유하게 됩니다. 위의 코드에서는 프로토타입 객체에 title과 fn( )

이라는 속성과 메서드를 추가한 형태입니다. 위의 코드의 실행 결과를 보면 다음과 같습니다.

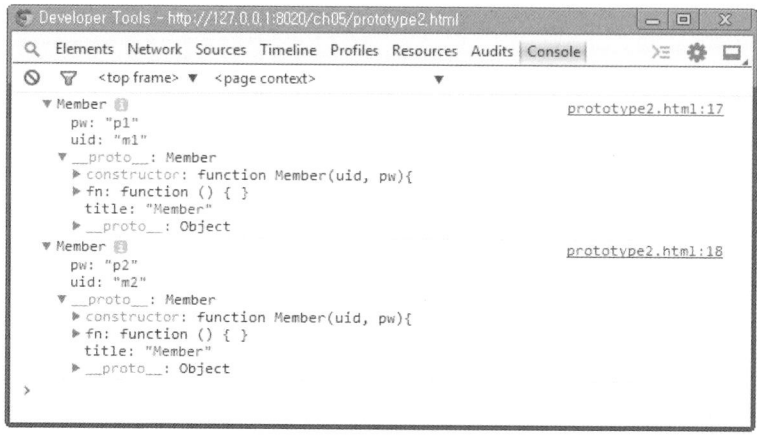

예상하다시피 m1, m2가 참조하는 객체는 서로 다른 uid, pw의 값을 가지고 있습니다. 우리가 주목할 부분은 두 객체의 __proto__가 참조하는 객체입니다. 결과를 보면 위의 코드에서 객체를 통해서 추가한 속성과 동작이 아닌 Member( ) 함수의 prototype 속성이 참조하는 프로토타입 객체에 추가된 결과를 참조하는 것이 보입니다.

만일 m1.fn( )을 호출하면 어떤 결과가 나올 것인지 생각해보면 m1이 참조하는 객체에는 fn( ) 메서드가 없으므로 객체의 __proto__을 타고 올라가서 Member의 프로토타입 객체가 가지는 fn( ) 메서드를 호출하게 되리라는 것을 예상할 수 있습니다.

정리하자면 뜻밖에 단순하게 프로토타입이라는 개념을 다음과 같이 정리할 수 있습니다.

- 프로토타입 체인을 이용해서 현재 객체와 연결된 속성이나 기능을 공유할 수 있는 방식이다.
- 모든 객체는 __proto__ 를 이용해서 프로토타입 체인을 타고 이동한다.
- 모든 함수에는 prototype이라는 속성이 자동으로 추가되고, 이 속성이 참조하는 객체를 우리는 프로토타입 객체라고 한다.
- 생성자 함수를 이용해서 객체를 생성하게 되면 함수 자체가 아니라 함수의 프로토타입 객체를 참조하게 된다.

2.5 생성자 함수와 new 키워드의 관계

자바스크립트의 생성자 함수를 이용한 객체 생성 방식에는 new라는 키워드를 이용하게 되는데, 이때 new는 새로운 메모리 공간을 의미하게 됩니다. 간단한 예제를 보겠습니다.

예제 | new0.html

```
08:  function Member(id, pw){
09:    this.id = id;
10:    this.pw = pw;
11:  }
12:
13:  Member.prototype.display = function() {
14:    console.log("Member: " +this.id +" " + this.pw );
15:  };
16:
17:  var m1 = new Member("user00",'user00');
18:  m1.display(); //Member user00 user00
19:  console.dir(m1);
```

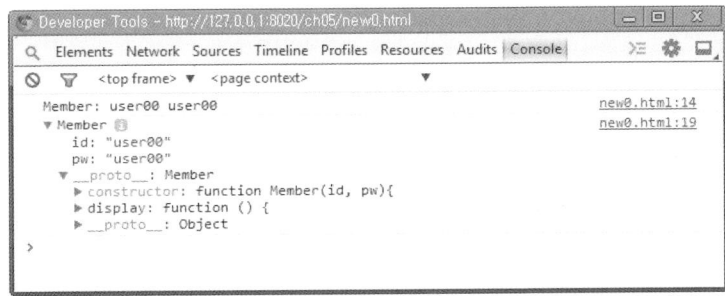

생성자 함수를 이용해서 객체를 생성하게 되면 다음과 같은 작업이 이루어집니다.

- 새로운 메모리 공간의 생성(new)
- 새로운 메모리 공간의 __proto__ 속성을 생성자 함수의 프로토타입 객체(원형 객체)와 연결
- 함수가 가진 this 컨텍스트를 새로 생성된 메모리 공간으로 지정하고 함수 실행
- 지정된 반환형이 없는 경우 this를 반환

따라서 생성자 함수에서 this를 이용하게 되면 객체 생성 시에 만들어진 메모리 공간을 참조하게 되어 있습니다. 자바스크립트에서 객체는 속성이나 기능을 마음대로 추가할 수 있기 때문에 new로 생성된 객체에 기능들을 추가하는 것이 자유롭습니다.

그럼에도, 개발자들이 prototype을 이용해서 기능을 추가하는 가장 큰 이유는 절약과 공유의 필요성 때문입니다.

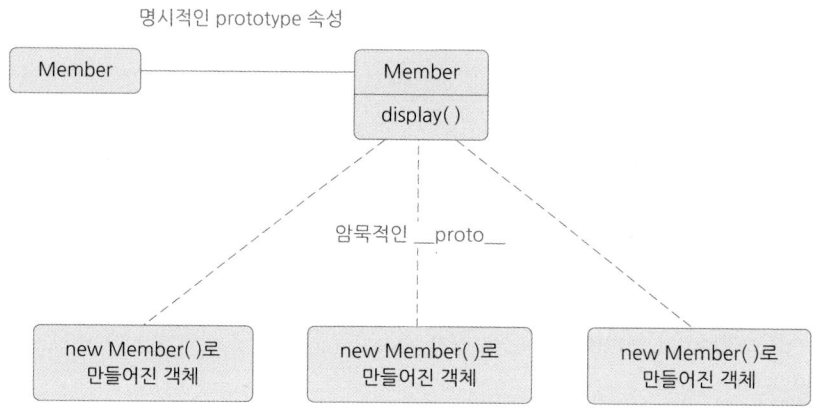

객체를 생성하게 되면 위의 그림처럼 객체들이 Member( ) 함수의 프로토타입 객체(원형 객체)를 참조하기 때문에, 객체마다 가지는 공통적인 기능인 display( )를 자신이 가지지 않고 공유할 수 있는 구조가 됩니다.

생성자 함수의 경우 this가 현재 만들어진 메모리 공간을 참조하게 되어 있기 때문에 this.id와 같이 this 키워드를 활용하게 되면 display( )는 스코프 체인을 활용해서 현재 객체의 id를 사용하는 구조가 됩니다.

2.6 Object.create( )와 프로토타입 객체

Object.create( )는 파라미터로 전달된 객체를 생성하는 객체의 __proto__의 참조로 설정하는 것을 자동으로 만들어 냅니다.

```
08: var parent = { name:'AAA'};
09: var child1 = Object.create(parent);
10: var child2 = Object.create(parent);
11: console.dir(child1);
12: console.dir(child2);
```

Object.create( )는 주어진 객체를 이용해서 생성하는 객체의 __proto__를 설정합니다. 위 코드의 실행 결과는 다음과 같습니다.

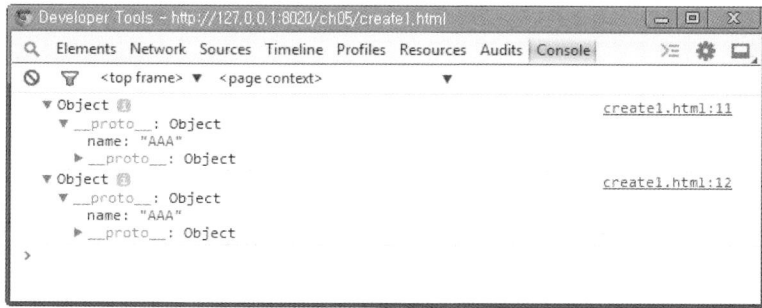

만일 Object.create( ) 안에 생성자 함수를 이용하고 싶다면, 생성되는 객체가 원하는 함수의 prototype 객체를 참조해야 하기 때문에 다음과 같이 작성해야 합니다.

```
08: function Member(   ){
09:
10: }
11:
12: var p1 = Object.create(Member.prototype);
13: var p2 = Object.create(Member.prototype);
14: console.dir(p1);
15: console.dir(p2);
```

생성자 함수가 객체를 생성할 때 하는 가장 중요한 일은 만들어진 객체와 함수의 프로토
타입 객체(원형 객체)를 연결하는 것입니다. 따라서 Object.create( ) 방식을 이용할 때
에는 만들어진 객체가 함수의 프로토타입 객체(원형 객체)를 참조하도록 작성해주어야
합니다.

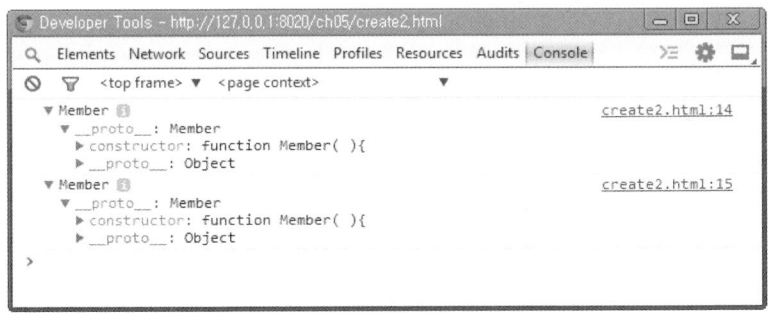

객체지향 프로그래밍을 위한 준비

이제 자바스크립트에서 객체의 생성이 어떻게 처리되는지를 공부했다면, 남은 작업은 객체지향 프로그래밍에서 사용하는 다양한 기법들에 대한 준비입니다. 객체지향 프로그래밍 개념을 제대로 사용하기 위해서 많은 개념이 필요하지만 가장 많이 사용하는 것을 위주로 정리하자면 다음과 같은 기능을 어떻게 구현하는지 알아둘 필요가 있습니다.

- 메서드와 클래스 메서드(함수)의 선언
- private과 같은 접근 제한 기능
- 객체의 자료형 평가
- 상속이나 다형성

1. 메서드와 클래스 메서드

자바스크립트에서 객체를 만들어 냈다면 이제 객체의 메서드와 클래스 메서드를 정확히 구분해서 작성하는 연습을 해보도록 합니다 (자바스크립트에서 함수라는 말이 너무나 광범위하게 사용되기 때문에 객체지향 언어에서 '함수'라고 말하는 것은 '클래스 메서드'라는 용어로 부르겠습니다).

1.1 객체의 메서드 추가 방법

객체에 특정한 메서드를 추가하는 방식은 일반적으로 두 가지 방법을 많이 사용합니다.

- 생성된 객체 자체에 메서드를 추가하는 방식
- 프로토타입을 이용해서 메서드를 추가하는 방식

앞의 내용을 응용하자면 생성자 함수를 통해서 만들어진 모든 객체는 생성자 함수의 프로토타입 객체(원형 객체)를 공유하기 때문에 여기에 적당한 메서드를 추가해주면 메서드의 구현은 간단히 처리할 수 있습니다.

▌기존의 객체에 메서드를 추가하는 방식

자바스크립트의 특정한 객체에 메서드를 추가하는 것은 그저 객체에 새로운 속성을 추가하는 것과 동일한 방식으로 작성할 수 있습니다. 이때에는 다음과 같이 두 가지 방식을 사용할 수 있습니다.

- 직접 온점(.)을 이용한 추가
- '객체[ ]' 방식을 이용한 추가

특히 [ ]를 이용하는 방식으로 객체에 메서드를 추가해 주는 방식은 코드의 실행 중에 동적으로 결정되는 방식이기 때문에 상당히 유연한 코드를 작성하는 데 도움이 됩니다.

예제 | method0.html

```
08: var obj = {
09:     name:'Hong Gil Dong',
10:     id:'user00'
11: };
12:
13: obj['display'] = function(){
14:     return this.name +':'+ this.id;
15: };
16:
17: obj.getName = function() {
18:     return this.name;
19: };
20:
```

```
21: console.log(obj.display());
22: console.log(obj.getName());
```

기존 객체에 메서드를 직접 추가하는 방식의 가장 좋은 점은 '필요할 때 마음대로 원하는 메서드를 추가할 수 있다는 것'입니다. 하지만, 다음과 같은 단점들도 존재합니다.

- 객체마다 다른 메서드를 가질 수 있는 문제
- 여러 객체에 동일한 메서드를 추가할 때 매번 처리해야 하는 문제

이 문제를 해결하기 위해서 많이 쓰이는 방식은 흔히 팩토리 패턴(Factory Pattern)과 생성자 패턴(Constructor Pattern)이라는 것을 적용하는 방식입니다.

팩토리 패턴은 쉽게 말해서 특정 함수가 원하는 객체를 생성하는 공장의 용도로 사용하는 방식을 말합니다.

예제 | method1.html

```
08: function makeBook(name, author, publisher) {
09:   var book = new Object();
10:   book.name = name;
11:   book.author = author;
12:   book.publisher = publisher;
13:
14:   book.shoutName = function() {
15:     alert(this.name);
16:   };
17:   return book;
18: }
19:
20: var book1 = makeBook("반지의제왕", "톨킨", "호빗");
21: console.log(book1);
```

줄 08에서 정의된 makeBook( )을 호출하면 항상 줄 09에서 선언된 것처럼 내부적으로 새로운 객체가 만들어져서 속성과 기능들이 추가된 완성본의 형태로 반환됩니다.

팩토리 패턴의 경우 함수가 객체의 생산을 담당하기 때문에 손쉽게 동일한 메서드들을 추가할 수 있다는 장점이 있지만, 객체의 자료형을 검사해야 하는 상황에서는 권장할 만하지 못합니다.

생성자 함수를 활용하는 경우 함수의 prototype 속성을 이용해서 생성자 함수를 통해 생성된 모든 객체가 공유해야 하는 동일한 메서드를 손쉽게 추가할 수 있습니다.

예제 | method2.html

```
08: function Member(id, pw){
09:   this.id = id;
10:   this.pw = pw;
11: }
12:
13: //객체들이 공유하는 prototype을 이용해서 공통적인 메서드 추가
14: Member.prototype.display = function() {
15:   console.log('Member is ' +this.id +" " + this.pw );
16: };
17:
18: var m1 = new Member("user00",'pw00');
19: m1.display(); //Member is user00 pw00
20: var m2 = new Member("user01",'pw01');
21: m2.display(); //Member is user01 pw01
```

줄 08의 Member( ) 함수를 생성자로 사용하면 모든 객체는 Member( ) 함수의 prototype 객체를 공유하게 됩니다. 따라서 Member.prototype에 모든 객체가 가지는 공통의 메서드들을 추가해주면 생성자 패턴을 이용해서 생성된 객체들의 경우에는 모든 객체가 동일한 프로토타입 객체를 가리키도록 설정됩니다. 따라서 마치 클래스의 문법처럼 사용할 수 있기 때문에 클래스 기반의 객체지향 프로그래밍을 익혀온 개발자들에게는 친숙한 방식이라고 할 수 있습니다.

클래스 메서드 추가 방법

자바스크립트의 함수는 그 자체가 하나의 객체이기 때문에, 필요하다면 함수에 추가적인 속성이나 기능을 추가할 수 있습니다. 즉 특정 함수에 바로 필요한 다른 함수를 붙이는 방식인데 간단한 예를 들어보면 다음과 같습니다.

```
08: function Calculator() {
09:
10: }
11:
12: Calculator.add = function(num){
13:    console.log('add');
14: };
15: Calculator.sub = function(num){
16:    console.log('sub');
17: };
18: Calculator.multi = function(num){
19:    console.log('multi');
20: };
21: Calculator.div = function(num){
22:    console.log('div');
23: };
24:
25: Calculator.add(111);
26: Calculator.sub(222);
27: Calculator.multi(333);
28: Calculator.div(444);
```

줄 12, 15, 18, 21에서 Calculator( ) 함수 자체에 새로운 클래스 메서드들을 추가해 주었습니다. 줄 25 이하는 이에 대한 사용법을 보여주고 있습니다.

Calculator( ) 함수에 속성을 부여해주고, 이를 사용하게 하려면 다음과 같은 형태로 작성할 수도 있습니다.

```
08: function Calculator() {
09:
10: }
11:
12: Calculator.current = 0;
13: Calculator.add = function(num){
14:   console.log('add');
15:   Calculator.current += num;
16:   return Calculator.current;
17: };
18:
19: Calculator.sub = function(num){
20:   console.log('sub');
21:   Calculator.current -= num;
22:   return Calculator.current;
23: };
24:
25: Calculator.multi = function(num){
26:   console.log('multi');
27:   Calculator.current *= num;
28:   return Calculator.current;
29: };
30:
31: Calculator.div = function(num){
32:   console.log('div');
33:   Calculator.current /= num;
34:   return Calculator.current;
35: };
36:
37: console.log(Calculator.add(111));
38: console.log(Calculator.sub(222));
39: console.log(Calculator.multi(333));
40: console.log(Calculator.div(444));
```

줄 12에서는 Calculator( ) 함수에 current라는 속성을 부여하고, add( ) 등의 클래스 메서드에서 이를 공유해서 사용하는 방식으로 작성되었습니다. 실행 결과를 보면 다음과 같이 정상적으로 동작하는 것을 볼 수 있습니다.

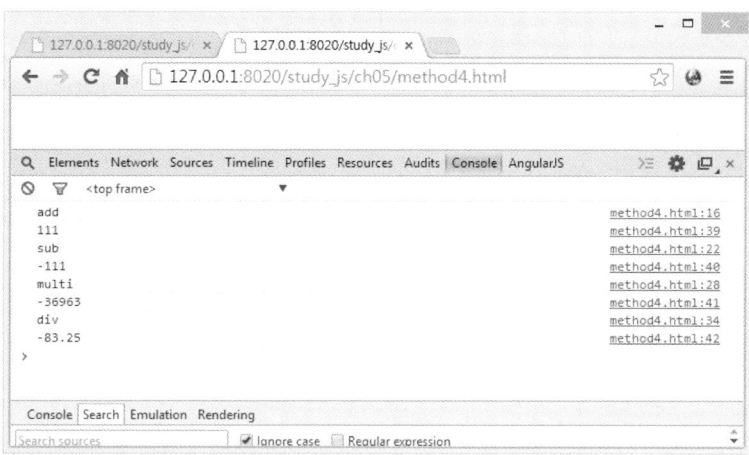

즉시 실행 함수와 클로저를 이용하면 함수를 이용해서 간단하게 싱글턴 객체를 만들어서 사용하는 것도 가능합니다.

예제 | method5.html

```
08: var Calculator =(function Calculator() {
09:   var current = 0;
10:   Calculator.add = function(num){
11:     console.log('add');
12:     current += num;
13:     return current;
14:   };
15:
16:   Calculator.sub = function(num){
17:     console.log('sub');
18:     current -= num;
19:     return current;
20:   };
21:
```

```
22:    Calculator.multi = function(num){
23:        console.log('multi');
24:        current *= num;
25:        return current;
26:    };
27:
28:    Calculator.div = function(num){
29:        console.log('div');
30:        current /= num;
31:        return current;
32:    };
33:
34:    return Calculator;
35: })();
36:
37: console.log(Calculator.add(111));
38: console.log(Calculator.sub(222));
39: console.log(Calculator.multi(333));
40: console.log(Calculator.div(444));
```

줄 08에서는 즉시 실행 함수를 이용하고, 줄 09에서 변수를 정의하고, 각 클래스 메서드에서 이를 활용함으로써 외부에 current 변수를 노출하지 않고 싱글턴으로 동작하는 객체를 설계할 수 있습니다.

1.2 메서드와 함수의 전환

자바스크립트의 경우에는 함수와 메서드의 문법적인 구분이 존재하지도 않고, 그 사용 방식에 제한도 없기 때문에 필요한 경우에는 함수로 작성된 것을 객체의 메서드로 사용하는 방식의 프로그램으로 전환하는 것도 가능합니다.

자바스크립트의 함수는 실행 구조상 실행 컨텍스트라는 구조를 이용하게 되는데, 만일 함수의 실행 컨텍스트 내의 참조하는 정보를 특정한 객체로 변경해버리면 함수라고 해도 객체의 메서드로 활용됩니다.

컨텍스트의 전환을 위한 apply( ), call( ), with 구문

자바스크립트에서 가장 개발자를 혼란에 빠지게 하는 키워드는 this일 것입니다. 특히 클래스 메서드와 객체의 메서드가 같이 존재하는 경우에 this가 가리키는 컨텍스트는 다음과 같이 달라집니다.

- 클래스 메서드의 경우에는 현재 this 는 함수 자체를 의미
- 객체의 메서드의 경우의 this는 현재 객체를 의미

만일 특정한 클래스 메서드를 객체의 메서드처럼 활용하고 싶다면 반드시 알아야 하는 함수가 apply( )나 call( )입니다.

call( ), apply( )

apply( )와 call( )은 한 마디로 표현해서 현재 실행에 사용하는 컨텍스트를 전환하는 용도로 사용합니다. 자바스크립트의 함수는 다른 언어처럼 고정적으로 함수로만 사용되는 것이 아니므로 다음과 같은 방식의 사용도 가능합니다.

- 선언은 함수로 해서 필요한 경우 바로 사용할 수 있도록 한다.
- 함수를 apply( )나 call( )을 이용해서 객체의 메서드로 사용한다.

call( )과 apply( )의 차이는 apply( )는 파라미터를 배열로 처리한다는 것이고 call( )은 반점(,)을 이용해서 처리하는 것밖에 없습니다.

예제 | method6.html

```
08:  var Member = function(id, pw){
09:    this.id = id;
10:    this.pw = pw;
11:  };
12:
13:  //객체 메서드
14:  Member.prototype.display = function(){
15:    return 'display: '+this.id +" : " + this.pw;
```

```
16:  };
17:  //클래스 메서드
18:  Member.show = function(){
19:    console.log(this);
20:    return 'show: '+this.id +" : " + this.pw;
21:  };
22:
23:  var member1 = new Member('user00', 'pw00');
24:
25:  console.log('member1.display.....................');
26:  console.log(member1.display()); //
27:  console.log('call .....................');
28:  console.log(Member.show.call(member1));
29:  console.log('apply .....................');
30:  console.log(Member.show.apply(member1));
31:  console.log('no apply or call');
32:  console.log(Member.show());
```

줄 14의 display( )는 prototype 속성을 이용해서 객체의 메서드로 활용되고 있습니다. 반면에 줄 18의 show( )는 클래스 메서드로 사용되고 있습니다.

줄 19를 보면 this를 이용해서 현재 이 함수를 실행하는 this가 무엇인지를 파악합니다.

apply( )나 call( )은 그 자체가 함수가 실행하는 컨텍스트를 변경하는 작업을 합니다. 결과를 보면 다음과 같습니다.

call( )과 apply( )를 이용하는 부분을 보면 this가 의미하는 바가 member1 변수가 참조하는 객체임이 확인됩니다.

마지막의 call( )이나 apply( )를 하지 않은 경우를 보면 this는 Member( ) 함수 자체를 의미하는 것을 확인할 수 있습니다.

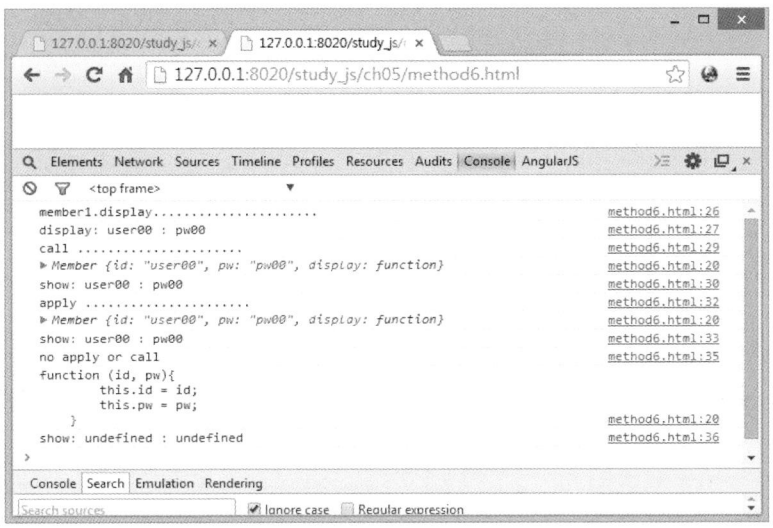

with 구문

ECMAScript 5 스펙에는 with라는 구문을 이용해서 이와 같은 작업을 처리할 수도 있습니다. 다만 call(), apply()와는 그 동작방식에 차이가 있습니다(with 구문은 자바스크립트에서 eval()과 함께 사용하는 것을 꺼리는 구문이기 때문에 사용하지 않는 쪽을 권장합니다).

with 구문은 함수가 호출될 때 실행 컨텍스트에 지정된 객체를 추가한 상태에서 사용하는 것입니다(method7.html의 일부).

```
console.log('just with var ......................');
with(member1){
  console.log(Member.showWith());
}
```

위의 예제에서처럼 showWith()를 호출할 때 member1을 with 구문으로 처리하면, 함수의 실행 컨텍스트에 member1이 추가됩니다. 따라서 Member.showWith()는 다음과 같이 작성되어야 합니다.

```
//클래스 메서드
Member.showWith = function(){
  console.log(member1);
  return 'showWith: ' + member1.id + " : " + member1.pw;
};
```

showWith( ) 클래스 메서드를 보면 파라미터로 member1을 받고 있지 않은 것을 확인할 수 있습니다. with(member1) 구문으로 호출하게 되면 실행 컨텍스트에 member1이 쌓이게 되므로, 다음과 같이 정상적인 결과가 나오게 됩니다.

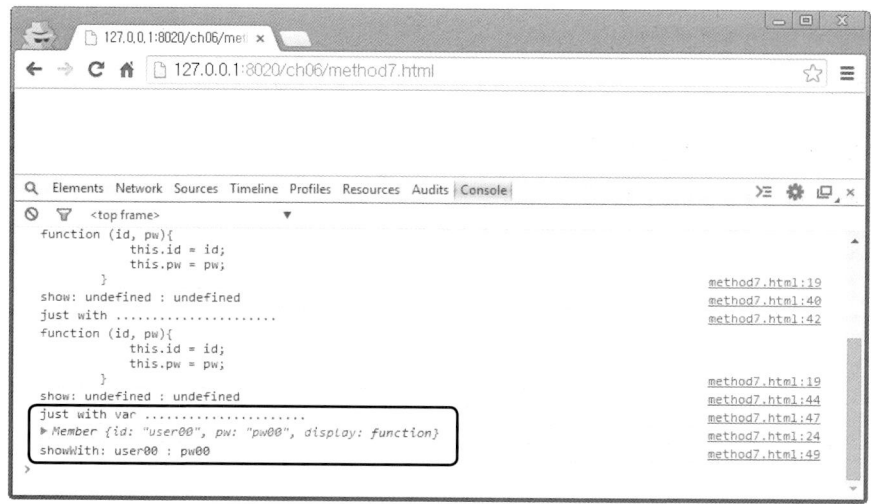

위의 결과를 만들어 내는 코드는 다음과 같습니다.

예제 | method7.html

```
08: var Member = function(id, pw){
09:    this.id = id;
10:    this.pw = pw;
11: };
12:
```

```
13:  //객체 메서드
14:  Member.prototype.display = function(){
15:      return 'display: '+this.id +" : " + this.pw;
16:  };
17:  //클래스 메서드
18:  Member.show = function(){
19:      console.log(this);
20:      return 'show: '+this.id +" : " + this.pw;
21:  };
22:  //클래스 메서드
23:  Member.showWith = function(){
24:      console.log(member1);
25:      return 'showWith: '+member1.id +" : " + member1.pw;
26:  };
27:
28:  var member1 = new Member('user00', 'pw00');
29:
30:  console.log('member1.display.....................');
31:  console.log(member1.display()); //
32:
33:  console.log('call .....................');
34:  console.log(Member.show.call(member1));
35:
36:  console.log('apply .....................');
37:  console.log(Member.show.apply(member1));
38:
39:  console.log('just show .....................');
40:  console.log(Member.show());
41:
42:  console.log('just with .....................');
43:  with(member1){
44:      console.log(Member.show());
45:  }
46:
47:  console.log('just with var .....................');
48:  with(member1){
49:      console.log(Member.showWith());
50:  }
```

주의해서 봐야 하는 부분은 줄 43에서 with 구문을 이용해서 Member.show( )를 호출하는 부분입니다. with( )는 그 자체가 컨텍스트를 변경하는 것이 아니라 실행 컨텍스트에 변수를 추가하기 때문에 다음과 같은 결과로 나옵니다.

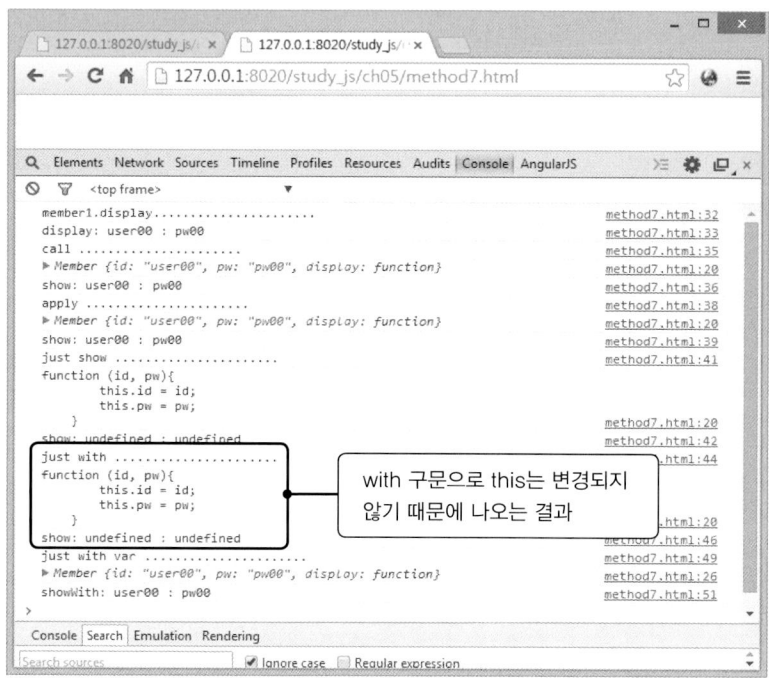

2. 접근 제한 기능과 모듈 패턴

자바스크립트는 다른 객체지향 언어들과 달리 private과 같은 변수에 접근할 때 걸려주는 기능이 존재하지 않습니다. 따라서 이러한 접근 제한 기능은 전적으로 함수의 스코프를 이용하는 것이 가장 좋은 방법입니다.

자바스크립트에서 접근 제한은 간단히 말해서 함수 내에서 var를 이용해서 변수를 선언하는 작업으로 생각할 수 있습니다. 다만, 이 경우에는 함수의 외부에서 선언된 메서드나 함수에서는 선언된 변수에 접근할 수 없으므로 다음과 같은 형태로 작성할 필요가 있습니다.

```
08: var Calculator = function(){
09:   var current = 0;
10:   this.add = function(num){
11:     current += num;
12:     return current;
13:   };
14: };
15:
16: var cal1 = new Calculator();
17: console.log(cal1.add(10)); //10
18: console.log(cal1.add(20)); //30
19: console.log(cal1.add(30)); //60
```

함수의 프로토타입 객체를 활용하는 경우에는 다음과 같은 형태로 사용됩니다.

```
08: var Calculator = function(){
09:   var current = 0;
10:   Calculator.prototype.add = function(num){
11:     current += num;
12:     return current;
13:   };
14: };
15:
16: var cal1 = new Calculator();
17: console.log(cal1.add(10)); //10
18: console.log(cal1.add(20)); //20
19: console.log(cal1.add(30)); //30
20:
21: var cal2 = new Calculator();
22: console.log(cal2.add(100)); //100
23: console.log(cal2.add(200)); //200
24: console.log(cal2.add(300)); //300
```

생성자 함수에서 prototype은 명시적인 속성이므로 줄 10처럼 사용할 수 있습니다. 앞 코드의 실행 결과는 다음과 같습니다.

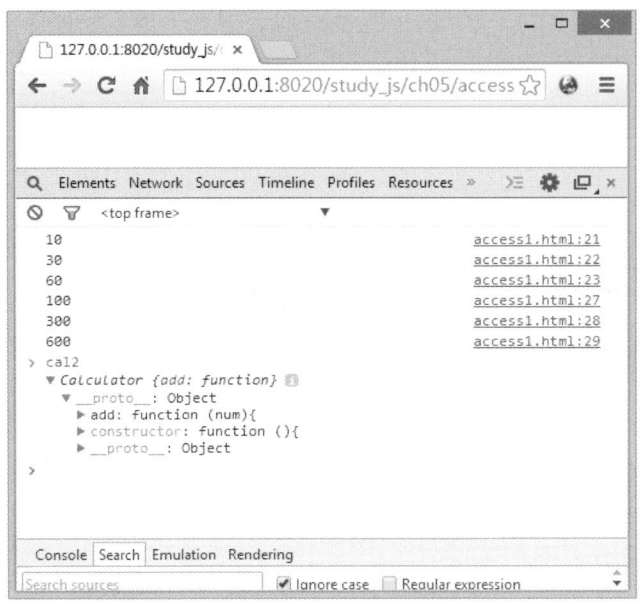

2.1 모듈 패턴

자바스크립트에서는 접근 제한자 키워드가 따로 없으므로, 접근 제한이 필요한 데이터를 처리하는 데 있어서 모듈 패턴(Module Pattern)이라는 것을 주로 활용합니다.

사실상 자바스크립트에서 가장 많이 쓰이는 패턴 중의 하나인 모듈 패턴은 변수의 접근 제한과 더불어 기능들을 하나의 객체 형태로 구성하는 용도로 사용됩니다. 여기서는 앞서 클래스 메서드에서 작성했던 Calculator( )를 모듈 패턴을 이용해서 다시 구성해 봅니다.

모듈 패턴은 다음과 같은 방식으로 구성됩니다.

- 함수 내에 변수들을 var로 선언

- 반환 시에 여러 변수나 함수들을 객체 리터럴 방식으로 구성

- 바깥쪽 함수는 주로 즉시 실행 함수로 처리

모듈 패턴의 핵심은 클로저들을 하나의 객체로 반환하는 함수와 함수 내에 선언되어 클로 저들이 참조하는 변수들의 묶음이라고 할 수 있습니다.

예제 | access2.html

```
08: var Calculator = (function () {
09:   var current = 0;
10:   var add = function (v1){
11:     current += v1;
12:     return current
13:   };
14:
15:   var sub = function (v1){
16:     current -= v1;
17:     return current
18:   };
19:
20:   var multi = function (v1){
21:     current *= v1;
22:     return current;
23:   };
24:
25:   var div = function (v1){
26:     current /=v1;
27:     return current;
28:   };
29:   return {add:add, sub:sub, multi:multi, div:div};
30: })();
31:
32: console.log(Calculator.add(100));
33: console.log(Calculator.sub(50));
34: console.log(Calculator.multi(4));
```

줄 08에서는 즉시 실행 함수가 실행되도록 합니다. 줄 29에서는 즉시 실행 함수의 결과로 만들어진 객체가 반환되도록 합니다.

줄 09에서는 current라는 변수가 함수의 내부에서 선언되었고, add( ), sub( ) 등의 내부 함수들이 current를 참조하는 구조로 작성되었습니다.

즉시 실행 함수이기 때문에 외부에서는 다시 Calculator( ) 함수를 호출할 수 없고, current 변수 역시 노출되지 않지만, 리턴된 add( ), sub( ) 등의 기능에 의해서 상태를 유지할 수 있게 됩니다.

3. 객체의 자료형 평가

클래스 기반의 언어들과 달리 자바스크립트에서 가장 개발자를 괴롭히는 일 중의 하나는 파라미터나 현재 실행하는 컨텍스트의 객체가 무엇인지를 파악하는 일입니다. 자바스크립트에는 typeof 연산자나 instanceof 연산자가 있기는 하지만, 기본적으로 자바스크립트에는 자료형이 없으므로 만일 객체의 자료형 평가가 필요한 경우에는 다음과 같은 방식이 주로 사용됩니다.

- Duck Typing
- 생성자 체크
- prototype 체크

Duck Typing은 쉽게 말해서 "오리처럼 움직이고 오리처럼 소리를 낸다면 그것은 오리가 맞다."라는 방식입니다. 즉 어떤 객체가 어떤 자료형인지를 정확히 확인하는 것이 아니라, 그저 원하는 속성이나 동작이 존재하는지만을 생각하고, 이를 체크하는 방식입니다. 이 방식은 객체가 가지는 특정한 '스펙'을 중요시하는 방식이기 때문에 상당히 유연하다는 장점이 있습니다.

```
08: var gun = { fire:function() { return 'Gun fire'}};
09: var cannon = { fire:function() {  return 'Cannon fire'}};
10: var rocket = { fire:function() {  return 'Rocket fire'}};
11: var sword = { attack:function() {  return 'Rocket fire'}};
12:
13: function platform(weapon){
14:   if(weapon.fire){
15:     console.log(weapon.fire());
16:   }else{
17:     console.log('cant fire this weapon');
18:   }
19: }
20:
21: platform(gun);
22: platform(cannon);
23: platform(rocket);
24: platform(sword);
```

줄 08~11에서는 여러 종류의 무기 종류를 객체로 구성했습니다. 줄 11의 sword를 제외하고는 다른 무기들은 fire( )라는 기능을 가지도록 작성되었습니다.

줄 13에 정의된 platform( ) 함수는 파라미터로 주어진 객체의 자료형을 따지는 방식이 아니라 객체 내에 fire( )라는 기능이 있는지 만을 확인하고 실행합니다. 위의 코드를 실행한 결과는 다음과 같습니다.

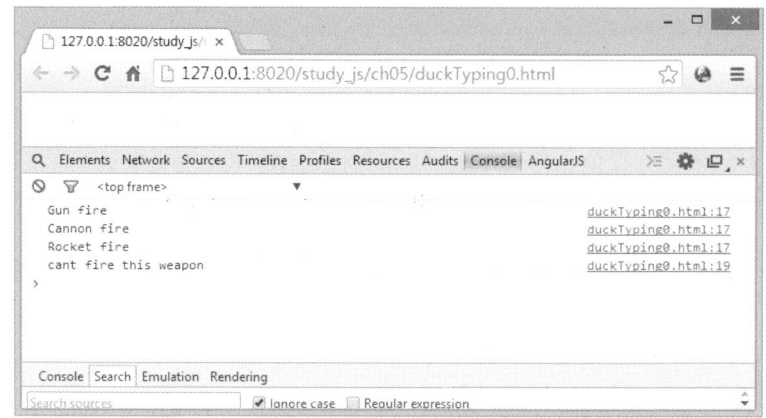

생성자 체크는 객체의 프로토타입 정보를 이용해서 객체의 constructor 속성을 조사하는 방식입니다. 이 방식은 주로 엄격하게 객체를 체크하는 경우에 사용하기도 합니다.

```
08: var Gun = function(){
09:   this.fire = function(){
10:     return 'Gun fire';
11:   };
12: };
13:
14: var Cannon = function(){
15:   this.fire = function(){
16:     return 'Cannon fire';
17:   };
18: };
19:
20: function platform(weapon){
21:   if(weapon.constructor == Gun){
22:     console.log(weapon.fire());
23:   }else{
24:     console.log('cant fire this weapon');
25:   }
26: }
27:
```

```
28: platform(new Gun());
29: platform(new Cannon() );
```

줄 08에서는 Gun 함수를 줄 14에서는 Cannon( ) 함수를 작성했습니다. 두 함수 모두 생성자 함수로 사용되었고(줄 28, 29) platform( )에서는 constructor를 이용해서 현재 파라미터가 전달되는 객체의 생성자를 조사합니다. 위 코드의 실행 결과는 다음과 같습니다.

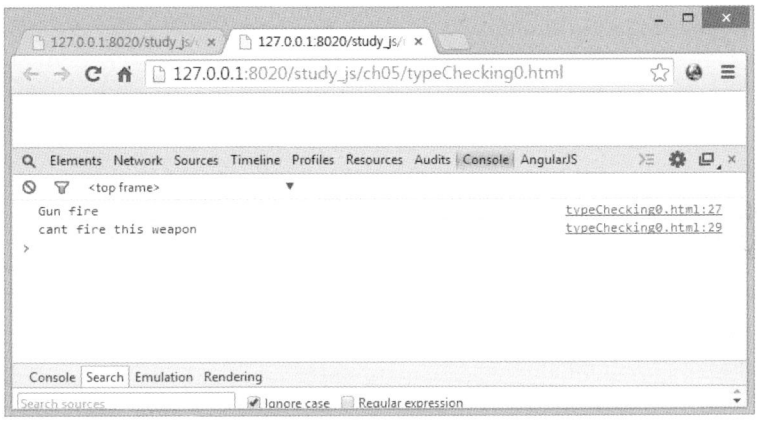

4. 객체 상속

대부분의 객체지향 언어에서 상속이란 특정한 문법적인 장치를 통해서 이루어진다면, 자바스크립트의 상속은 문법이 아니라, 사용방식에 의해서 상속이 설명됩니다. 자바스크립트에서 상속을 구현하기 위해서 사용하는 방식은 주로 다음과 같습니다.

- 자식 객체들이 공유하는 부모 객체를 연결하는 방법
- 부모 객체의 생성자 함수를 빌려 사용하는 방법
- 프로토타입 공유에 의한 상속

4.1 부모 객체를 공유하는 방법

자바스크립트에서 생성자 함수를 통해서 생성된 모든 객체는 공통으로 생성자 함수의 prototype 속성을 참조하게 되는데, 이때 prototype 속성의 값으로 부모 객체를 생성해서 지정하는 방식입니다. 이 방식은 자바스크립트에서 가장 기본적으로 상속의 방식으로 많이 사용됩니다.

예제 | inherit0.html

```
08: var Point = function(){
09:   console.log('Point');
10: };
11:
12: var Market = function(){
13:   console.log('Market');
14: };
15:
16: Market.prototype = new Point();
17: var market1 = new Market();
18: var market2 = new Market();
19:
20: console.log(market1 instanceof Market);
21: console.log(market1 instanceof Point);
22:
23: //부모 객체가 공유되기 때문에 영향이 있는 코드
24: market1.__proto__.v1 ='AAAAA';
25:
26: //부모를 변경하면 자식 객체들도 영향이 있는 코드
27: Market.prototype.v2 ='BBBB';
```

줄 08에서는 Point( )가 선언되고 있고, 줄 12에는 Market이 생성되어 있습니다. 줄 17과 18에서 객체를 생성해 주고 있는데, 이를 그림으로 표현하면 다음과 같은 구조가 됩니다.

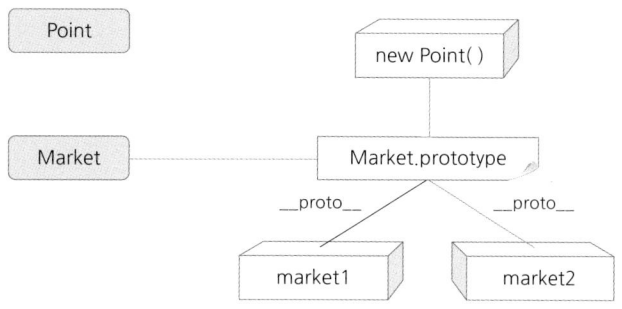

market1, market2의 프로토타입 객체가 위의 그림을 보면 new Point( )로 만들어진 객체를 참조합니다. 이 경우에 발생하는 문제점 중의 하나는 실제 부모 객체를 따로 가지는 것이 아니기 때문에 어느 하나의 자식 객체가 부모 객체를 수정하게 되면 같이 영향을 받게 되는 문제가 있다는 점입니다. 줄 24와 줄 27은 이러한 문제점을 보여주고 있습니다.

4.2 부모의 생성자 함수를 빌려 사용하는 방법

부모의 생성자 함수를 빌려 사용하는 방법은 엄밀히 말하면 상속이라기보다는 생성자 함수 내에서 부모의 생성자 함수를 다시 호출해서 원하는 속성과 기능을 가지는 방식입니다.

예제 | inherit1.html

```
08: var Point = function(lat, lng){
09:    console.log('Point');
10:
11:    this.lat = lat;
12:    this.lng = lng;
13:    this.doA = function(){
14:       console.log(this.name);
15:    };
16: };
17:
18: var Market = function(name, lat, lng){
```

```
19:    console.log('Market');
20:    this.name = name;
21:    Point.call(this, lat, lng);
22: };
23:
24: var market1 = new Market("A Mart" ,111,222);
25: var market2 = new Market("B Mart",333,444);
26: console.log(market1);
27: console.log(market2);
```

줄 21을 보면 Market에서 객체를 생성할 때 Point( ) 함수를 호출해서 this에 자신에게
필요한 속성과 기능들을 추가합니다.

이 방식은 앞서 프로토타입을 공유하는 방식이 공통된 데이터만을 가지는 문제를 해결해
줍니다. 즉 매번 자식 객체가 생성될 때 그 안에 부모 생성자 함수를 통한 결과물들을 넣는
방식입니다. 위의 코드를 실행하면 각각의 자식 객체가 별도의 데이터들을 보관하는 것을
볼 수 있습니다.

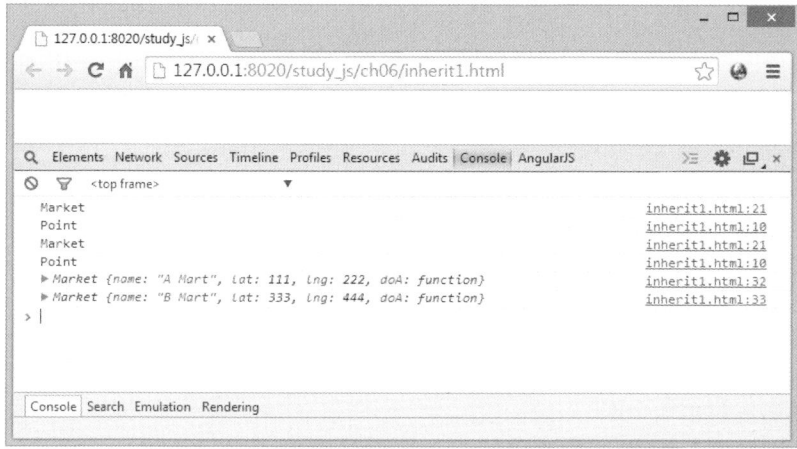

생성자 함수를 빌려서 사용하는 방식의 가장 큰 단점은 typeof나 instanceOf와 같이 자
바스크립트 내에서 사용되는 자료형을 체크할 때 제대로 동작하지 못한다는 점입니다(실

제로 instnceOf는 객체의 prototype 속성을 검사합니다). 따라서 생성자를 빌려 쓰는 방식의 경우에는 다음과 같이 부모 자료형을 지정합니다.

```
17: var Market = function(name, lat, lng){
18:     console.log('Market');
19:     this.name = name;
20:     Point.call(this, lat, lng);
21: };
22:
23: Market.prototype = new Point();
```

4.3 프로토타입 공유 방식

프로토타입을 공유하는 방식은 부모의 객체를 가지는 방식이 아니라 부모의 prototype 객체를 같이 공유하게 하는 방식입니다. 이 경우 실제 데이터는 this를 이용해서 처리하고, 부모의 prototype에 정의된 속성과 기능들은 자식 객체의 것으로 처리하는 방식입니다.

프로토타입 공유 방식을 그림으로 표현하면 아래와 같이 표현할 수 있습니다.

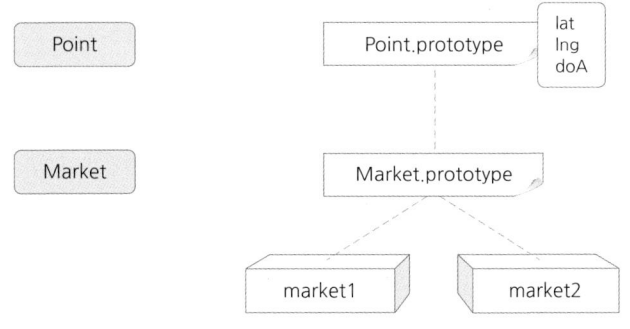

이해를 돕고자 간단한 예제를 활용해 봅니다.

```
08: var Point = function(){
09:   console.log('Point');
10: };
11:
12: Point.prototype.lat;
13: Point.prototype.lng;
14:
15: Point.prototype.doA = function(){
16:     console.log(this.lat+":"+this.lng+":"+this.name);
17: };
18:
19: var Market = function(name, lat, lng){
20:   this.name = name;
21:   this.lat = lat;
22:   this.lng = lng;
23: };
24:
25: Market.prototype = Point.prototype;
26: var market1 = new Market("A Mart",111,222);
27: var market2 = new Market("B Mart",333,444);
28: console.log(market1);
29: console.log(market2);
30: market1.doA();
31: market1.doA();
```

줄 12~15에서는 자식 객체들이 공유해야 하는 속성과 기능들을 자신의 prototype
을 이용해서 설정합니다. 줄 25에서는 Market( ) 함수의 prototype 객체를 Point의
prototype으로 지정함으로써, 설정된 데이터를 자식 객체들이 가지도록 합니다.

위 코드의 실행 결과는 다음과 같이 각 자식 객체가 속성값을 독립적으로 유지하는 것을
볼 수 있습니다(또한, prototype이 연결되어 있기 때문에 자료형 체크에도 유용합니다).

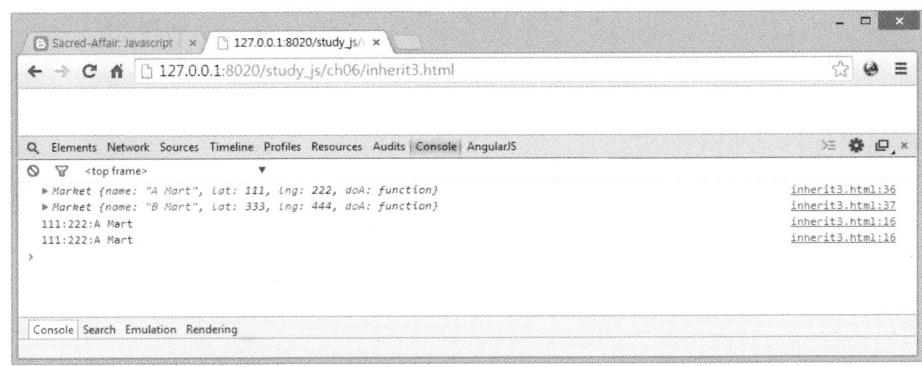

자바스크립트의 상속은 클래스 기반의 언어들과 구조상에서 차이가 있기 때문에 주의해서 사용할 필요가 있습니다. 좀 더 깊은 내용을 적용해보고 싶다면 https://developer.mozilla.org/en-US/docs/Web/JavaScript/Guide/Details_of_the_Object_Model (http://goo.gl/GaZuIc)의 내용을 한번 보시길 추천합니다.

또한, 최근에 나오는 자바스크립트 관련 라이브러리나 프레임워크는 상속과 같은 기능을 별도로 제공해주므로 사용하는 것이 좋습니다.

이벤트

자바스크립트를 이용하는 프로그래밍은 웹이 시작되면서 같이 발전해왔지만, 자바스크립트에 대한 객체지향 패러다임은 생각보다 그 적용이 더딘 편이라고 할 수 있습니다. 이에 대한 가장 큰 원인은 아마도 브라우저에서 사용하는 자바스크립트의 핵심이 브라우저나 사용자가 발생하는 이벤트(Event)를 처리하는 데에 있기 때문일 것입니다.

대부분의 자바스크립트 개발은 주로 이벤트가 발생할 수 있도록 하거나, 발생한 이벤트를 수신하고 처리하는 작업입니다. 따라서 자바스크립트의 개발 역시 이벤트 쪽에 더 무게를 둘 수밖에 없는 환경이었고, jQuery의 성공은 그 대표적인 사례라고 할 수 있습니다(반면에 객체지향에 무게를 둔 수많은 프레임워크나 라이브러리들은 대중적인 인기를 얻지 못한 경우가 많았습니다).

따라서 이번 장에서는 이벤트를 어떻게 하면 객체지향 프로그래밍에 적합하게 사용할 것인지에 대해서 고민해보고, 화면과 자바스크립트의 양방향 메시지 교환 방식(2-way)에 대해 고민해 봅니다.

1. 이벤트라는 개입

이벤트 기반 구조의 최대의 장점은 "언제 발생할지 모르는 상황이나 정보에 대한 처리가 가능하다."라는 점입니다. 이 방식은 다음과 같은 구조를 통해서 이루어집니다.

- 이벤트 루프(Event Loop) 　실행되는 환경에서 발생하는 이벤트를 감지하기 위한 지속적인 감시를 행하는 존재
- 이벤트 큐(Event Queue) 　발생하는 이벤트들을 메모리상에서 저장해두는 저장소
- 이벤트 리스너(Event Listener) 발생한 이벤트에 대한 처리를 담당하는 객체

대부분의 이벤트 처리는 이벤트 루프가 지속적으로 순환하면서 발생하는 이벤트 정보들을 이벤트 큐에 넣고, 이를 차례대로 처리하는 구조로 동작합니다. 따라서 개발자들은 특정한 이벤트를 기준으로 이에 해당하는 처리 지침을 작성해서 등록하는 작업으로 처리합니다.

객체지향에서 가장 중요한 것은 역시나 "객체와 객체 사이에서 일어나는 커뮤니케이션을 어떻게 처리하는가?"입니다. 이에 대해서 다양한 모델들이 존재하는데, 가장 쉬운 두 가지 형태를 살펴보도록 합니다.

객체와 객체 간의 연결 구조

흔히 Demeter 방식이라고 하기도 하는, 객체와 객체 간에 직접적인 링크로 이루어진 구조를 의미합니다. 순차적인 처리를 하기에 적합하고, 간단한 방식으로 이해하기 쉽다는 장점이 있습니다. 반면에 복잡하고 유연한 구조를 설계하는 데에는 많은 불편함이 따릅니다.

중앙집중형 구조

중앙집중형 구조는 말 그대로 객체 간의 중앙에 의사소통을 위한 구조를 하나 더 가지고 있는 방식입니다. 중앙집중형 구조에서 모든 객체는 중앙에 있는 객체에서 자신의 메시지를 전달하고, 결과를 받는 형태로 작성됩니다. 즉 중앙집중형 구조에서 모든 객체는 중앙에 놓은 객체에 대한 연결 정보만을 가지고 있기 때문에 구조적으로는 직접적으로 객체들

이 연결된 방식에 비해서 깔끔하게 작성된다는 장점이 있습니다. 하지만, 중앙의 구조를 별도로 작성해야 하고, 메시지의 호출과 반환 방식에 대한 설계가 우선 필요합니다.

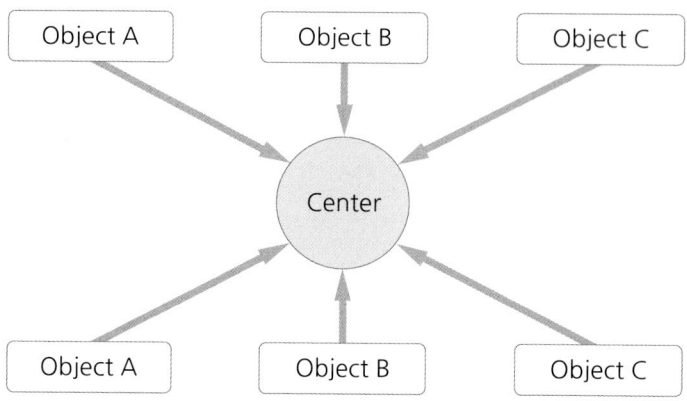

1.1 자바스크립트의 이벤트 처리 객체

자바스크립트의 이벤트 처리는 주로 다음과 같은 방식으로 사용합니다.

- 이벤트 처리용 별도의 함수를 작성하고 등록하는 방식
- 이벤트 처리용 객체를 등록하고 사용하는 방식

이벤트 처리를 위한 함수를 작성하고 등록하는 방식은 이미 많이 다루었던 방식이지만 자바스크립트에서 두 번째 방식은 그다지 많이 사용되지는 않습니다. 두 번째 방식은 특정한 객체가 handleEvent( )라는 메서드를 구현하는 형태로 어렵지 않게 구현할 수 있습니다.

예제 | event0.html

```
07:  <input type='text' id='text1'>
08:  <script>
09:  var handler = {
10:    total : 0,
11:    handleEvent:function(event){
12:      console.log("event called " +  ++this.total);
```

```
13:    }
14: };
15:
16: var input = document.getElementById("text1");
17: input.addEventListener("click", handler, false);
```

줄 09에서는 handler라는 객체가 정의되어 있습니다. 객체의 내부에는 줄 10에서 total 이라는 변수가 정의되어 있습니다.

자바스크립트에서 이벤트 처리에 등록하는 객체는 반드시 handleEvent( )라는 메서드를 구현하고 있어야만 합니다. 일반적으로 이벤트 처리용 함수는 암묵적으로 handleEvent( ) 를 구현하지 않아도 되도록 설계되어 있습니다. 이벤트 처리를 위와 같이 별도의 객체로 구성했을 때 얻는 가장 큰 장점은 객체를 이용해서 상태를 유지할 수 있다는 것입니다.

코드를 작성할 때 이벤트 처리를 함수로 이용하는 경우에 발생하는 가장 큰 문제는 이벤트 처리를 하는 동안 여러 객체를 같이 사용할 때 발생합니다.

예를 들어 입력한 정보를 다른 요소에 반영해야 하는 경우를 작성하자면 다음과 같이 설계할 수 있습니다.

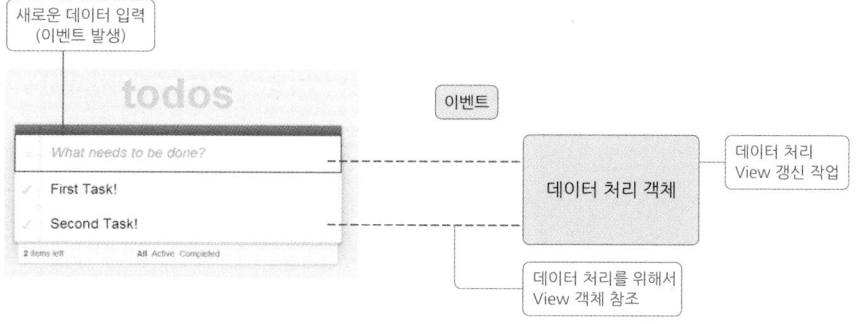

이 경우에 이벤트 처리를 보면 입력된 내용을 갱신해 주기 위해서 다른 요소에 접근하거나 다른 요소의 함수를 호출해야 하는 문제가 발생합니다. 이 경우는 객체의 구조를 올바르게 설계해도 처리해야 하는 분량도 많아지고, 복잡해지는 부작용이 있습니다.

데이터와 로직을 처리하는 객체를 작성했다고 해도 객체의 처리 결과를 보여주기 위해서 다시 화면에 관계된 요소에 접근해야만 합니다. 따라서 객체지향 설계 방식으로 아무리 객체를 구성해 둔다고 해도 의존적인 관계를 많이 맺는 HTML의 화면 구성을 반영하려면 무리가 따르게 됩니다. 이를 해결하는 가장 간단한 방법은 개발자가 이벤트를 이용해서 객체 간의 의존성을 줄이는 방법입니다.

2. 개발자가 작성하는 이벤트

미리 작성된 이벤트를 사용하지 않고 개발자가 직접 정의하게 되면 다음과 같은 이익을 볼 수 있습니다.

- 이벤트 객체에 원하는 데이터들을 추가하거나 조작하는 것이 가능하다.
- 이벤트 처리와 관련된 확장이 쉽다.
- 이벤트를 일종의 Value Object나 Data Transfer Object로 활용할 수 있다.
- 알아보기 쉽고, 깔끔한 분업화된 처리가 가능하다.

예를 들어 위의 구조에서 화면에서 입력되는 요소를 클릭하면 별도의 이벤트를 발생시키고, 해당 이벤트를 처리하는 요소가 등록되어 있다면 다음과 같이 구성할 수 있습니다.

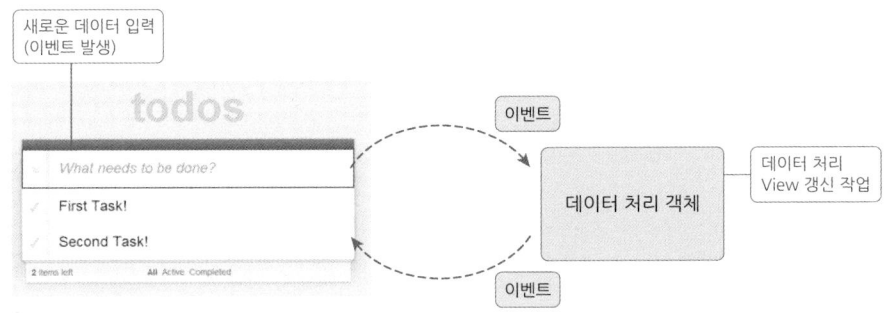

- 이벤트를 발생시키는 요소에서는 데이터를 가공해서 별도의 이벤트에 필요한 모든 데이터를 담아서 전달할 수 있습니다.
- 이벤트를 처리하는 객체는 자신이 처리해야 하는 모든 정보를 이벤트에서 추출하고, 결과 데이터를 다시 새로운 이벤트로 발행해 줍니다.

이에 대한 예제를 만들어 보려면 먼저 개발자가 이벤트를 발생하는 요령을 익힐 필요가 있습니다.

2.1 사용자 정의 이벤트 생성

사용자가 정의하는 이벤트는 크게 두 가지로 나누어 볼 수 있습니다.

- new Event( )를 이용하는 방식
- new CustomEvent( )를 이용하는 방식

과거에는 개발자가 이벤트를 발생하려면 약간 다른 방식을 이용했습니다(자세한 내용은 https://developer.mozilla.org/en-US/docs/Web/Guide/Events/Creating_and_triggering_events(http://goo.gl/K4HpkU)를 참고하시면 됩니다)만 최근 브라우저들은 사용자 정의 이벤트를 지원하는 경우가 많습니다.

만일 브라우저의 호환성의 문제가 고민된다면 jQuery 라이브러리와 같이 사용자 정의 이벤트를 지원하는 별도의 라이브러리를 사용하는 것이 좋습니다.

예제 | customEvent0.html

```
01:  <!DOCTYPE html>
02:  <html lang="en">
03:    <head>
04:      <meta charset="utf-8">
05:    </head>
06:    <body>
07:      <script>
```

```
08:    var event = document.createEvent('Event');
09:
10:    // 'build'라는 이름의 이벤트 정의  .
11:    event.initEvent('build', true, true);
12:
13:    // Listen for the event.
14:    document.addEventListener('build', function (e) {
15:      // e.target matches document from above
16:    }, false);
17:
18:    // 이벤트를 이벤트 수신 객체에 전달
19:    document.dispatchEvent(event);
20:    </script>
21:    </body>
22:  </html>
```

줄 08에서는 createEvent( )를 이용해서 이벤트 객체를 정의합니다. 줄 11은 이렇게 만들어진 이벤트에 이름을 정의하고, 이벤트 전파에 대한 처리 속성을 지정합니다(버블링 옵션, 캡처링 옵션).

줄 14에서는 이벤트가 발행되는 대상을 지정합니다. 이렇게 되었을 때 개발자 도구를 통해서 문서 구조를 살펴보면 현재 문서에 'build'라는 이벤트가 등록된 것을 확인할 수 있습니다.

이벤트를 개발자가 정의하는 데에 핵심은 이벤트를 하나의 메시지 전달의 수단으로 생각하는 것입니다. 디자인 패턴에서는 커맨드 패턴(Command Pattern)이라고 하는 방식으로, 이벤트를 데이터를 전달하는 하나의 편지봉투와 같은 개념으로 바라보고 이벤트의 수신을 담당하는 쪽에서는 이 편지에 있는 정보를 활용한다는 방식으로 바라보는 것입니다.

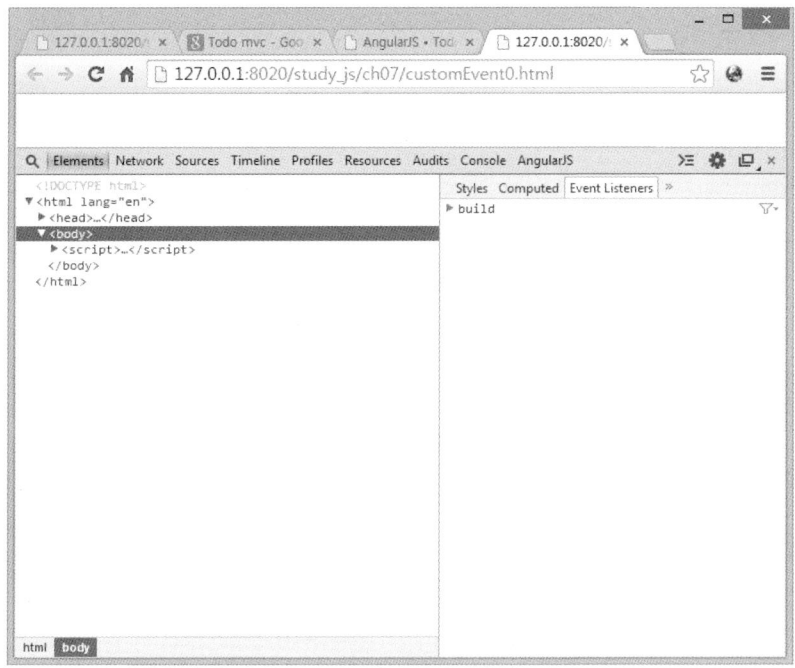

2.2 이벤트 발생과 전달의 순서

사용자 정의 이벤트의 처리는 주로 다음과 같은 순서로 만들어 집니다.

- 이벤트의 발생
- 이벤트의 전달
- 이벤트의 처리

이벤트의 발생 단계에서는 말 그대로 이벤트를 정의하고, 이벤트 객체를 만들어 주는 작업입니다. 간단한 이벤트의 경우에는 new Event( )를 활용하는 것으로 충분합니다.

```
var evt = new Event("refresh");
```

예를 들어 화면에서 클릭 이벤트가 발생하면 다음과 같이 이벤트를 발생시킬 수 있습니다.

```
input.addEventListener("click", function(event){
  var evt = new Event("refresh");
}, false);
```

이렇게 발생된 이벤트를 전달하는 작업은 다음과 같이 이루어집니다.

- 이벤트를 전달하고 싶은 대상에 dispatchEvent(event)

발생된 이벤트는 이제 해당 객체에 전달되고, 해당 객체는 이벤트의 처리를 이벤트 리스너로 등록하면 됩니다. 여기까지 작성된 코드는 다음과 같습니다.

예제 | customEvent1.html

```
01: <!DOCTYPE html>
02: <html lang="en">
03:   <head>
04:     <meta charset="utf-8">
05:     <link rel="stylesheet" href="//netdna.bootstrapcdn.com/
           bootstrap/3.1.0/css/bootstrap.min.css">
06:   </head>
07:   <body>
08:     <div class='container'>
09:       <div class="page-header">
10:         <h1>Event example</h1>
11:       </div>
12:       <div>
13:         <input type='text' id='text1' class="form-control"
               placeholder="New Data">
14:         <ul id='list'>
15:         </ul>
16:       </div>
```

```
17:     </div>
18:   <script>
19:   var input = document.getElementById("text1");
20:   input.addEventListener("click", function(event){
21:     var evt = new Event("refresh");
22:     list.dispatchEvent(evt);
23:   }, false);
24:
25:   var list = document.getElementById("list");
26:
27:   list.addEventListener("refresh", function(event){
28:     console.log("list... refresh");
29:   }, false);
30:   </script>
31:   </body>
32: </html>
```

위의 코드를 실행하고 화면의 텍스트 창을 클릭하면 다음과 같은 결과를 확인할 수 있습니다.

개발자가 직접 특정 이벤트를 발생하는 구조를 사용할 때 가장 좋은 점은 이벤트를 수신하는 쪽의 처리가 분리된다는 점입니다. 즉, 특정 객체가 어디에서 이벤트가 발생했

는지에 대해서 알아낼 필요가 없고, 자신이 처리할 작업들만을 구성하는 것으로 충분해집니다.

앞의 예제를 아직 다음과 같은 과제가 남아있다는 것을 알 수 있습니다.

- 이벤트 발생에 대해서 전달 객체를 알아야 하는 의존성
- 이벤트의 데이터를 추가해서 전달하는 방법

위의 문제점 중에서 발생한 이벤트에 데이터를 추가하는 요령을 먼저 설명합니다.

2.3 발생한 이벤트에 데이터 추가하기

발생한 이벤트에 데이터를 추가하려면 다음과 같은 방법을 고려합니다.

- 발생한 이벤트 객체에 새로운 속성으로 데이터 추가하기
- CustomEvent 이용하기

자바스크립트의 객체는 자유롭게 속성과 기능을 추가할 수 있기 때문에, 원한다면 발생한 이벤트에 다음과 같은 형태로 데이터를 추가하고 이를 전달받은 쪽에서 꺼낼 수 있습니다.

예제 | customEvent2.html

```
08: <div class='container'>
09:   <div class="page-header">
10:     <h1>Event example</h1>
11:   </div>
12:   <div>
13:     <input type='text' id='text1' class="form-control"
            placeholder="New Data">
14:     <ul id='list'>
15:     </ul>
16:   </div>
17: </div>
```

```
18:    <script>
19:    var input = document.getElementById("text1");
20:    input.addEventListener("click", function(event){
21:      var evt = new Event("refresh");
22:      evt.data = input.value;
23:      list.dispatchEvent(evt);
24:    }, false);
25:
26:    var list = document.getElementById("list");
27:    list.addEventListener("refresh", function(event){
28:      console.log("list... refresh");
29:      console.log(event.data);
30:    }, false);
```

줄 22를 보면 생성된 evt 객체에 data라는 속성을 추가해 주고 있습니다. 줄 29에서는 전달된 이벤트 객체에서 필요한 데이터를 추출하는 것을 볼 수 있습니다. 위의 실행 결과는 다음과 같은 형태입니다.

이 방식은 편지봉투라는 이벤트 객체에 새로운 내용물을 넣는 방식과 유사합니다. 다만, 이벤트를 전달받은 입장에서는 어떤 속성들이 추가되었는지 알기 어렵다는 단점이 있습니다.

따라서 좀 더 공통적인 구조를 만들고 싶다면 CustomEvent를 활용하는 것이 더 나을 수 있습니다. CustomEvent는 detail이라는 별도의 속성이 하나 추가되어 있는데, 이를 이용해서 이벤트를 전달받은 쪽에서 event.detail과 같이 데이터를 추출할 수 있습니다.

예제 | customEvent3.html

```
08:     <div class='container'>
09:       <div class="page-header">
10:         <h1>Event example</h1>
11:       </div>
12:       <div>
13:         <input type='text' id='text1' class="form-control"
                placeholder="New Data">
14:         <ul id='list'>
15:         </ul>
16:       </div>
17:     </div>
18:     <script>
19:     var input = document.getElementById("text1");
20:     input.addEventListener("click", function(event){
21:       var evt = new CustomEvent("refresh",
            {detail:{ name: 'AAA', pw: 'bbb'}});
22:       list.dispatchEvent(evt);
23:     }, false);
24:
25:     var list = document.getElementById("list");
26:     list.addEventListener("refresh", function(event){
27:       console.log("list... refresh");
28:       console.log(event.detail);
29:     }, false);
```

줄 21에서는 detail이라는 속성을 추가하고 객체를 데이터로 전달합니다.

줄 28에서는 전달된 event에서 detail 속성을 추출하고 데이터를 확인합니다.

2.4 이벤트 전달과 의존성의 문제

이벤트의 전달에 필요한 데이터는 이벤트 객체의 속성이나 CustomEvent의 detail 속성을 이용해서 처리할 수 있지만, 더 중요한 문제는 이벤트를 어디에 전달해야 하는지 알아야 하는 의존적인 문제의 처리입니다. 바로 이전의 코드를 살펴보면 dispatchEvent()를 이용해서 이벤트를 어디로 전달해야 하는지를 지정해주는 문제가 있음을 알 수 있습니다.

```
input.addEventListener("click", function(event){
  var evt = new CustomEvent("refresh",
    {detail:{ name: 'AAA', pw: 'bbb'}});
  list.dispatchEvent(evt); //이벤트 전달 대상이 명시적
}, false);
```

이벤트를 발생하고 이를 전달받는 대상을 의존적으로 했기 때문에, 만일 다른 객체에도 이벤트를 전달하고 싶다면 다음과 같이 처리해야 하는 불편함이 있습니다.

예제 | customEvent4.html

```
22:   var input = document.getElementById("text1");
23:   var list = document.getElementById("list");
```

```
24:    var msg = document.getElementById("msg");
25:
26:    input.addEventListener("click", function(event){
27:      var evt = new CustomEvent("refresh",
         {detail:{ name: 'AAA', pw: 'bbb'}});
28:      list.dispatchEvent(evt); //list 객체에 이벤트를 전달할 것
29:      msg.dispatchEvent(evt);  //메시지 객체에도 이벤트를 전달할 것
30:    }, false);
31:
32:    list.addEventListener("refresh", function(event){
33:      console.log("list... refresh");
34:    }, false);
35:
36:    msg.addEventListener("refresh", function(event){
37:      console.log("msg... refresh");
38:    }, false);
```

이벤트 위주의 처리 방식의 장점은 동일한 이벤트에 대한 수신을 여러 객체가 독립적으로 할 수 있으므로 확장성이 좋다는 것이지만, 위와 같이 매번 이벤트의 전달 대상을 명시하는 구조에는 한계가 있습니다.

이 객체 간의 의존성을 끊으려면 별도의 이벤트들의 처리용 객체를 작성하는 것이 좋습니다. 이 방식은 디자인 패턴에서 '발행자/구독자 패턴(이하 Pub/Sub 패턴)'을 이용하는 것입니다. 즉 이벤트의 수신을 원하면 자신이 이벤트의 수신을 원한다는 것을 등록해주고, 이벤트 발행자는 현재 자신이 이벤트가 발생했음을 통보하는 방식입니다.

Pub/Sub 패턴은 메시지의 모든 분배를 중간 계층을 하나 만들어서 처리합니다. 따라서 그림으로 표현하면 다음과 같이 표현할 수 있습니다.

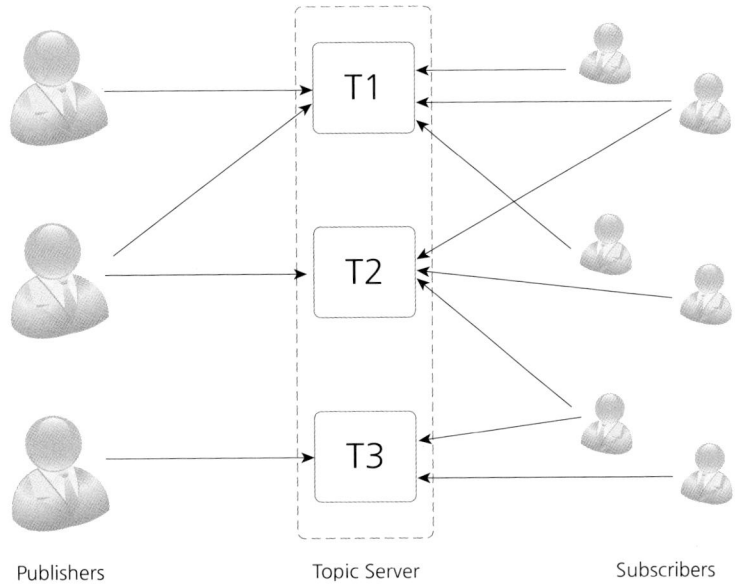

Publishers	Topic Server	Subscribers

Pub/Sub 패턴의 주요 구성 요소는 다음과 같습니다.

- **메시지의 발행자(Publisher)**   메시지를 발생하는 존재
- **메시지의 구독자(Subscriber)**   메시지를 수신하는 존재
- **메시지 브로커(Message Broker)** 발행자와 구독자 사이의 컨트롤

쉽게 말해서 Pub/Sub 패턴의 발행자나 구독자는 자신이 원하는 수신이나 송신의 정보를 메시지 브로커에 전달합니다. 메시지 브로커는 특정 메시지가 발생한 것을 통보받으면, 해당 메시지를 구독하는 객체에 푸시(Push)해 주는 작업을 합니다.

Pub/Sub 패턴의 핵심은 발행자나 구독자 모두 중간에 있는 메시지 브로커의 참조만을 필요로 한다는 점입니다. 이를 이용해서 더욱 의존적인 관계를 끊어줄 수 있는 구조를 설계할 수 있습니다.

3. 이벤트 기반의 발행자/구독자 패턴

Pub/Sub 패턴은 사실 아무런 이벤트와 아무런 관계없이 객체지향 설계에서 사용할 수 있지만, 이렇게 사용하는 경우에 몇 가지 불편함이 있습니다.

- UI 등에서 발생하는 이벤트의 처리는 별도로 진행해야 하는 불편함
- 이벤트 처리에서 발생한 데이터를 Pub/Sub 구조에 다시 반영해야 하는 중복적인 작업

따라서 이 책에서는 간단하게 이벤트 처리를 Pub/Sub 패턴으로 할 수 있는 구조를 작성해 보도록 합니다. 자바스크립트의 문법적인 유연함은 동적인 처리를 할 때 그 효과를 발휘합니다. 따라서 다음과 같은 구조의 EventBroker를 작성할 수 있습니다.

예제 | pubsub.js

```
01:  function EventBroker(){
02:
03:  }
04:
05:  EventBroker.prototype.subscribe =
     function(element, eventType, callback){
06:    this.subscribers = this.subscribers|| [];
07:    this.subscribers.push( {"eventType":eventType,
       "element":element} );
08:    element.addEventListener(eventType, callback, false);
09:  };
10:
11:  EventBroker.prototype.publish = function(eventType, data){
12:    for( var i = 0, len = this.subscribers.length; i < len; i++  ){
13:      if(this.subscribers[i].eventType === eventType){
14:        var evt = new CustomEvent(eventType, {detail:data});
15:        this.subscribers[i].element.dispatchEvent(evt);
16:      }
17:    }
18:  };
19:
20:  EventBroker.prototype.unSubscribe = function(eventType, element){
```

```
21:    for( var i = 0, len = this.subscribers.length; i < len; i++  ){
22:      if(this.subscribers[i].eventType ===
23:        eventType && this.subscribers[i].element === element ){
24:        this.subscribers.splice(i, 1);
25:      }
26:    }
27: };
```

줄 01의 EventBroker는 필요한 만큼 객체를 생성해서 사용하기 위해서 생성자 함수의 용도로 작성됩니다. 모든 EventBroker는 자신에게 필요한 메시지를 구독하고 (subscribe), 필요한 메시지를 발생시키며(publish), 구독을 중지(unSubscribe)할 수 있도록 설계되었습니다.

EventBroker는 메시지가 들어오면 메시지의 수신자들에게 메시지를 전달해야 하기 때문에 수신자들의 목록이 필요하고, 이는 배열로 줄 06에 선언되었습니다.

줄 07에서는 메시지가 발행되었을 때 메시지를 구독하는 대상을 찾아내는 루프를 실행합니다(줄 12). 이때 대상을 찾으면 dispatchEvent( )를 이용해서 이벤트를 전달합니다(줄 15). 이때 CustomEvent를 이용해서 만들어진 이벤트 객체를 전달합니다.

특정 객체가 이벤트를 수신하지 않겠다고(unsubscribe) 하면 구독자 목록에서 제외해줍니다(줄 24).

이벤트 처리와 EventBroker를 같이 이용하게 되면 다음과 같이 사용할 수 있습니다.

예제 | pubsub0.html

```
21:    <script src="pubsub.js"></script>
22:    <script>
23:    var broker = new EventBroker();
24:    var input = document.getElementById("text1");
25:
26:    input.addEventListener( "click", function(event){
27:      console.log("click...." + this.value);
28:      broker.publish("refresh", this.value);
```

```
29:     }, false);
30:
31:     var list = document.getElementById("list");
32:
33:     broker.subscribe(list, "refresh", function(event) {
34:       console.log("list...refresh...." + event.detail);
35:     });
36:
37:     var msg = document.getElementById("msg");
38:
39:     broker.subscribe(msg, "refresh", function(event){
40:       this.innerHTML = event.detail;
41:       console.log("msg......refresh..." + event.detail);
42:       broker.unSubscribe("refresh", this);
43:     });
```

줄 28에서는 입력 화면에서 클릭하게 되면 'refresh' 메시지를 발행합니다.

줄 33과 줄 39에서는 list와 msg 객체가 'refresh' 이벤트를 수신하도록 등록되어 있습니다.

줄 42에서는 'refresh' 이벤트의 수신 후에 msg 객체는 더는 'refresh' 메시지를 구독하지 않도록 하고 있습니다.

EventBroker를 작성하면 모든 객체는 EventBroker의 존재만을 사용할 수 있게 됩니다. 따라서 기존의 이벤트를 배포해 주기 위해서 특정 객체를 알아야만 하는 문제를 해결해 줄 수 있습니다.

사용자가 브라우저에서 'text1'을 클릭(click)하게 되면, 이벤트 처리를 관리하는 broker에 'refresh'라는 메시지를 발생하고, 자신의 value 값을 전달하여 달라고 부탁합니다.

'refresh'라는 메시지를 전달받은 broker는 자신에게 'refresh' 메시지를 구독(subscribe)하기로 했던 객체들을 찾고, 이 객체에 새로운 CustomEvent를 배포합니다(dispatch).

앞의 코드를 실행해 보면 다음과 같은 결과를 볼 수 있습니다.

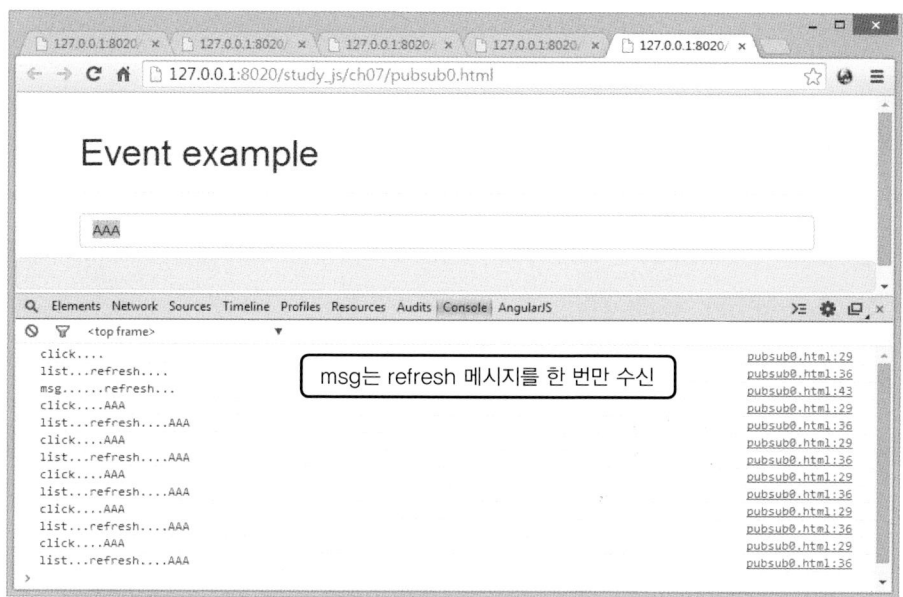

이렇게 전달된 이벤트의 처리는 독립적으로 addEventListener를 이용해서 'refresh' 이벤트 자료형에 맞게 등록된 콜백 함수를 호출합니다.

4. 모델 객체와 데이터 처리

자바스크립트가 객체지향 언어이기 때문에, 데이터의 처리 역시 별도의 객체로 생성해서 처리하는 구조의 설계를 만드는 프로그램에 적용할 수 있습니다.

흔히 '모델(Model)'이라는 용어로 부르는 이러한 데이터 처리를 전담하는 객체는 쉽게 말해서 데이터의 등록, 수정, 삭제, 조회 작업 등을 처리하는 메서드를 가진 존재라고 할 수 있습니다.

최근에 자바스크립트는 단순한 데이터를 처리하는 방식에서 벗어나 Ajax 호출을 통해서 데이터를 처리하거나 HTML5의 Storage 기능 등을 활용하는 형태로 작성되는 경향이 많습니다.

앞에서 만든 단순한 화면에서 발생하는 데이터를 처리하기 위해서, 간단한 배열 위주의 데이터를 구성하면 다음과 같이 작성할 수 있습니다.

예제 | dataModel.js

```
01: var dataModel = {
02:   dataArr: [],
03:   add: function (memo){
04:     console.log("add....dataModel: " + memo );
05:     this.dataArr.push({
06:       "id": Math.random().toString(36).substr(2, 9),
07:       "memo": memo});
08:   },
09:
10:   remove: function (id){
11:     console.log(this.dataArr.length);
12:     var idx = -1;
13:     for(var i= 0, len = this.dataArr.length; i < len; i++){
14:       console.log(this.dataArr[i].id + ":" + id);
15:       if(this.dataArr[i].id === id){
16:         idx = i;
17:         break;
18:       }
19:     }
20:     if(idx > -1){
21:       this.dataArr.splice(idx, 1);
22:     }
23:   },
24:
25:   removeByIndex: function (idx){
26:     this.dataArr.splice(idx, 1);
27:   },
28:
```

```
29:    findAll : function(){
30:      return this.dataArr.slice(0);
31:    },
32:
33:    findByIndex: function(idx){
34:      return this.dataArr[idx];
35:    }
36: };
```

만들어진 dataModel은 의존성이 없는 순수한 객체로 구성되었습니다. 내부적으로 새로운 데이터(memo)가 들어오면 임의의 id를 발생하고 이를 dataArr이라는 속성에 추가합니다. 예제를 간단하게 하고자 아직 많은 기능을 넣지 않았지만, 삭제나 검색 기능은 제공하도록 설계했습니다.

4.1 MVC 구조와 Model2 방식

유지보수가 좋은 프로그램을 작성하기 위해서 가장 흔하게 사용하는 방법은 MVC 패턴이라고 불리는 분리된 구조를 만들어 사용하는 것입니다. MVC의 구성 요소는 다음과 같습니다.

- **모델(Model)**　　　　실제의 데이터의 가공과 처리를 전담하는 역할
- **컨트롤러(Controller)**　모델에 작업을 부탁하고, 뷰에 처리해야 하는 데이터를 전달하는 중간 역할
- **뷰(View)**　　　　　전달 받는 데이터를 화면에 보여주는 역할

객체지향 구조에서 많이 사용하는 MVC 구조는 다음과 같이 이루어집니다.

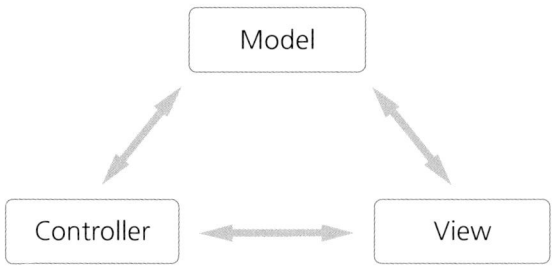

MVC 구조에서의 핵심은 상호 간에 데이터를 주고받을 수 있는 구조라는 것입니다. 반면에 웹 프로그래밍에서 많이 사용하는 Model2 방식은 다음과 같은 구조를 가지고 있습니다.

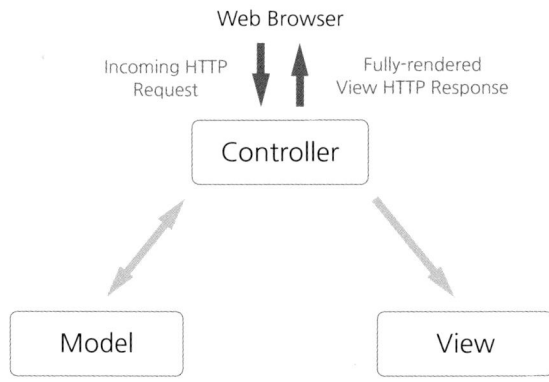

위의 두 그림을 보면 웹 프로그래밍과 전통적인 MVC 구조의 차이를 알 수 있는데, 웹 프로그래밍에서 사용하는 Model2 방식은 실제로 모델 객체가 데이터를 갱신해주는 기능이 필요하지 않습니다. Model2 구조에서는 모든 데이터의 처리는 컨트롤러가 모델 객체를 호출하는 방식으로 이루어집니다.

Model2 구조에서 모델은 상당히 수동적인 입장에 있습니다. 주로 하는 일은 데이터베이스와의 연동을 통해서 요청 받은 작업을 처리합니다. 따라서 자신이 굳이 중간의 컨트롤러를 호출할 필요가 없으므로 컨트롤러를 참조하지 않는 순수한 구성을 하게 됩니다.

4.2 자바스크립트에서의 모델

MVC와 Model2 구조를 같이 언급한 이유는 자바스크립트에서 모델 영역은 필요에 따라서 다음과 같이 구성될 수 있기 때문입니다.

- 전통적인 자바스크립트의 구조에서는 뷰에서 모델에 필요한 데이터를 호출하는 방식이 될 수 있다. 즉, 이벤트 처리를 하는 동안 특정한 객체의 메서드를 호출해서 원하는 작업을 진행할 수 있다(예를 들어 화면에서 버튼을 누르면 데이터를 가공해서 모델로 전달).

- 실시간 혹은 비동기 방식이 적용되는 경우에는 모델은 뷰를 갱신할 수 있는 구조가 필요하다. 최근에 많이 주목받고 있는 서버에서 실시간으로 필요한 데이터를 밀어주는 방식에서는 모델 쪽에서 전달받은 데이터를 뷰 영역으로 밀어주어야 하는 기능이 필요하다(양방향 통신). Ajax와 같이 비동기적인 통신을 하는 경우에 데이터의 출력은 동기화된 경우와 다를 수밖에 없다.

위의 두 가지 방식을 그림으로 표현하자면 다음과 같은 구조가 될 수 있습니다.

모델이 수동적으로 동작하는 경우

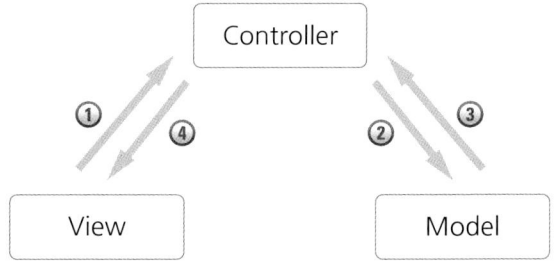

모델이 뷰로 데이터를 밀어주어야 하는 경우

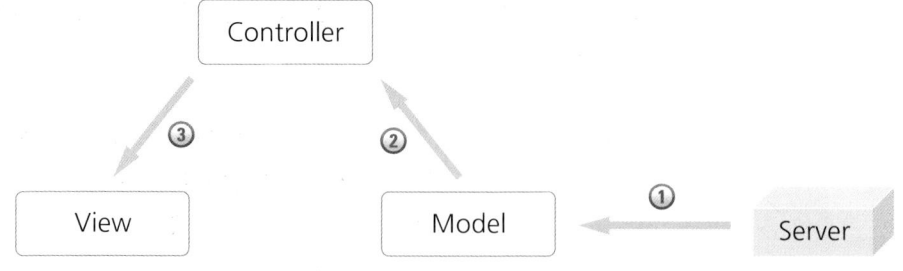

각각의 경우에 따른 구조를 예제를 통해서 알아보도록 합니다.

▌수동적인 모델과 적극적인 뷰의 문제

예를 들어 쇼핑몰 사이트에서 물건의 수량을 변경하면 자동으로 결제 금액이 변경되는 모습을 보는 경우가 있습니다. 이 작업을 수동적인 모델을 이용하는 방식에서는 다음과 같이 사용하게 됩니다.

- 화면에서 수량을 변경하면 이벤트가 발생하고 이때의 정보를 추출해서 모델 객체에 전달
- 모델 객체에서는 최종적인 결제 금액을 변경
- 다시 화면에서 결제 금액의 내용을 변경

이 방식의 특징은 다음과 같다고 할 수 있습니다.

- 모든 흐름의 주도권은 화면에서 발생하는 이벤트 처리에 있다.
- 모델 객체는 그저 단순한 계산과 데이터의 보관을 담당한다.
- 모든 데이터의 처리는 동기화되어 있다.

그나마 앞에서 만든 EventBroker를 이용하게 되면 이벤트에 따라서 약간의 분리 작업이 가능해 집니다.

- 화면에서 수량이 변경되면 이벤트 처리를 하는 동안 모델에 결제 금액 변경 작업을 부탁한다.

- 화면에서는 결제 금액의 갱신을 별도의 이벤트로 발행한다.
- 결제 금액을 보여주는 화면에서는 모델 객체에서 전달된 데이터를 보여준다.

이에 대한 실제 예제를 위해서 화면에서 간단한 데이터를 다루는 프로그램을 작성한다면 다음 그림처럼 보이게 됩니다.

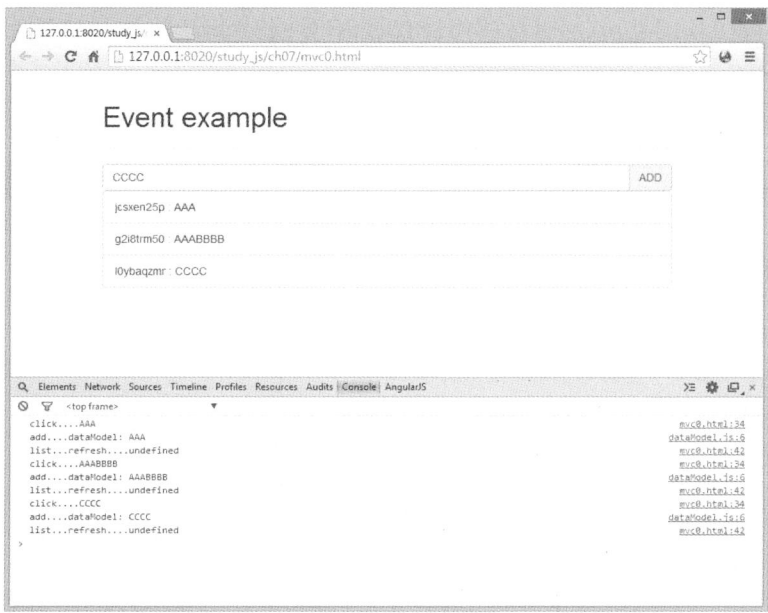

이를 처리하기 위한 화면은 다음과 같이 구성할 수 있습니다.

예제 | mvc0.html

```
08:  <div class='container'>
09:    <div class="page-header">
10:      <h1>Event example</h1>
11:    </div>
12:    <div>
13:      <div class="input-group">
14:        <input id='text1' type="text" class="form-control">
15:        <span class="input-group-addon" id='btn'>ADD</span>
```

```
16:     </div>
17:     <div>
18:       <ul id='list'class="list-group">
19:       </ul>
20:     </div>
21:   </div>
22: </div>
```

앞에서 작성한 EventBroker의 코드를 활용하게 되면 이벤트를 메시지 전달의 용도로 사용할 수 있기 때문에 다음과 같이 구성할 수 있습니다.

```
39: <script src="pubsub.js"></script>
40: <script src="dataModel.js"></script>
41: <script>
42: var broker = new EventBroker();
43: var input = document.getElementById("text1");
44: var btn = document.getElementById("btn");
45:
46: btn.addEventListener( "click", function(event){
47:   console.log("click...." + input.value);
48:   dataModel.add(input.value);
49:   broker.publish("refresh");
50: }, false);
51:
52: var list = document.getElementById("list");
53:
54: broker.subscribe(list, "refresh", function(event) {
55:   console.log("list...refresh...." + event.detail);
56:   var data = dataModel.findAll();
57:   var str ="";
58:
59:   for( var i = 0, len = data.length ; i < len; i++){
60:     str += " <li id='"+data[i].id+"' class='list-group-item'>"
             + data[i].id + " : " +data[i].memo +"</li>";
61:   }
```

```
62:   this.innerHTML = str;
63: });
```

코드를 보면 이벤트의 분리를 제외하고 모든 로직의 핵심은 이벤트 처리 쪽에서 dataModel을 끌고 다니는 형태가 되는 것을 볼 수 있습니다.

이때의 구조를 조금 더 객체화하고자 다음과 같은 코드를 생각해볼 수 있습니다.

예제 | view.js

```
01: function View(eventBroker, model, view){
02:   this.broker = eventBroker;
03:   this.model = model;
04:   this.view = view;
05: }
06:
07: View.prototype.subscribe = function(config){
08:   this.handleEvent = config.callback;
09:   if(config.msgType){
10:     this.broker.subscribe( this.view, config.msgType);
11:     this.view.addEventListener(config.msgType, this ,
            config.capture?config.capture:false);
12:   }
13:   this.view.addEventListener(config.eventType, this ,
            config.capture?config.capture:false);
14: };
```

View( ) 함수는 객체 생성용으로 작성되었고, 이벤트의 구독이 가능한 구조로 작성되었습니다. 이를 이용하면 앞의 자바스크립트 코드는 다음과 같은 형태로 수정될 수 있습니다.

예제 | mvc1.html

```
23:   <script src="pubsub.js"></script>
24:   <script src="dataModel.js"></script>
25:   <script src="view.js"></script>
26:   <script>
```

```
27: var broker = new EventBroker();
28: var inputView =
    new View(broker, dataModel, document.getElementById("text1"));
29: var btn =
    new View(broker, dataModel, document.getElementById("btn"));
30: var input = document.getElementById("text1");
31:
32: btn.subscribe({
33:   eventType:'click',
34:   callback:function(event){
35:     this.model.add(input.value);
36:     this.broker.publish("refresh");
37:   },
38:   capture:false
39: });
40:
41: var listView =
    new View(broker, dataModel, document.getElementById("list"));
42:
43: listView.subscribe({
44:   msgType:'refresh',
45:   callback:function(event){
46:     console.log("list...refresh....");
47:     var data = this.model.findAll();
48:     var str ="";
49:     for( var i = 0, len = data.length ; i < len; i++){
50:       str += " <li id='"+data[i].id+"' class='list-group-item'>"
          +data[i].id + " : " +data[i].memo+"</li>";
51:     }
52:     this.view.innerHTML = str;
53:   },
54:   capture:false
55: });
```

아주 약간은 객체화된 코드가 되기는 했지만, 이것만으로는 부족하고 아직 크나큰 문제가
하나 남아 있습니다.

5. 비동기화된 처리, 실시간 데이터의 문제

최근의 웹 화면은 Ajax 없이 뭔가를 처리하는 경우가 거의 없는 방식입니다. 그리고 Ajax 의 핵심은 '비동기화(Asynchronous)'된 처리 방식이라고 할 수 있습니다.

뷰에서 적극적으로 모델 객체를 사용하는 경우에 발생하는 가장 큰 문제는 바로 모델 쪽에서 비동기화된 최근의 처리 방식입니다.

비동기화된 처리 방식으로 말미암은 문제는 다음과 같습니다.

- 비동기화된 처리에서는 모든 최종적인 처리는 결과 데이터를 받는 부분에서 이루어진다.

쉽게 말해 만일 Ajax 방식으로 앞의 코드를 처리했다면 실제로 화면에 〈li〉 태그를 구성하는 부분은 모델 쪽으로 넘어가게 됩니다.

모델에서 Ajax의 최종적인 처리를 하게 되면, 이제 모델은 순수하게 데이터를 처리하는 작업을 할 수 없게 되고, 결과적으로 다음과 같은 선택을 할 수밖에 없습니다.

- 모델 쪽의 코드를 훼손해서 화면 처리를 하는 부분을 추가하는 방식
- 모델에서 비동기적으로 받은 데이터를 브로커(Broker)에 전달하는 방식
- 모델에서 비동기적으로 받은 데이터를 뷰 쪽의 별도의 메서드로 전달하는 방식

이 밖에도 다른 방안들도 존재하겠지만, 이럴 때 대부분의 해결 방법은 모델이 다른 외부의 객체를 참조하는 방식으로 이루어진다는 것입니다.

5.1 2-way 데이터 바인딩

이제 모델은 그저 단순히 데이터의 처리만을 해주는 존재가 아니라, 데이터의 변경에 따라서 자동으로 이에 해당하는 뷰 쪽을 호출할 필요가 있는 능동적인 존재입니다. 이러한 처리를 위해서는 다음과 같은 방식의 커뮤니케이션이 가능해야 합니다.

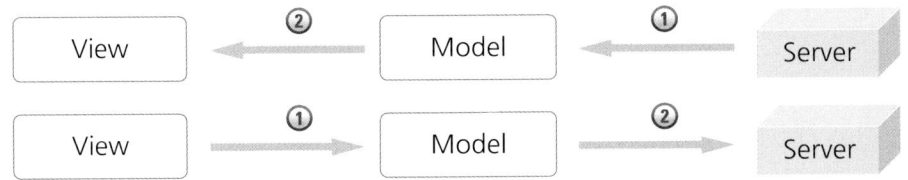

이렇게 뷰와 모델이 서로 데이터를 주고받을 수 있는 구조를 '2-way 데이터 바인딩'이라고 합니다. 이 방식은 다음과 같은 일들이 가능합니다.

- 뷰에서 변경된 데이터는 모델 쪽에 반영된다.
- 만일 어떤 이유(Server의 데이터 푸시나 비동기적인 데이터 전송)로 인해 모델 데이터가 변경되면 자동으로 뷰를 갱신한다.

문제는 이렇게 모델이 적극적인 형태가 되려면 다른 객체들과의 의존성이 생긴다는 점입니다.

이 문제를 해결하기 전에 현재 상황을 조금 더 체크해보면 다음과 같습니다.

- EventBroker를 이용해서 Pub/Sub 패턴이 구현되었다.
- 모델 객체에 해당하는 dataModel은 순수한 형태의 객체이다.
- 뷰 쪽에서 모델을 호출하는 방식은 비동기화된 처리나 실시간 푸시 방식에는 적합하지 않다.

반면에 원하는 목표는 다음과 같습니다.

- 모델 데이터의 훼손 없이 2-way 커뮤니케이션이 가능하도록 만들고 싶다.

이때에 힌트가 될 수 있는 것은 역시나 EventBroker의 존재가 됩니다. EventBroker는 느슨한 결합이 가능하게 해주는 존재이므로, 만일 모델이 EventBroker에 적절한 메시지와 데이터를 발행(Publish)할 수 있게 한다면, 뷰에서는 기존의 방식처럼 이벤트를 수신하고 데이터를 추출, 화면을 처리할 수 있을 것입니다.

따라서 지금부터 만들려고 하는 구조는 다음과 같습니다.

- 모델은 내부적으로 EventBroker를 참조하고, 자신이 변경이 일어나서 이를 알려줄 필요가 있다면 메시지를 발행(Publish)한다.
- 모든 뷰는 모델과의 연결을 끊고, 이벤트 처리에만 집중하게 한다.

이 목표를 이루고자 다음과 같은 경우를 생각해 볼 수 있습니다.

- 모델 쪽의 훼손을 감수하고서라도 EventBroker와의 연결을 맺는다.
- 모델의 훼손을 최소화할 수 있는 다른 계층을 하나 더 설계한다.

┃ 모델에서의 EventBroker 참조

가장 손쉽게 처리하는 방법은 모델을 작성할 때 EventBroker를 참조하는 것입니다. 이 경우에는 코드 작성이 쉽고 가독성 면에서도 좋아진다는 장점이 있지만, 원래 의도했던 순수한 모델의 의미는 퇴색됩니다(의존성이 생기는 문제).

예를 들어 어떤 모델이 EventBroker를 참조하는 구조를 다음과 같이 작성할 수 있습니다.

예제 ┃ dataModel2.js

```
01: var dataModel = {
02:   dataArr: [],
03:   setBroker:function(broker){
04:     this.broker = broker;
05:   },
06:
07:   add: function (memo){
08:     console.log("add....dataModel: " + memo );
```

```
09:      this.dataArr.push({
10:        "id": Math.random().toString(36).substr(2, 9),
11:        "memo": memo});
12:      //EventBroker에 메시지 전달
13:      this.broker.publish("refresh", this.findAll());
14:    },
15:    remove: function (id){
16:      console.log(this.dataArr.length);
17:      var idx = -1;
18:      for(var i= 0, len = this.dataArr.length; i < len; i++){
19:        console.log(this.dataArr[i].id + ":" + id);
20:        if(this.dataArr[i].id === id){
21:          idx = i;
22:          break;
23:        }
24:      }
25:
26:      if(idx > -1){
27:        this.dataArr.splice(idx, 1);
28:      }
29:
30:      //EventBroker에 메시지 전달
31:      this.broker.publish("refresh", this.findAll());
32:    },
33:
34:    removeByIndex: function (idx){
35:      this.dataArr.splice(idx, 1);
36:      //EventBroker에 메시지 전달
37:      this.broker.publish("refresh", this.findAll());
38:    },
39:    findAll : function(){
40:      return this.dataArr.slice(0);
41:    },
42:    findByIndex: function(idx){
43:      return this.dataArr[idx];
44:    }
45: };
```

dataModel 객체는 setBroker( )라는 메서드가 추가되었고, 이를 이용해서 메서드의 처리 작업 이후에 this.broker.publish("refresh", this.findAll( ));와 같은 호출을 이용하는 것입니다.

이제 모델에 해당하는 dataModel이 EventBroker의 참조를 가지고 있기 때문에, 뷰 쪽에서는 별도의 처리가 필요하지 않습니다. 만일 뷰 쪽을 단순한 자바스크립트로 구성한다면 다음과 같이 구성할 수 있습니다.

예제 | mvc2.html

```
23: <script src="pubsub.js"></script>
24: <script src="dataModel2.js"></script>
25: <script src="view.js"></script>
26: <script>
27: var broker = new EventBroker();
28: dataModel.setBroker(broker);
29: var inputView = new View(broker, dataModel,
              document.getElementById("text1"));
30: var btn = new View(broker, dataModel,
              document.getElementById("btn"));
31: var input = document.getElementById("text1");
32:
33: btn.subscribe({
34:   eventType:'click',
35:   callback:function(event){
36:     this.model.add(input.value);
37:   },
38:   capture:false
39: });
40:
41: var listView = new View(broker, dataModel,
              document.getElementById("list"));
42:
43: listView.subscribe({
44:   msgType:'refresh',
45:   callback:function(event){
46:     console.log("list...refresh....");
```

```
47:    var data = this.model.findAll();
48:    var str ="";
49:    for( var i = 0, len = data.length ; i < len; i++){
50:      str += " <li id='"+data[i].id+"' class='list-group-item'>"
            +data[i].id + " : " +data[i].memo+"</li>";
51:    }
52:    this.view.innerHTML = str;
53:  },
54:  capture:false
55: });
```

이전의 코드와 비교했을 때 달라지는 것은 줄 36의 모델에 해당하는 dataModel에 EventBroker의 참조를 주입하는 것입니다(이전 코드의 경우 EventBroker를 호출하는 코드도 같이 필요했습니다).

이제 뷰에서는 자신이 발행해야 하는 이벤트를 발행하고, 자신에게 필요한 이벤트를 수신하는 것만으로 모든 작업이 처리됩니다.

한 가지 아쉬운 점은 역시나 모델의 순수함을 훼손하는 것입니다. dataModel의 코드를 보면 중복적으로 'refresh' 이벤트를 발생하는 점 역시 수정의 필요가 있어 보입니다.

5.2 프락시 패턴의 활용

만일 모델 쪽의 순수함을 지켜야 한다면 고려해 볼만한 디자인 패턴은 프락시(Proxy-대리자) 패턴이 있습니다.

프락시 패턴은 실제 대상을 호출하는 것이 아니라 원래의 대상을 감싸는 존재(Proxy)를 이용해서 호출하는 방식입니다. 프락시 패턴에서는 다음과 용어들이 사용됩니다.

- **target**   실제 데이터와 기능을 가진 객체를 의미합니다.
- **proxy**   target을 감싸는 존재로, 외부에서의 호출은 이 프락시를 이용해서 진행됩니다.

자바스크립트의 경우에는 객체의 구성 자체가 동적으로 가능하기 때문에 프락시 방식은 다른 언어들에 비해서 상당히 간단한 방식으로 구현할 수 있습니다.

예를 들어 다음과 같은 객체가 있다고 가정합니다.

예제 | proxy0.html

```
08: var target = {
09:   val:"",
10:   _create: function( data ) {
11:     console.log("create....");
12:     this.val = data;
13:   },
14:   _read: function( data ) {
15:     console.log("read...." + this.val);
16:   },
17:   _update: function( data ) {
18:     console.log("update....");
19:   },
20:   _delete: function( data ) {
21:     console.log("delete....");
22:   }
23: };
```

만일 target._create( )와 같은 메서드를 호출하게 되면 지금의 경우에는 'create...'라는 메시지만 출력됩니다.

target 객체에는 val이라는 속성이 있어서 _create( )와 같은 메서드에서 val 속성을 활용합니다. 만일 이 객체의 모든 메서드를 호출할 때 다른 작업이 추가로 이루어지고 싶다면 다음과 같은 함수를 만들 수 있습니다.

```
25: function makeProxy(obj){
26:   var proxy = {}, self;
27:   proxy.target = obj;
28:   self = this;
29:
30:   var proxyMethod = function(method, context){
31:     return function(){
32:       console.log("------------------");
33:       var result = method.apply(context,arguments);
34:       console.log("==================");
35:       return result;
36:     };
37:   };
38:
39:   for(var prop  in obj){
40:     if(typeof obj[prop] ==='function'){
41:       proxy[prop] = proxyMethod(obj[prop], obj);
42:     }
43:   }
44:   return proxy;
45: }
```

makeProxy( ) 함수는 파라미터로 특정한 target 객체를 전달받고, 내부적으로 작성된 proxy라는 객체의 메서드로 target 객체의 메서드를 추가합니다. 이때 내부 함수인 proxyMethod( )를 활용해서 모든 메서드의 동작 시에 추가적인 동작이 이루어지도록 작성합니다.

makeProxy( )를 이용해서 객체를 만들고 테스트하면 다음과 같습니다.

```
47: var proxyObject = makeProxy(target);
48: proxyObject._create('zzzz');
49: proxyObject._read();
```

앞의 코드를 실행하면 개발자 도구를 통해서 다음과 같은 결과를 확인할 수 있습니다.

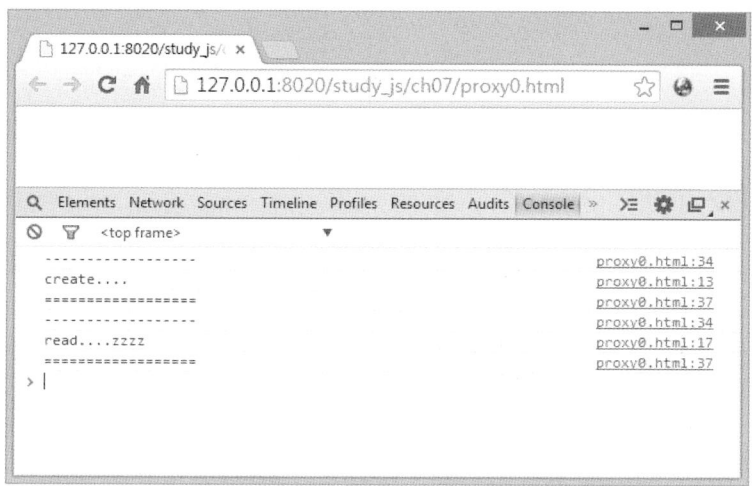

프락시 패턴을 활용하는 경우 최대의 장점은 원래의 객체를 수정하지 않고도 객체 호출 시에 수행하는 기능을 조정할 수 있다는 것입니다.

프락시 패턴의 EventBroker 적용

앞의 dataModel에 프락시 패턴을 적용하려면 다음과 같은 점들을 고려할 수 있습니다.

- EventBroker에 dataModel을 전달하면, 실제로는 proxy 처리가된 객체가 등록되도록 처리한다.

- EventBroker에 dataModel을 전달하면 자동으로 dataModel 객체의 메서드들은 구독(subscribe)의 대상으로 등록될 필요가 있다. 이렇게 되면 메시지가 발행(publish)되었을 때, 자동으로 dataModel의 메서드가 호출되는 구조를 만들 수 있다.

- EventBroker는 publish( )를 수행할 때, dataModel이 해야 하는 메시지를 만나게 되면 CustomEvent를 발행하는 대신, proxy처리된 dataModel 객체를 호출하게 된다.

이 작업을 위해서 EventBroker에 다음과 같은 코드를 추가하였습니다.

예제 | pubsubproxy.js 일부

```
47:  EventBroker.prototype.setModelWithProxy = function(obj, config){
48:    var proxy = {}, self;
49:    proxy.target = obj;
50:    proxy.broker = this;
51:
52:    obj.setBroker(this);
53:
54:    var proxyMethod = function(method, context, methodName){
55:      return function(){
56:        console.log("------------------");
57:        var result = method.apply(context,arguments);
58:        proxy.broker.publish(methodName, result);
59:      };
60:    };
61:
62:    for(var prop  in obj){
63:      if(typeof obj[prop] === 'function'){
64:        proxy[prop] = proxyMethod(obj[prop], obj, prop);
65:      }
66:    }
67:    this.model = proxy;
68:  };
```

줄 47에 정의된 setModelWithProxy( )는 모델 객체가 전달되면 내부적으로 프락시 객체를 만들어서 처리하게 합니다.

- 임의의 proxy 객체를 생성한다.

- proxy 객체의 target 속성으로 원래의 모델 객체(dataModel)를 참조한다.

- proxy 객체는 원래의 모델 객체의 메서드를 감싸는 메서드를 proxyMethod( )라는 내부 함수를 이용해서 작성한다. 따라서 proxy 객체의 메서드를 호출하게 되면, 실제로는 원래 객체의 메서드를 감싸는 메서드가 실행되도록 한다.

- proxy의 broker 속성으로 EventBroker 객체를 참조하게 한다.

EventBroker의 publish( ) 메서드는 다음과 같이 수정했습니다.

```
20: EventBroker.prototype.publish = function(eventType, data){
21:   console.log("publish....." + eventType);
22:
23:   if(eventType.indexOf("model.") > -1){
24:     var methodName = eventType.substring(eventType.indexOf('.')+1);
25:     this.model[methodName].call(this.model, data);
26:   }else{
27:     for( var i = 0, len = this.subscribers.length; i < len; i++  ){
28:       console.log("loop...." , eventType,
        this.subscribers[i].eventType );
29:
30:       if(this.subscribers[i].eventType === eventType){
31:         var evt = new CustomEvent(eventType, {detail:data});
32:           this.subscribers[i].element.dispatchEvent(evt);
33:       }
34:     }
35:     console.log("   ");
36:   }
37: };
```

Pub/Sub 패턴의 단점 중의 하나인 '매번 이벤트를 구독하는 대상을 찾기 위한 탐색' 과정에서 성능저하를 가져올 수 있기 때문에 전달되는 메시지가 'model.xxx'와 같다면, 루프 탐색을 줄이기 위해서 바로 this.model로 등록된 프락시 처리된 모델 객체를 사용하는 방식으로 변경하였습니다.

이렇게 만들어진 proxy 객체는 EventBroker 객체의 model 속성으로 참조되기 때문에, 메시지가 발행되어서 동작하게 되면 proxy 객체가 동작하게 되고, proxy 객체는 원래의 모델 객체(dataModel)를 호출하는 구조가 됩니다.

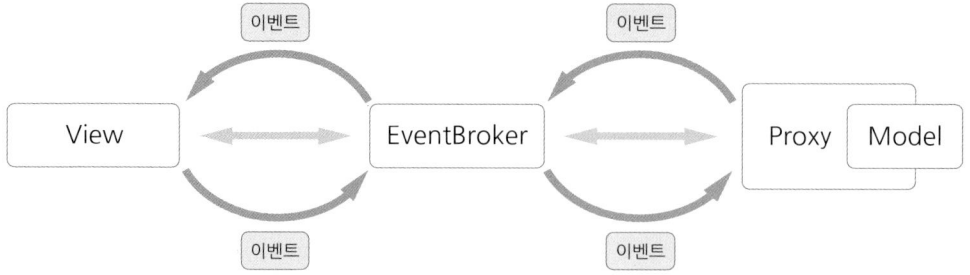

뷰 쪽의 최종적인 코드는 다음과 같이 작성됩니다.

```
08:      <div class='container'>
09:        <div class="page-header">
10:          <h1>Event example</h1>
11:        </div>
12:        <div>
13:          <div class="input-group">
14:            <input id='text1' type="text" class="form-control">
15:            <span class="input-group-addon" id='btn'>ADD</span>
16:          </div>
17:          <div>
18:            <ul id='list'class="list-group">
19:            </ul>
20:          </div>
21:        </div>
22:      </div>
23:    <script src="dataModelProxy.js"></script>
24:    <script src="pubsubproxy.js"></script>
25:    <script src="view.js"></script>
26:    <script>
27:    var broker = new EventBroker();
28:    broker.setModelWithProxy(dataModel);//프락시로 등록
29:
30:    var inputView =
         new View(broker, dataModel, document.getElementById("text1"));
```

```
31:   var btn = document.getElementById("btn");
32:   var input = document.getElementById("text1");
33:
34:   btn.addEventListener( "click", function(event){
35:     broker.publish("model.add", input.value);
36:   }, false);
37:
38:   var list = document.getElementById("list");
39:   //list는 refresh이벤트를 감지하겠다.
40:   broker.subscribe(list,"refresh");
41:
42:   //Event listener
43:   list.addEventListener( "refresh", function(event) {
44:     console.log("list...refresh...." + event.detail);
45:     var data = event.detail;
46:     var str ="";
47:
48:     for( var i = 0, len = data.length ; i < len; i++){
49:       str += "<li id='"+data[i].id+"' class='list-group-item'>" +
              data[i].memo +"</li>";
50:     }
51:     this.innerHTML = str;
52:   });
```

화면의 〈ADD〉를 클릭하게 되면 우선 'model.add'가 메시지로 전달됩니다. 전달된 메시지에 맞게 proxy 객체를 통해서 실제 객체의 메서드 호출 전에 '--------'가 출력되는 것을 볼 수 있습니다.

실제 dataModel의 처리가 완료된 후에는 자동으로 proxy 객체가 'add'와 같은 메시지를 출력하는 것을 볼 수 있습니다.

이제 마지막으로 남은 작업은 특정한 작업이 이루어지기 전이나 후에 원하는 동작을 하는 것을 추가해주는 일입니다.

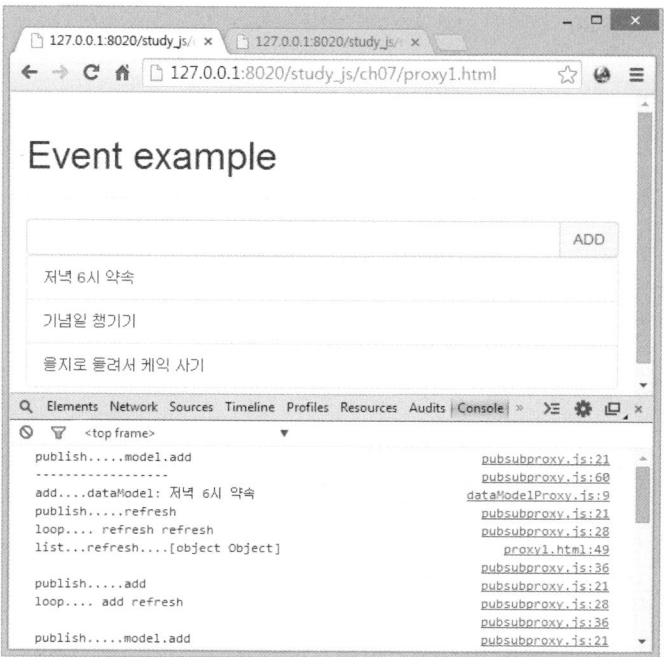

프락시 패턴으로 사후처리하기

프로그램을 개발하는 과정에서 특정한 작업 후에 자동으로 호출되어야 하는 작업들이 존재하는 경우가 흔합니다. 예를 들어 게시판에 새로운 데이터가 추가되면 다음과 같은 방식으로 흐름을 정리해 볼 수 있습니다.

- 화면에서 새로운 게시글의 데이터를 모델로 전송한다.
- 모델에서는 게시글에 대한 처리가 진행된다.
- 화면에서는 새로운 게시글이 정상적으로 등록되었음을 알려준다.
- 새로운 게시글이 등록되었으므로 리스트 내용은 갱신된다.

위와 같은 구조라면 게시글의 등록 후에 자동으로 갱신하는 작업이 진행될 필요가 있습니다.

프락시를 이용해서 모델 객체의 앞이나 뒤쪽에 다른 동작을 할 수 있게 설계하였다면, 이제 개발자가 원하는 다음 작업 등을 지정할 수 있도록 작성해야 합니다. 지금까지의 예로 보자면, 'model.add'라는 메시지가 처리된 후에는 자동으로 'findAll'이라는 메서드가 동작하고, EventBroker에서는 'findAll'이라는 메시지에 맞는 이벤트를 발생시키는 작업을 진행하려고 합니다.

우선 EventBroker에 모델을 등록할 때에는 다음과 같이 변경합니다.

예제 | pubsubproxy2.js 일부

```
48: EventBroker.prototype.setModelWithProxy = function(obj, config){
49:   var proxy = {};
50:   proxy.target = obj;
51:   proxy.broker = this;
52:   proxy.config = config||{};
53:
54:   var proxyMethod =
       function(method, context, methodName, afterMethod ){
55:     return function(){
56:       var msg = methodName;
57:       var result = method.apply(context,arguments);
58:       proxy.broker.publish(msg, result);
59:
60:       if(afterMethod){
61:         msg = afterMethod;
62:         result = context[afterMethod].call(context, result);
63:         proxy.broker.publish(msg, result);
64:       }
65:     };
66:   };
67:
68:   config = config||{};
69:
70:   for(var prop  in obj){
71:     if(typeof obj[prop] === 'function'){
72:       proxy[prop] = proxyMethod(
73:         obj[prop],
74:         obj,
```

```
75:          prop,
76:          config[prop+".after"] ?
             config[prop+".after"]:config["refresh"]);
77:     }
78:   }
79:   this.model = proxy;
80: };
```

EventBroker의 setModelWithProxy( )에서의 변경은 다음과 같습니다.

- 파라미터로 모델과 더불어 config라는 별도의 객체를 받도록 설계합니다. config는 '키(key)와 값(value)'으로 구성된 단순한 정보입니다.

- 프락시 메서드를 만드는 proxyMethod( )에서는 프락시 메서드를 만들 때에 다음에 동작해야 하는 메서드를 전달합니다. 이때 접미사로 '.after'를 이용하게 됩니다.

- 모델 대부분의 메서드에 기본적으로 동작했으면 하는 메서드를 'xxx.after'와 같은 형태로 매번 작성하는 일은 꽤 귀찮은 작업이 될 수도 있고 기본적으로 호출될 만한 메서드를 지정하는 경우도 발생할 수 있기 때문에 'notify'라는 기본 설정을 활용합니다. 예를 들어 특정 메서드의 'after'가 설정되어 있다면 이를 동작하지만, 아무것도 지정된 적이 없다면 기본적으로 'refresh'로 지정된 메서드가 동작합니다.

- 프락시 메서드는 기존에는 무조건 한 번의 메시지만 발행했지만, 수정된 형태는 만일 뒤에 실행되어야 하는 메서드가 존재하면 원래의 모델 객체를 이용해서 메서드를 실행하는 형태로 작성되어서, 한 번 더 메시지를 발행하게 됩니다.

이를 활용하기 위한 설정은 다음과 같이 변경할 수 있습니다.

```
//특정 메서드의 after가 지정되면 자동으로 after로 지정된 메서드 호출
//broker.setModelWithProxy(dataModel,{"add.after":"findAll"});

//refreh가 지정되면 모든 메서드의 동작 후에 자동으로 지정된 refresh 메서드 호출
//broker.setModelWithProxy(dataModel,{"refresh":"findAll"});

//아무것도 지정하지 않으면 원래의 메서드 이름이 메시지로 발행
broker.setModelWithProxy(dataModel);
```

예를 들어 특정한 메서드의 동작 후에 다른 메서드가 동작하고 싶다면 **메서드_이름.after** 라고 설정해 주면 됩니다. 대부분의 메서드가 공통으로 호출할 필요가 있다면, 'refresh'에 지정할 수 있습니다. 만일 기본적으로 갱신할 메서드가 필요 없다면 아무런 설정 없이 사용할 수 있습니다.

이렇게 작성된 구조에는 다음과 같은 특징이 있습니다.

- 모델 쪽은 순수한 객체로 다른 객체들과의 의존성이 없도록 설계되었습니다.

- 뷰 쪽은 이벤트의 발행과 처리로만 구성되고, EventBroker를 통해서 필요한 데이터를 주고받습니다.

- EventBroker는 필요한 만큼 객체를 생성해서 사용할 수 있고, 각 뷰는 자신에게 필요한 EventBroker에게 메시지를 요청하면 됩니다.

5.3 간단한 메모장 프로그램 적용

이벤트 설명의 마무리로 앞에서 작성된 코드들이 어떻게 적용될 수 있는지 간단한 메모 프로그램의 코드를 싣도록 하겠습니다.

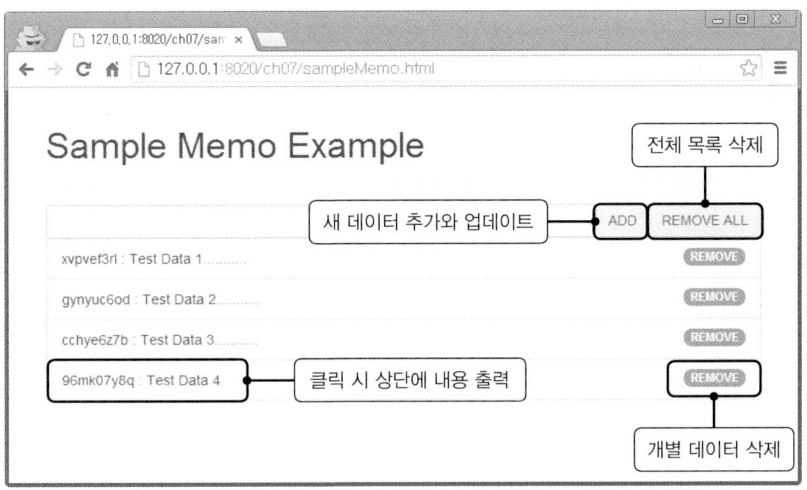

화면을 구성하는 코드는 다음과 같습니다.

```
01:  <!DOCTYPE html>
02:  <html lang="en">
03:    <head>
04:      <meta charset="utf-8">
05:      <link rel="stylesheet"
           href="//netdna.bootstrapcdn.com/bootstrap/
           3.1.0/css/bootstrap.min.css">
06:    </head>
07:    <body>
08:      <div class='container'>
09:        <div class="page-header">
10:          <h1>Sample Memo Example</h1>
11:        </div>
12:        <div>
13:          <div class="input-group">
14:            <input id='text1' type="text" class="form-control">
15:            <span class="input-group-addon" id='addBtn'>ADD</span>
16:            <span class="input-group-addon" id='removeBtn'>
                 REMOVE ALL</span>
17:          </div>
18:          <div>
19:            <ul id='list'class="list-group">
20:            </ul>
21:          </div>
22:        </div>
23:        <input type='hidden' id="targetId">
24:      </div>
25:  <script src="sampleMemo.js"></script>
26:  <script src="pubsubproxy2.js"></script>
27:  <script src="view.js"></script>
28:  <script>
29: var broker = new EventBroker();
30: broker.setModelWithProxy(dataModel,{"refresh":"findAll"});
31:
```

```
32:  var addBtn = document.getElementById("addBtn");
33:  var input = document.getElementById("text1");
34:  var list = document.getElementById("list");
35:  var targetId = document.getElementById("targetId");
36:  var removeBtn = document.getElementById("removeBtn");
37:
38:  broker.subscribe(list, "findAll");
39:  broker.subscribe(input, "findById");
40:
41:  addBtn.addEventListener("click",function(event){
42:    broker.publish("model.add", input.value);
43:    input.value = "";
44:  }, false);
45:
46:  input.addEventListener("findById", function(event){
47:    this.value = event.detail.memo;
48:  }, false);
49:
50:  //Event listener
51:  list.addEventListener( "findAll", function(event) {
52:    console.log("list...findAll...." + event.detail);
53:    var data = event.detail;
54:    var str ="";
55:
56:    for( var i = 0, len = data.length ; i < len; i++){
57:      str += " <li id='"+data[i].id+"' class='list-group-item'
          onclick='viewById(\""+data[i].id+"\");'>" +data[i].id
          + " : " +data[i].memo + "<span class='badge'
          onclick='removeById(\""+data[i].id+"\");'>REMOVE</span>"
58:      //+ "<button onclick='removeById(\""+data[i].id+"\");'>
          REMOVE</button>" + "</li>";
59:    }
60:    this.innerHTML = str;
61:  });
62:
63:  function removeById(id){
64:    console.log("remove by id...." + id);
65:    broker.publish("model.removeById", id);
```

```
66: }
67:
68: function viewById(id){
69:   console.log("view by id...." + id);
70:   targetId.value = id;
71:   broker.publish("model.findById", id);
72: }
73:
74: removeBtn.addEventListener("click",function(event){
75:   broker.publish("model.removeAll");
76: }, false);
77:
78: //dummy data
79: broker.publish("model.add", "Test Data 1..........");
80: broker.publish("model.add", "Test Data 2..........");
81: broker.publish("model.add", "Test Data 3..........");
82:   </script>
83:   </body>
84: </html>
```

뷰를 이용하는 모델 쪽의 코드는 다음과 같습니다.

예제 | sampleMemo.js

```
01: var dataModel = {
02:   dataArr: [],
03:   add: function (memo){
04:     console.log("add....dataModel: " + memo );
05:     this.dataArr.push({
06:       "id": Math.random().toString(36).substr(2, 9),
07:       "memo": memo});
08:   },
09:
10:   remove: function (id){
11:     console.log(this.dataArr.length);
12:     var idx = -1;
13:
```

```
14:    for(var i= 0, len = this.dataArr.length; i < len; i++){
15:      console.log(this.dataArr[i].id + ":" + id);
16:      if(this.dataArr[i].id === id){
17:        idx = i;
18:        break;
19:      }
20:    }
21:
22:    if(idx > -1){
23:      this.dataArr.splice(idx, 1);
24:    }
25:  },
26:
27:  removeByIndex: function (idx){
28:    this.dataArr.splice(idx, 1);
29:  },
30:
31:  removeById: function(id){
32:    var idx = -1;
33:    for(var i= 0, len = this.dataArr.length; i < len; i++){
34:      console.log(this.dataArr[i].id + ":" + id);
35:      if(this.dataArr[i].id === id){
36:        idx = i;
37:        break;
38:      }
39:    }
40:
41:    console.log("remove target index:" + idx);
42:
43:    if(idx > -1){
44:      this.removeByIndex(idx);
45:    }
46:  },
47:
48:  removeAll: function() {
49:    this.dataArr = [];
50:  },
51:
```

```
52:    findAll : function(){
53:      console.log("findAll....dataModel: " );
54:      return this.dataArr.slice(0);
55:    },
56:
57:    findByIndex: function(idx){
58:      console.log("findByIndex....dataModel: " );
59:      return this.dataArr[idx];
60:    },
61:
62:    findById: function(id){
63:      for(var i= 0, len = this.dataArr.length; i < len; i++){
64:        console.log(this.dataArr[i].id + ":" + id);
65:        if(this.dataArr[i].id === id){
66:          return this.dataArr[i];
67:        }
68:      }
69:
70:    },
71:
72:    testLog:function(data){
73:      console.log("testLog......" + data);
74:    }
75: };
```

이벤트를 이토록 집중적으로 다룬 이유는 다음 장부터 배우는 AngularJS의 가장 중요한 특징이 바로 2-way 데이터 바인딩 지원이기 때문입니다.

AngularJS 활용

CHAPTER **08** | AngularJS의 소개

CHAPTER **09** | 모듈, 컨트롤러와 스코프($scope)

CHAPTER **10** | 지시자와 표현식

CHAPTER **11** | AngularJS의 서비스

CHAPTER **12** | ngRoute 모듈과 페이지 내비게이션

CHAPTER **13** | AngularJS 내부에 대한 이해

CHAPTER **14** | 사용자 정의 지시자

P A R T **02**

Part 1에서 자바스크립트의 기본적인 객체나 이벤트 처리 등의 내용을 다루었지만, 실제로 큰 규모의 웹 애플리케이션을 제작하려면 너무나 많은 작업과 시행착오가 필요합니다.

최근에 많이 선보이는 자바스크립트로 작성된 프레임워크들이 저마다 개성을 가지고, 이러한 문제들을 해결하고 있지만, 그중에서 단연 빠른 속도로 인기를 끄는 것은 AngularJS일 것입니다. 개인적으로 AngularJS가 가지는 가장 큰 장점은 역시나 최소한의 코드로 작성할 수 있다는 점, HTML을 템플릿의 형태로 최대한 사용할 수 있다는 점 등이 아닐까 합니다.

AngularJS는 다른 자바스크립트 프레임워크들과 달리 기존 서버 측 개발자들에게 쉽게 어필할 수 있는 여러 가지 장점들이 있기 때문에 자바스크립트에 대한 깊은 이해가 필요한 다른 프레임워크들에 비해서 진입 장벽이 낮은 편입니다. jQuery와 같이 화면 처리나 이벤트뿐만이 아니라, 더욱 구조화된 웹 애플리케이션을 제작해보고자 한다면 AngularJS의 낮은 진입 장벽과 강력한 기능이 도움될 것입니다.

Chapter

8

AngularJS의 소개

AngularJS(https://angularjs.org/)의 소개를 보면 AngularJS는 큰 규모의 웹 애플리케이션을 개발하는 데 있어서 필요한 기능을 가진 확장이 쉬운 프레임워크로 소개되어 있습니다.

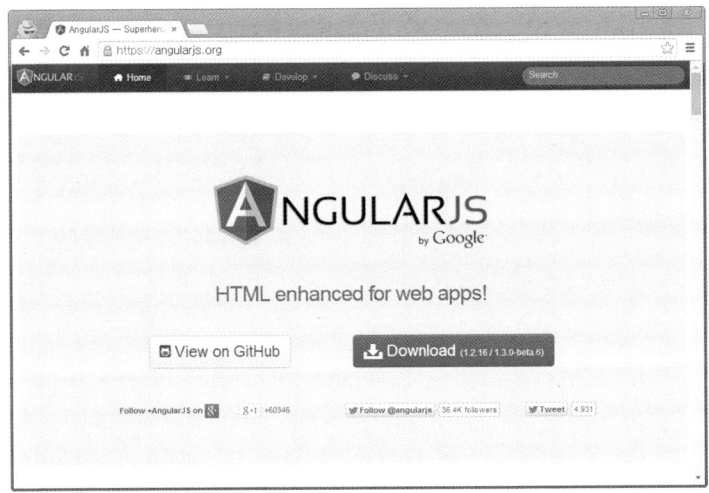

AngularJS는 2009년에 구글 직원인 Misko Hevery와 Adam Abrons가 공동 개발하였으며 시초는 온라인 JSON Storage Service를 지원하는 소프트웨어로 시작되어서 2013년도에 출시되었습니다. 2014년 4월 현재 1.216 버전까지 빠른 속도로 발전하고 있습니다.

AngularJS를 굳이 엄격한 분류로 나누자면 MVC 기반의 프레임워크로 보지만, AngularJS는 그 소개에 MVW(Model-View-Whatever) 혹은 MV* 프레임워크라고 정의하고 있습니다. 이것은 AngularJS가 Model, View, Controller 외에도 수많은 구성요소를 가지고 있기 때문에, 굳이 MVC 구조에 끼워 맞출 필요는 없기 때문입니다. MVW의 W는 'Whatever for you'라는 의미로 사용합니다.

앞서 이벤트나 객체의 부분에서 살펴봤듯이 HTML을 처리하는 웹 페이지의 구조에서 데이터를 의미하는 Model과 이에 대한 View 그리고 이 사이를 이벤트나 데이터로 제어하는 일은 상당히 복잡합니다. AngularJS는 이러한 문제들을 다루는 다양한 성격의 프레임워크로 이해할 필요가 있습니다.

1. AngularJS의 성격

AngularJS는 바라보는 입장에 따라서 다음과 같은 성격이 있다고 할 수 있습니다.

1.1 템플릿 기반의 처리 엔진

HTML을 단순한 뷰(View)가 아닌 하나의 템플릿(Template)으로 처리합니다. AngularJS를 이용할 때에는 HTML의 그 자체를 하나의 내용물의 변경이 가능한 템플릿으로 간주합니다. 따라서 개발자들이 HTML을 작성하는 것은 '화면에 보이는 내용 자체'를 만드는 것이 아니라 "화면에 어떻게 보여줄 것인가?"를 작성하는 것이 됩니다.

이러한 방식은 과거 ASP나 JSP 혹은 PHP 등에서 사용하던 개발 방식과 유사합니다. 개발자가 어떤 데이터를 화면의 어떤 요소에 추가해서 보여줄 것인지, 상황에 따른 제어나 루프 등을 이용해서 작성해 두면 그에 대한 처리 결과가 보입니다.

AngularJS의 경우는 HTML은 그 자체가 순수한 결과물이 아니라, 처리해야 하는 템플릿으로 간주합니다. 즉 개발자들은 AngularJS를 이용해서 HTML 내에 제어문이나 변수의 출력, 루프 등을 이용해서 출력하고자 하는 데이터를 보여주는 용도로 사용합니다.

이를 위해서 AngularJS는 다음과 같은 기능들을 제공합니다.

- **지시자(Directives)** ng-app, ng-view, ng-model 등과 같은 속성들을 통해서 AngularJS가 어떤 방식으로 동작해야 하는지를 HTML 내에 선언
- **사용자 정의 지시자** 개발자가 직접 화면에 보일 모양과 동작 방식에 대해서 작성해서 사용하는 확장 가능한 기능
- **표현식(Expressions)** 화면(View) 쪽으로 전달된 데이터를 최종적으로 처리하면서 화면에 출력하는 기능

1.2 2-way 데이터 바인딩 도구

AngularJS의 가장 눈에 띄는 특징 중의 하나가 '2-way 데이터 바인딩'입니다. 앞서 이벤트 관련된 내용에서 다루었듯이 최근의 자바스크립트는 일반적으로 뷰에서만 데이터가 발생하는 것이 아니므로, 자바스크립트 기반의 프레임워크들은 이를 해결하기 위해 다양한 해결책을 제시합니다.

AngularJS는 HTML(템플릿)에 약간의 처리를 통해서 데이터의 변경에 대한 처리를 모델 쪽까지 전달할 수 있는 구조를 제공합니다. 따라서 개발자들을 간단한 설정과 기능을 통해서 단방향(1-way) 혹은 양방향(2-way)의 데이터 전달이 가능합니다.

- ngModel 등의 지시자를 통한 2-way 데이터 바인딩 기능 제공
- $watch( ), $digest( ) 처리를 통한 데이터 전달 패턴 제공
- ngBind, 표현식을 이용한 1-way 데이터 바인딩 기능

1.3 구조 설계를 위한 프레임워크

AngularJS는 외부 서버와의 데이터 처리나 순수한 데이터 처리를 위한 객체의 생산과 재사용을 지원합니다. 즉 특정 비즈니스 로직을 객체화해서 개발해두면, AngularJS를 이용해서 이 객체를 다양한 형태로 재사용하고 다른 객체들과의 관계 등을 쉽게 설정할 수 있습니다.

AngularJS의 이러한 처리는 의존성 주입(Dependency Injection)이라는 형태로 제공되는데, 이를 이용해서 특정 객체가 필요한 다른 객체를 선언해주면 AngularJS는 필요한 객체를 현재의 객체에 주입해주는 프레임워크입니다.

1.4 Single Page App(SPA)을 위한 도구

AngularJS는 많은 종류의 확장 모듈이라는 것을 가지고 있는데, 이를 활용하면 하나의 페이지(Single Page)에서 모든 기능이 동작하게 설계되는 웹 애플리케이션 등을 제작할 수 있습니다(이를 위해서 가장 필수적인 기능은 브라우저상에서의 히스토리 제어 기능이라고 할 수 있습니다).

물론 이 밖에서 규정하기에 따라서 많은 성격이 있습니다만, 나머지 성격들에 대해서는 학습을 통해서 정리하는 것이 좋습니다.

2. AngularJS를 이용한 개발 준비

AngularJS를 이용해서 개발하는 데 필요한 것은 오직 AngularJS 파일뿐입니다. AngularJS의 홈페이지에서 angular.min.js 파일을 내려받거나 CDN 서비스의 경로를 이용하면 됩니다.

2.1 WebStorm IDE와 AngularJS

엄밀하게 말해서 AngularJS를 이용할 때 별도의 프로그램은 필요하지 않습니다. 다만, AngularJS의 경우 $로 시작하는 네이밍 규칙 등이 있고 코드 작성 작업에 도움을 주는 IDE 등이 속속 등장하고 있습니다.

AngularJS와 관련된 동영상 등에서 개발자들이 가장 많이 사용하는 것은 Sublime Text Editor와 WebStorm IDE입니다(WebStorm IDE는 30일 동안 무료로 사용할 수 있습니다). Sublime Text Editor의 경우에는 AngularJS를 브라우저에서 실제 환경처럼 실행하려면 별도의 서버 설치가 필요하므로, 이 책에서는 WebStorm을 이용해서 개발환경을 구축하도록 하겠습니다.

WebStorm은 http://www.jetbrains.com/webstorm/에서 내려받을 수 있고 설치는 그다지 어려움 없이 진행할 수 있습니다.

과거의 WebStorm에서 AngularJS를 이용하려면 별도의 플러그인을 설치해 주어야만 했지만, 최근 버전에서 AngularJS의 지원은 기본적으로 포함되어 있습니다.

WebStorm에서 작업을 진행하려면 별도의 프로젝트를 작성하고, 이곳을 이용해서 코드를 작성해주어야 합니다.

이때에 [Configure] 메뉴를 이용하면 현재 설치된 플러그인의 목록을 볼 수 있습니다.

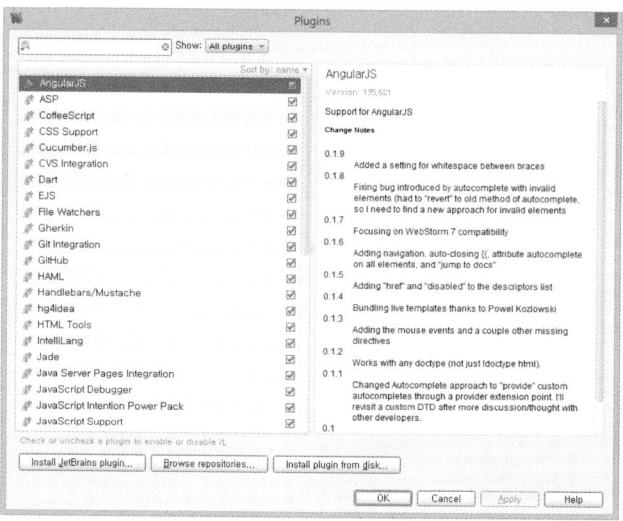

설치된 플러그인들의 목록에서 AngularJS가 포함되어 있는지 확인하고 프로젝트를 생성해주면 됩니다.

2.2 WebStorm 프로젝트의 생성과 실행

WebStorm에서 새로운 프로젝트를 생성할 때에는 몇 가지 종류의 프로젝트를 선택해서 생성할 수 있습니다.

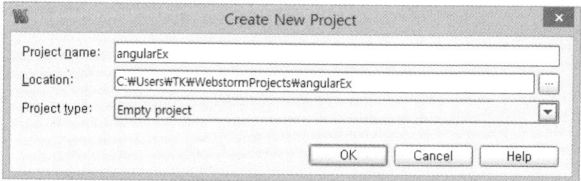

이 책에서 사용할 프로젝트는 'angularEx'라는 새로운 프로젝트를 만들어서 실행할 것입니다.

작성된 프로젝트 내에서 간단한 HTML 파일을 하나 만들어서 실행해 보도록 합니다.

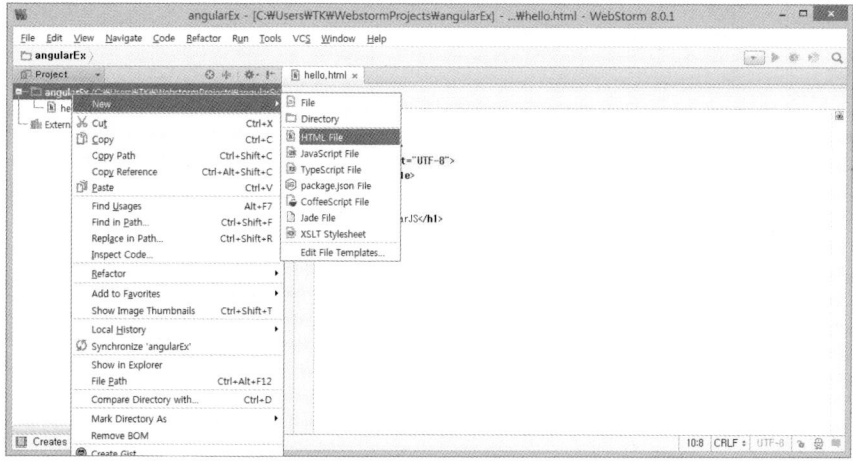

HTML 파일을 하나 작성하고 나면 화면 오른쪽에 작은 브라우저들의 아이콘들이 보이게
됩니다.

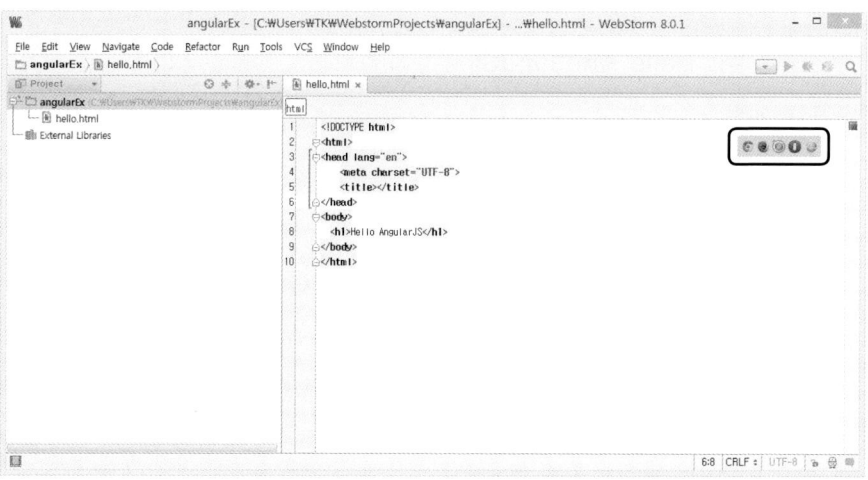

자신에게 설치된 브라우저를 선택해 주면 WebStorm이 자체적으로 사용하는 서버를 이
용해서 현재 HTML의 실행 결과를 화면으로 보여줍니다.

화면 상에는 [Open in browser] 메뉴를 이용해서 간단하게 브라우저에서 실행되는 모습을 볼 수 있습니다(단축키는 Alt + F2).

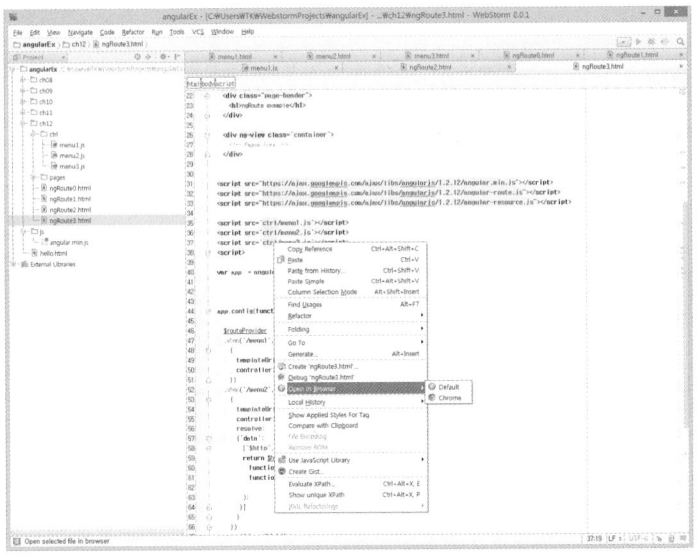

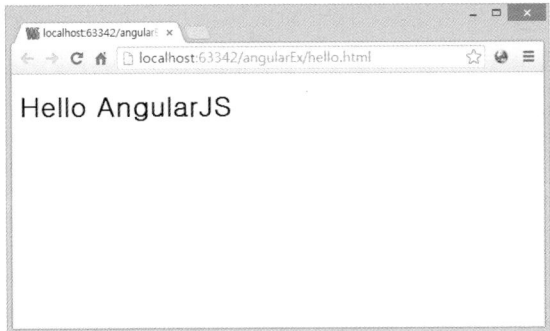

만일 브라우저의 설정을 조정하고 싶다면 [File] → [Settings] → [IDE Settings] 메뉴에서 조정할 수 있습니다. 예를 들어 Debugger 밑의 JavaScript를 선택하면 실행 시의 서버의 포트 정보 등을 수정할 수 있습니다.

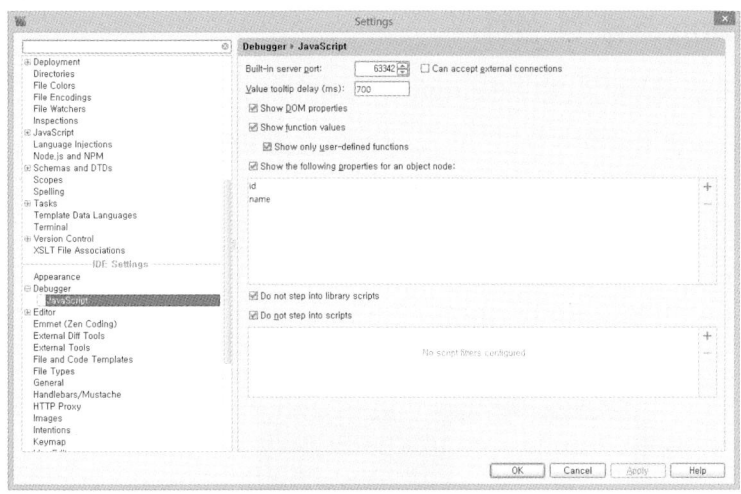

아래쪽의 Web Browsers를 선택하면 앞의 화면에서 결과를 확인하는 브라우저에 대해 설정할 수 있습니다.

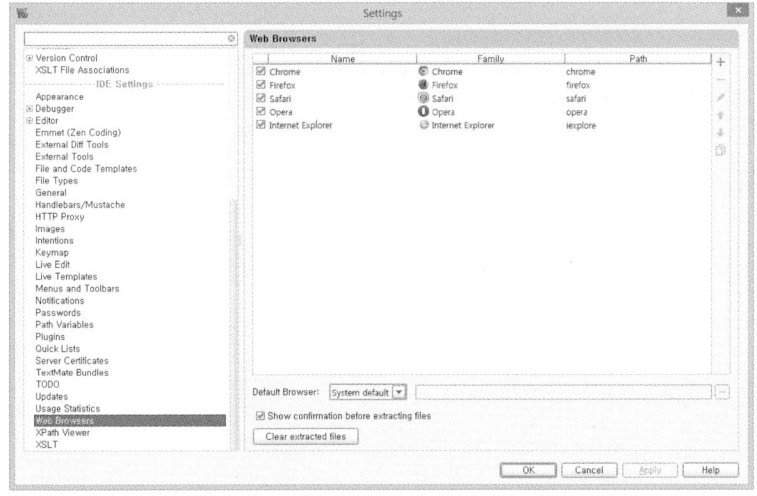

2.3 Batarang 크롬 앱 설치

크롬 브라우저를 사용하고 있다면 AngularJS의 상태를 좀 더 시각적으로 보는 데 도움을 주는 Batarang 앱을 설치하는 것도 권장할 만한 일입니다.

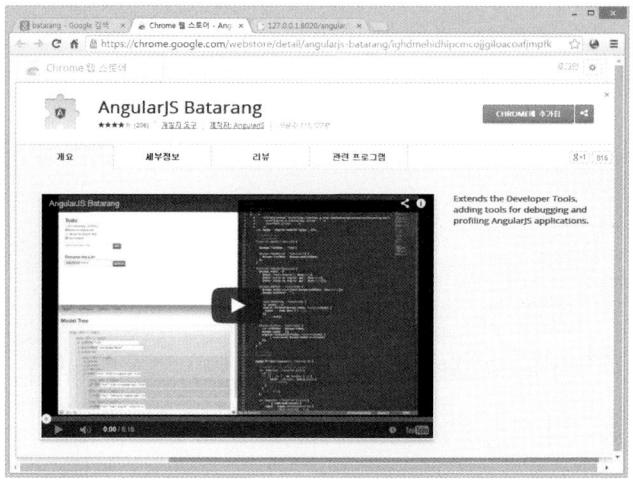

Batarang은 AngularJS가 가지는 각 컨텍스트 내의 상태 등을 체크하는 데 유용하게 사용할 수 있습니다. 아래의 화면은 실행되는 화면에서 AngularJS의 $scope들의 상태를 보여주고 있습니다.

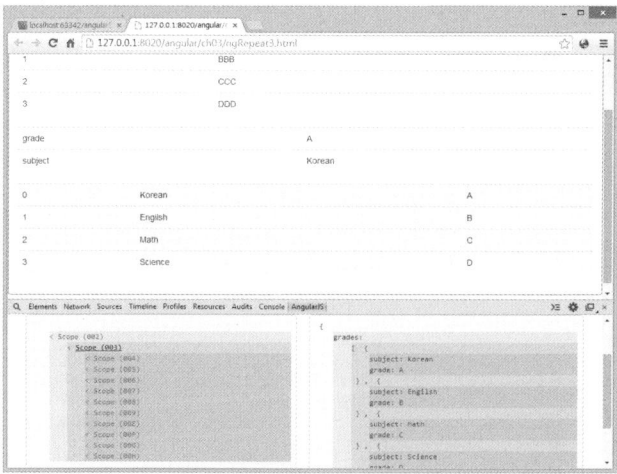

3. AngularJS의 Hello AngularJS

작성된 프로젝트에 ch08 폴더를 작성하고 아래의 코드를 작성해서 실행해봅니다.

예제 | helloAngular.html

```html
<!DOCTYPE html>
<html>
<head lang="en">
  <meta charset="UTF-8">
  <title></title>
  <script src="https://ajax.googleapis.com/ajax/libs/angularjs/1.2.16
    /angular.min.js"></script>
</head>
<body data-ng-app>
  <input type='text' ng-model="name">
  <p> Hello {{name}}</p>
</body>
</html>
```

AngularJS가 처리하는 부분

실행되는 결과를 보면 신기하게도 아무런 처리를 하지 않았지만, 입력창의 내용과 〈p〉 태그의 내용이 동시에 변경되는 것을 볼 수 있습니다.

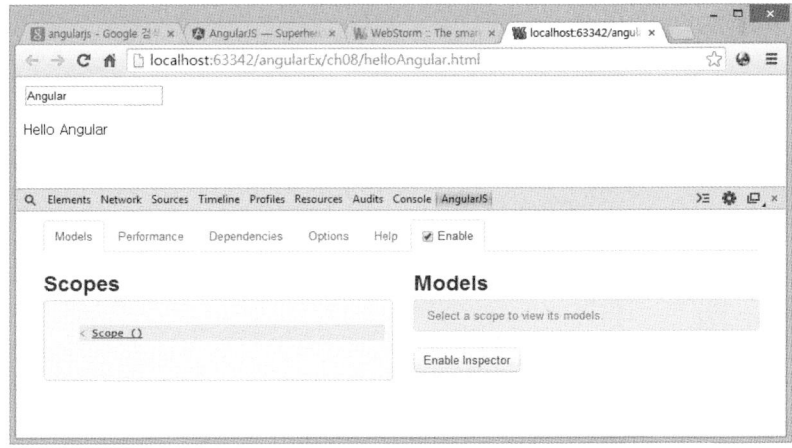

앞의 코드에서 가장 중요한 부분은 ng-app이라는 지시자를 사용한 부분입니다(ng-app 대신에 data-ng-app 속성을 사용할 수도 있습니다. 모든 AngularJS의 지시자는 'data-'로 시작할 수 있습니다). HTML5의 마크업에서는 'data-'로 시작하는 사용자 정의 속성을 사용할 수 있습니다. 이는 HTML 태그의 속성이 제한적이었던 불편함을 해소하고자 하는 시도입니다.

'ng-app'은 AngularJS에서 ngApp이라는 지시자로 불립니다. 이 지시자는 AngularJS의 시작(Bootstraping)을 의미합니다. 즉 AngularJS의 지시자를 이용하려면 반드시 ngApp 지시자라는 것을 명시해 주어야 합니다. 브라우저에 페이지가 보이면 AngularJS는 이것을 하나의 애플리케이션으로 간주하고, 하나의 AngularJS의 객체를 생성하게 됩니다.

'ng-model'로 표기된 ngModel은 AngularJS내에 Model에 해당하는 데이터를 2-way 데이터 바인딩을 처리합니다. ngModel은 쉽게 말해서 AngularJS가 유지하는 데이터를 의미합니다.

'{{ }}'로 작성된 표현식은 출력용 코드라고 생각할 수 있습니다. 즉 '{{name}}'은 현재 보관된 모델 중에 name이라는 데이터의 값을 출력하는 용도로 사용합니다.

AngularJS의 코드는 간결하지만, 이를 이해하려면 배워두어야 하는 것들이 많습니다.

4. Hello AngularJS의 실행 과정

AngularJS로 작성된 앞의 예제를 위해서 브라우저에서 실행되는 과정은 꽤 복잡합니다 (아래의 그림은 https://docs.angularjs.org/guide/bootstrap의 원본 그림을 그대로 사용한 것입니다).

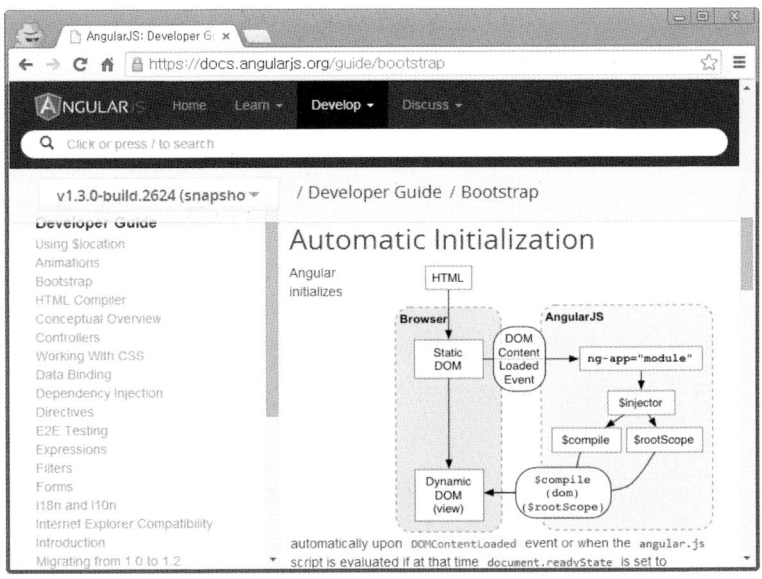

4.1 부트스트랩(AngularJS의 시작)

AngularJS의 angular-xxxx(-min).js 파일을 사용하는 HTML의 코드는 다음과 같은 방식으로 동작합니다.

- HTML Document의 이벤트 중에서 contentLoaded(DOM 구성이 끝남을 알려주는 이벤트 리스너)에 의해서 AngularJS는 실행이 시작됩니다.

- AngularJS는 DOM 내에서 사용된 지시자(Directives)를 찾습니다. 이때 'ng-' 로 시작되는 요소나 속성들을 찾아냅니다.

- 찾아내는 지시자 중에서 'ng-app' 지시자를 찾으면, AngularJS의 모듈(Module)이라는 하나의 영역을 구성하게 됩니다.

- 모듈 내에서 필요한 다른 자원이나 객체들을 사용하기 위해서 AngularJS는 $injector라는 객체를 생성하게 됩니다.

- $injector는 AngularJS 내의 객체들을 문자열로 된 이름과 객체를 쌍으로 묶어서 소유하는 존재입니다. AngularJS의 모든 구성 요소들은 $injector를 통해서 등록된 다른 객체들을 사용할 수 있게 됩니다.

- 모듈 내의 지시자들을 처리하기 위해서 $compile 객체와 $rootScope라는 객체가 생성됩니다. $rootScope는 쉽게 말해서 모듈이라는 공간 내의 모든 데이터의 공유를 위한 공간이라고 생각하면 됩니다.

- $compile 객체는 AngularJS의 HTML로 구성된 템플릿과 $rootScope에 있는 변수를 이용해서 실제 화면에 나오는 결과물을 만들어냅니다. 이 과정을 DOM과 $rootScope의 링킹(Linking)이라고 합니다.

링킹 작업을 통해서 실제 브라우저상에서 보이는 데이터가 만들어지게 되면, 이후에는 이벤트 루프를 통해서 지속적인 갱신 작업이 들어가게 됩니다.

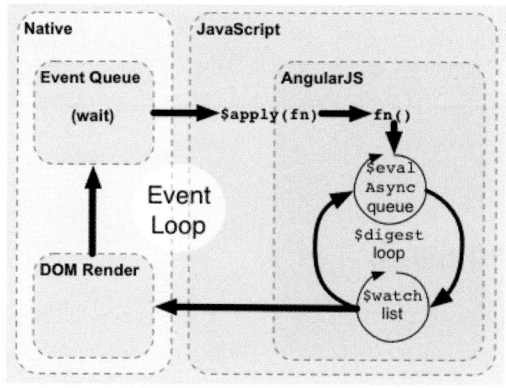

앞의 설명에서 AngularJS의 내부에서는 $watch( )라는 기능이 있어서 이것이 지속적으로 발생하는 이벤트에 대한 변경을 감시하는 역할을 하게 합니다(7장 이벤트 참조). 이벤트는 일종의 메시지로 인식되고, 이를 처리하기 위한 내부적으로 $digest( ) 기능이 실행되면서 개발자들은 상황에 따라서 별도의 이벤트를 발생시키지 않아도, 모델(Model)이나 뷰(View)에서 발행되는 메시지에 따라서 자동으로 갱신이 처리됩니다(7장의 '5.1 2-way 데이터 바인딩' 참조).

컴파일과 링킹

개인적으로 AngularJS를 이용할 때 반드시 이해해야 하는 것을 정리하자면, 다른 자바 스크립트 프레임워크들과는 달리 AngularJS는 단순하게 문자열 치환 작업을 하는 프레임워크가 아니라는 점입니다.

AngularJS가 동작하는 과정은 크게 컴파일(Compile) 과정과 링킹(Linking) 작업으로 구분되는데, 다음 예제에서 'ng-'로 시작하는 지시자(Directives)는 바로 컴파일 시점에 처리됩니다. 예를 들어 ng-app은 AngularJS에 새로운 모듈이라는 객체가 필요하다는 것을 처리하게 합니다.

예제 | helloAngular.html

```html
<!DOCTYPE html>
<html>
<head lang="en">
  <meta charset="UTF-8">
  <title></title>
  <script src="https://ajax.googleapis.com/.../angular.min.js"></script>
</head>
<body data-ng-app>
  <input type='text' ng-model="name">
  <p> Hello {{name}}</p>
</body>
</html>
```

예제에서 '{{name}}' 부분은 AngularJS가 실행되는 과정에서 결과물의 출력 용도로 사용되는데, 이를 표현식(Expression)이라고 합니다.

문(Statement)과 식(Expression)

프로그래밍에서 문(Statement)과 식(Expression)의 구분을 예제로 들자면 다음과 같습니다.

```
//if 구문(Statement)
if(a==b){
  doA();
}else{
  doB();
}
//식(Expression)
a==b?doA():doB();
```

위의 코드는 둘 다 같은 결과를 만들어 내지만 실행되는 방식은 전혀 다릅니다. 우리가 흔히 문(Statement)이라고 하는 것은 실행하기 전에 모든 처리가 완료됩니다. 즉 컴파일 시점에서 모든 로직이 흘러가는 길이 만들어지는데, 이것을 구문이라고 합니다.

반면에 식(Expression)은 실행 시간에 평가(eval)되어서 처리되는 더욱 동적인 성격입니다.

4.2 AngularJS의 용어

AngularJS는 여러 가지 용어들이 있는데, 이 용어들을 다음과 같은 분류로 설명하도록 합니다.

- AngularJS 프레임워크의 구조와 관련된 용어
- 뷰 처리와 관련된 용어
- 개발자가 작성하는 객체의 종류와 관련된 용어

구조와 관련된 용어

AngularJS의 가장 중요한 용어들은 다음 그림을 통해 이해할 필요가 있습니다.

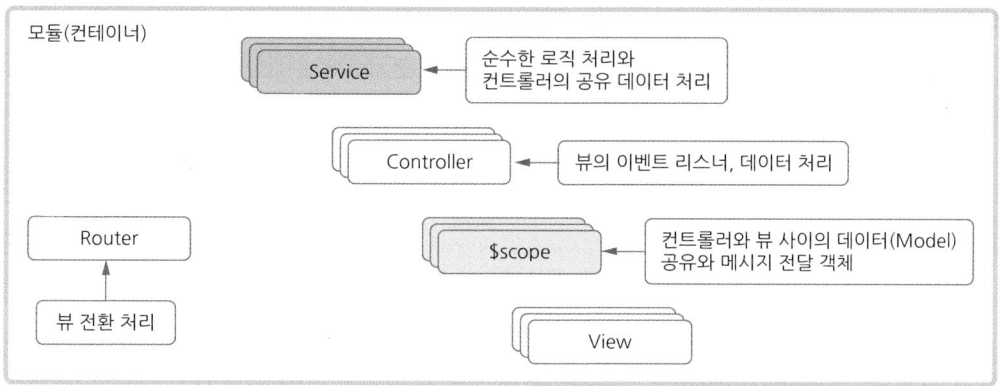

AngularJS를 이용하는 가진 일반적으로 형태는 위의 그림처럼 컨트롤러와 뷰(DOM), 그리고 그 사이를 연결하는 $scope 가 가장 핵심적인 역할을 하고, 여러 컨트롤러 들이 같이 사용하는 서비스 객체와 뷰의 전환을 처리하는 라우터를 이용합니다.

AngularJS의 네이밍 규칙 중 하나로 낙타 표기 방식의 대소문자는 줄표(–)로 변경되어 처리됩니다. 따라서 코드에서는 'ng-app'와 같이 표기하고 명칭은 'ngApp'로 처리합니다.

ngApp

AngularJS를 실행하기 위해서 'ngApp'이라는 지시자를 적용하였습니다. 이렇게 되면 AngularJS 자체가 실행되는데, 이것을 AngularJS의 브라우저에서는 angular 객체(혹은 Application 객체 이하 Application)라고 합니다.

angular 객체는 AngularJS로 작성된 현재 프로그램의 모든 것을 처리하기 때문에 현재의 프로그램 실행과 관계된 모든 것을 포함하는 일종의 컨테이너(Container)입니다. AngularJS의 문서를 보면 각 HTML 문서 당 하나의 ngApp을 사용할 수 있다고 명시되어 있습니다 (https://docs.angularjs.org/api/ng/directive/ngApp).

AngularJS에서 일어나는 모든 일은 결국 angular 객체의 내에서 이루어지기 때문에, ngApp 지시자는 AngularJS의 실행에서 가장 중요한 배경에 해당한다고 볼 수 있습니다.

모듈

ngApp이 하나의 온전한 세계를 의미한다면 모듈은 그 안에 있는 여러 국가에 속하는 개념입니다. 개발자가 AngularJS를 이용해서 가장 많이 하는 일은 angular 객체 내에 존재하고 동작해야 하는 여러 가지 모듈(Module)을 작성하고 이용하는 것이라고 할 수 있습니다.

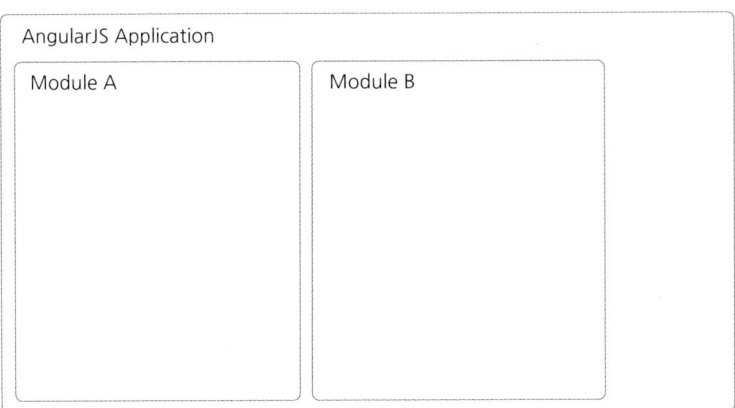

AngularJS를 이용하는 동안 가장 많은 설정과 작업을 하는 대상은 바로 모듈입니다. 모듈에는 다음과 같은 종류의 객체들이 포함됩니다.

- **Config 객체**   Application의 경로에 대한 $route의 설정이나, 상수, 서비스 제공 프로바이더 (Provider)들에 대한 서정
- **Controller**   화면에서 발생하는 데이터나 이벤트 처리용 객체
- **Directives**   현재의 모듈 내에서 사용 가능한 사용자 정의 지시자
- **Filter**   개발자가 작성하는 사용자 정의 필터

모듈만을 중심으로 해서 AngularJS를 바라보면 다음과 같이 표현할 수 있습니다.

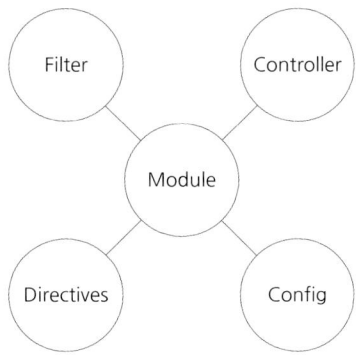

여기에 각 각의 추가적인 객체들을 설정하면 다음과 같은 모습이 됩니다.

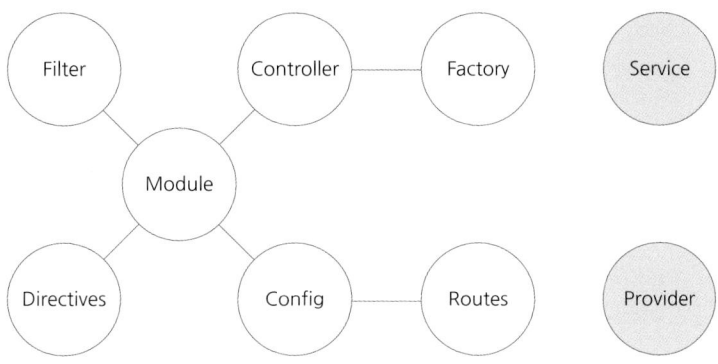

AngularJS는 이러한 모듈에 종속된 객체들과 분리된 존재들을 결합하여 재사용 가능한 구조를 만들 때 유용하게 사용됩니다. 재사용 시에는 단순히 필요로 하는 이름만을 선언하는 주입(Inject) 형태로 개발할 수 있으므로 사용법이 간단합니다.

뷰와 관련된 용어들

지시자

지시자(Directives)는 뷰 내에서 현재의 AngularJS 애플리케이션에 메시지를 전달하거나 전달받는 용도로 사용됩니다. 예를 들어 'ng-model'은 Application 객체에 현재의 데이터는 애플리케이션이 관리해야 하는 모델에 속한다는 것을 전달합니다. 개발자는

AngularJS가 제공하는 기본적인 지시자 외에도 사용자 정의 지시자 기능을 제공해서 원하는 지시자를 만들고, 그에 대한 처리 방식을 지정할 수 있습니다.

지시자는 주로 HTML 태그의 속성으로 사용되는 경우가 많지만 필요하다면 태그로 선언되거나, 특정 속성의 값으로 사용되는 때도 있습니다.

표현식

표현식(Expresstions)은 지시자와는 달리 뷰 상에 데이터를 출력하는 용도로 사용됩니다. 주로 {{ }}를 이용해서 표시하지만, 애플리케이션에서 config를 이용해서 설정을 변경할 수도 있습니다.

표현식은 지시자와는 달리 그 용도가 한 방향(1-way)으로, 제한적입니다. 이것은 표현식 자체가 연산된 결과를 출력하기 때문입니다. 동일한 데이터를 지시자를 이용하는 경우는 2-way 데이터 바인딩을 염두에 두는 반면에 표현식을 사용하는 경우는 수정이나 변경의 가능성이 적을 때 사용합니다.

▌ 개발자가 작성하는 객체의 종류

앞서 말한 모듈이나 지시자 등은 AngularJS에서 기본적으로 제공되는 기능을 활용하는 것만으로도 어느 정도 작업이 가능하지만, 개발을 위한 비즈니스 로직을 처리하기 위해서 반드시 개발해야 하는 종류의 객체들도 존재합니다.

컨트롤러

지시자가 HTML에서 DOM 구조와 함께 애플리케이션과 메시지를 주고받을 때 실제로 메시지의 담당자로 지정되는 객체가 컨트롤러입니다.

컨트롤러(Controller)는 애플리케이션 내에서 뷰와 가장 밀접하게 관계를 맺고 동작합니다. 뷰 쪽이 순수한 HTML 기반으로 구성되고 결과를 출력하는 용도라고 한다면, 컨트롤러는 순수하게 로직을 처리하는 역할을 합니다.

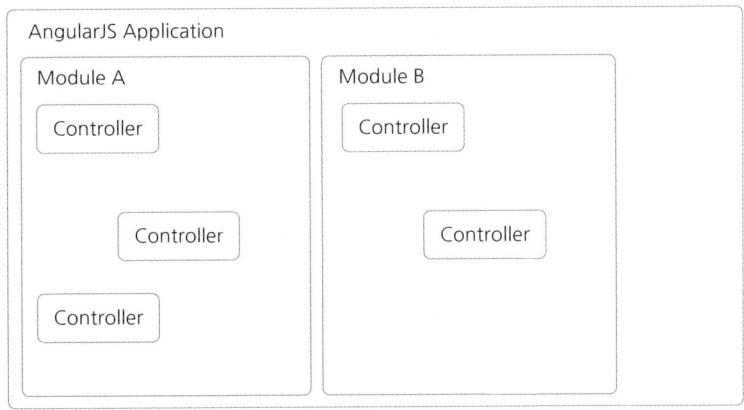

컨트롤러는 모듈 일부에 속하는데, 각 모듈은 여러 개의 컨트롤러를 이용해서 각 뷰와 메시지를 주고받습니다. 따라서 대부분은 컨트롤러 하나에 뷰가 하나씩 작성되는 경우가 일반적입니다.

뷰와 템플릿

AngularJS에서 뷰(View)라는 개념을 정리하는 데에는 약간의 혼란이 있을 수 있는데, 그 이유는 템플릿(Template)이라고 하는 HTML의 코드와 뷰의 개념이 혼란스러울 수 있기 때문입니다.

AngularJS에서 뷰는 다분히 추상적인 개념이라고 할 수 있습니다. 즉 무언가를 보여주는 존재들을 뷰라고 하는 반면에, 템플릿은 모델 데이터를 보여주는 현실적이고 눈에 보이는 양식이나 서식에 가깝습니다.

템플릿은 구체적인 눈에 보이는 코드이므로 앞으로의 예제들에서 HTML 코드들은 템플릿에 해당합니다. 반면에 뷰는 오히려 화면 자체, URL 경로에 따라서 보이는 화면과 같이 추상 명사에 가깝게 생각하는 것이 좋습니다.

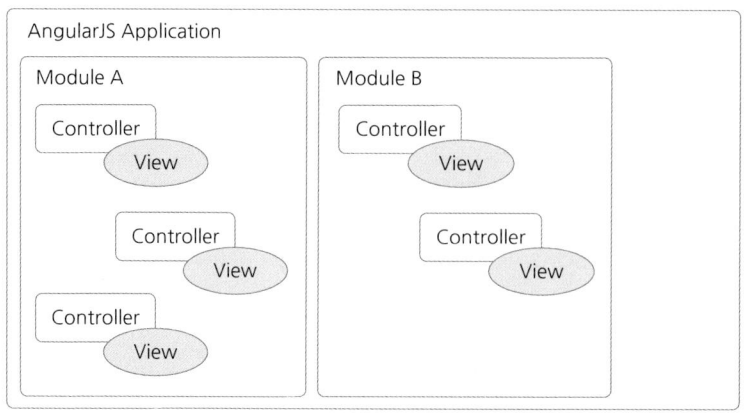

서비스와 프로바이더

AngularJS에서 작업 대부분은 뷰와 컨트롤러 사이의 작업이 대부분이지만, 더 큰 규모
로 비즈니스 로직의 개발을 위해서는 서비스(Service)를 개발해서 사용합니다.

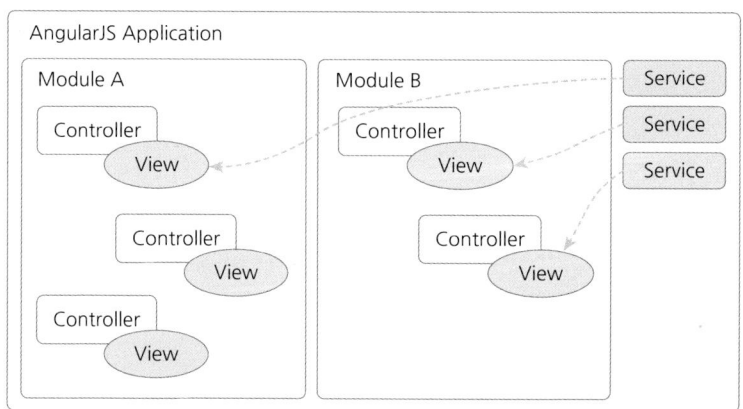

서비스는 컨트롤러나 뷰(View)와는 달리 완전히 모듈에 독립적인 존재로 제작합니다. 예
를 들어 AngularJS에는 $http라는 서비스가 존재하는데, 이를 이용해서 Ajax 처리를
쉽게 할 수 있습니다. 개발자들은 여러 컨트롤러에서 필요한 기능들을 하나의 독립적인
서비스로 구성하게 됩니다.

프로바이더(Provider)는 서비스 객체를 제공해주는 방식 중의 하나 입니다. 비유를 들자면 일종의 관문과 같은 기능을 합니다. 예를 들어 어떤 서비스를 사용하고 싶다면 서비스를 제공해주는 프로바이더를 통해서 얻어오는 개념입니다.

5. 의존성 주입과 2-way 데이터 바인딩

AngularJS는 위의 설명처럼 다양한 성격의 객체를 구성하고 활용합니다. 객체의 종류가 다양해지면 이를 처리하는 방식 역시 정형화된 형태로 제공할 필요가 있는데, AngularJS는 의존성 주입(Dependency Injection) 방식으로 객체 간의 구조를 설계합니다.

의존성 주입은 쉽게 말해서 자신에게 필요한 객체를 스스로 찾지 않고, 외부에서 주입시켜주는 방식입니다. 이 방식이 최근에 많이 사용되는 이유는 객체가 직접 자신에게 필요한 객체를 찾거나, 도움을 받아야 하는 존재를 전혀 몰라도 되기 때문입니다.

AngularJS에는 $injector라는 서비스가 존재하는데, 개발자는 어떤 필요한 객체를 얻고자 선언 시에 문자열만을 요구 혹은 선언하는 것으로 모든 작업이 처리됩니다. AngularJS로 작성되는 코드들은 실제로 이러한 객체 주입 작업을 위해서 내부에 보관되는 모듈이나 컨트롤러 등에게 이름 등을 지정하게 합니다. 지정된 이름이나 객체를 이용해서 필요한 객체를 전달해 주는 구조입니다.

예를 들어 AngularJS의 서비스 중에는 $interval (AngularJS의 변수는 $로 시작하는 네이밍 규칙이 있습니다)가 있습니다. $interval은 window.setInterval( ) 함수와 유사한 기능을 제공하는데, 만일 주기적으로 갱신이 필요한 데이터를 처리하려면 다음과 같은 형태로 작성합니다.

예제 | clock.html

```
01: <!DOCTYPE html>
02: <html>
```

```
03:    <head>
04:    <meta charset="utf-8">
05:    </head>
06:    <body ng-app>
07:       <div ng-controller ='ClockController'>
08:       <h2>{{time}}</h2>
09:       </div>
10:       <script src="https://ajax.googleapis.com/.../angular.min.js">
            </script>
11:       <script>
12:          function ClockController($scope, $interval){
13:             var getTime = function(){
14:                $scope.time = new Date();
15:             };
16:             $interval(getTime, 1000);
17:          }
18:       </script>
19:    </body>
20: </html>
```

줄 12를 보면 ClockController( )를 작성할 때 '$scope'와 '$interval'을 필요로 한다는 것을 명시하는 부분이 보입니다.

2-way 데이터 바인딩은 '뷰와 모델 사이의 데이터 동기화'를 의미합니다 (https://docs. angularjs.org/guide/databinding). AngularJS의 문서에서는 1-way와 2-way의 차이를 그림으로 다음과 같이 설명해 주고 있습니다.

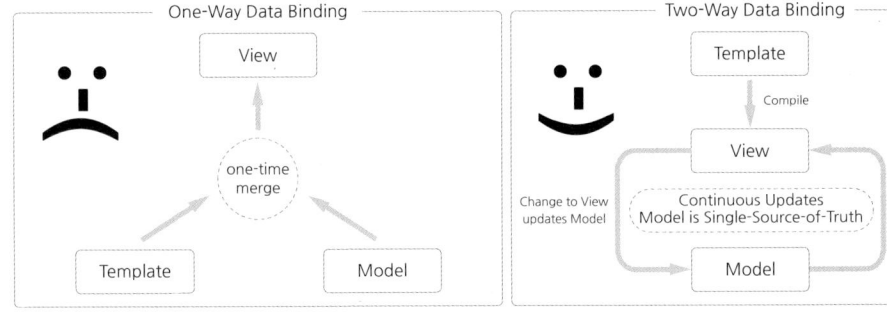

1-way의 데이터 바인딩은 모델 쪽에서 데이터를 뷰 쪽으로 전송하게 됩니다(혹은 뷰에서 모델 쪽으로). 따라서 데이터가 양쪽에서 발생할 수 있는 실시간 데이터의 처리나 주기적인 데이터 호출 등에서는 복잡한 추가적인 처리를 해야만 합니다.

반면에 2-way 데이터 바인딩은 뷰와 모델의 변경을 감시합니다. 어느 한 쪽의 데이터가 변경이 되면 양쪽 모두 데이터를 갱신하는 방식으로 동작합니다. AngularJS에서는 2-way 데이터 바인딩의 처리를 위해 지시자와 더불어 $apply() 등의 기능을 지원합니다. $apply()와 관련해서는 13장에서 다루도록 합니다.

예제 | helloAngular1.html

```
01: <!DOCTYPE html>
02: <html>
03: <head lang="en">
04:     <meta charset="UTF-8">
05:     <title></title>
06:     <script src="https://ajax.googleapis.com/.../angular.min.js">
         </script>
07: </head>
08: <body data-ng-app>
09:     <input type='text' ng-model="name">
10:     <p> Hello {{name}}</p>
11:     <p>2-Way</p>
12:     <input type='text' ng-model="name">
13:     <p>1-Way</p>
14:     <input type='text' value="{{name}}">
15: </body>
16: </html>
```

줄 09와 줄 14는 동일하게 모델에 등록된 name 변수를 출력합니다. 다만, 줄 09는 2-way 데이터 바인딩 기능을 사용하는 ng-model 지시자를 사용했기 때문에 직접 화면에서 name 데이터의 속성을 변경하고, Model의 name 데이터를 변경하게 됩니다.

반면에 줄 14는 일방적으로 모델 쪽에서 데이터를 받을 수만 있는 구조입니다. 즉, 뷰 쪽의 데이터가 갱신 되어도 모델 쪽으로 데이터를 밀어주지 못합니다.

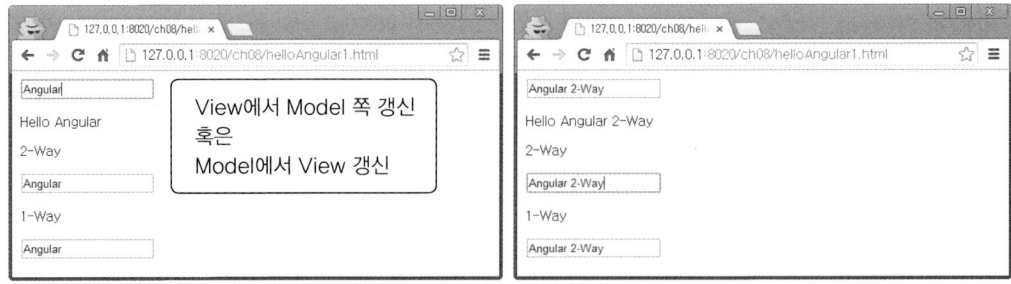

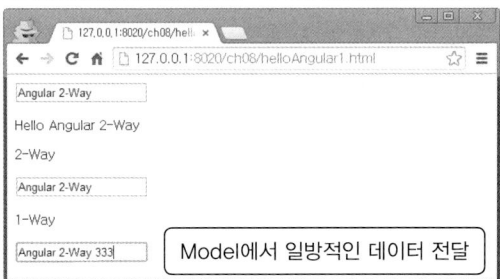

모듈, 컨트롤러와 스코프($scope)

AngularJS는 그 태생 자체가 규모가 큰 웹 애플리케이션을 제작하는 용도로 설계된 프레임워크입니다. 따라서 단순한 DOM 처리나 CSS 효과 등을 주로 하는 jQuery와 같은 라이브러리와는 달리 그 성격 자체가 재사용과 분업이 가능한 구조를 생산할 수 있는 형태를 가집니다.

AngularJS는 이러한 구조를 사용하기 위해서 컨텍스트(Context)라는 용어를 사용합니다. 컨텍스트는 하나의 경계선을 가진 영역(Area)이라고 생각할 수 있는데, 예를 들어 AngularJS가 실행되면 하나의 애플리케이션 컨텍스트가 만들어지고 그 안에 모듈과 컨트롤러, 서비스, 프로바이더 등의 다양한 종류의 객체들이 추가됩니다.

이 장에서는 이 중에서 핵심을 이루는 모듈과 화면(뷰)에 대한 로직 처리를 담당하는 컨트롤러, 화면과 컨트롤러 사이의 데이터인 스코프를 알아보도록 합니다.

1. 모듈 선언

AngularJS의 개발은 개발자들이 주로 작성하는 컨트롤러나 뷰의 처리 이전에 이들을 하나로 묶을 수 있는 모듈을 선언하는 작업으로부터 시작됩니다.

특별한 경우가 아니라면 하나의 HTML 안에서 하나의 모듈을 이용하는 것이 일반적이기 때문에 HTTML의 가장 위쪽에 어떠한 모듈을 사용할 것인지를 명시하는 형태의 개발이 많습니다.

```
01:  <!DOCTYPE html>
02:  <html>
03:  <head lang="en">
04:    <meta charset="UTF-8">
05:    <title></title>
06:    <script src="https://ajax.googleapis.com/.../angular.min.js">
        </script>
07:  </head>
08:  <body ng-app='myApp'>
09:    <div >{{test}}</div>
10:    <script>
11:    var myModule = angular.module('myApp',[]);
12:    })
13:    </script>
14:  </body>
15:  </html>
```

줄 11을 보면 AngularJS에서 모듈을 어떤 식으로 선언하는지를 보여줍니다. 가장 기본
적인 형태는 '문자열 이름 + 주입 받아야 하는 모듈들의 배열'의 형태입니다.

줄 08을 보면 ngApp 지시자라는 것을 이용하는데 이때 모듈을 지정해서 사용하는 것을
볼 수 있습니다. 이렇게 하면 현재의 애플리케이션은 app1이라는 이름의 모듈 내에서 동
작한다고 선언하는 것이 됩니다(사실 대부분의 AngularJS 코드는 ngApp에서 모듈을
지정하는 형태로 사용되는 경우가 많습니다).

이 중에서 '주입 받아야 하는 모듈의 배열' 부분에 대해서는 약간의 설명이 필요합니다. 앞
의 간략한 소개에서 모듈을 다음과 같은 그림으로 표현한 적이 있습니다.

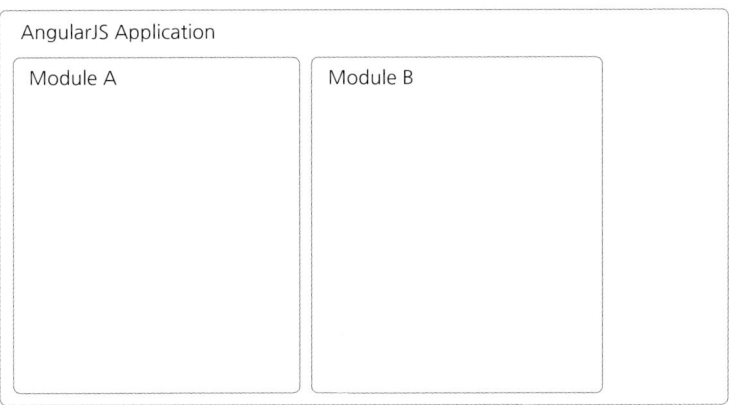

AngularJS는 '하나의 애플리케이션 = 한 개 이상의 모듈 묶음'이라는 공식으로 작성됩니다. 따라서 경우에 따라서 특정한 모듈이 다른 모듈을 연동해야 할 필요성도 생겨납니다. 예를 들어 모듈의 단위는 비즈니스의 단위로 설계할 수 있는데, 게시판 모듈, 회원 모듈 등이 바로 그런 예라고 할 수 있습니다.

AngularJS에서 가장 대표적으로 하나의 페이지에서 화면을 전환하는 형태로 개발하는 애플리케이션을 개발하고 싶다면 'ngRoute'와 'ngAnimate'와 같은 모듈이 필요합니다. 이런 때에는 다음과 같은 이름을 주어서 선언합니다.

예제 | module1.html

```
01: <!DOCTYPE html>
02: <html>
03: <head lang="en">
04:   <meta charset="UTF-8">
05:   <title></title>
06:   <script src="https://ajax.googleapis.com/.../angular.min.js">
      </script>
07:   <script src="https://ajax.googleapis.com/.../angular-route.js">
      </script>
08:   <script src="https://ajax.googleapis.com/.../angular-animate.js">
      </script>
09: </head>
10: <body ng-app='myApp'>
```

```
11:  <script>
12:    var myModule = angular.module('myApp',['ngRoute','ngAnimate']);
13:    myModule.run(function($rootScope) {
14:    $rootScope.test = new Date();
15:    })
16:  </script>
17:  </body>
18:  </html>
```

의존성을 주입받는데 필요한 모듈 설정

줄 12를 보면 모듈의 선언 시에 'ngRoute', 'ngAnimate'라는 이름의 모듈이 필요하다는 것을 보여줍니다.

AngularJS의 이러한 의존성 주입 방식은 문자열 기반으로 이루어지기 때문에, 여러 개의 모듈을 묶어서 하나의 모듈로 선언하는 작업도 간단히 처리할 수 있습니다.

예제 | module2.html

```
01:  <!DOCTYPE html>
02:  <html>
03:  <head lang="en">
04:    <meta charset="UTF-8">
05:    <title></title>
06:    <script src="https://ajax.googleapis.com/.../angular.min.js">
           </script>
07:  </head>
08:  <body ng-app='myApp'>
09:  <div >{{test}}</div>
10:  <script>
11:    var module1 = angular.module('module1',[]);
12:    //module1에 작업 (생략)
13:    var module2 = angular.module('module2',[]);
14:    //module2에 작업 (생략)
15:    var myModule = angular.module('myApp',['module1', 'module2']);
16:  </script>
17:  </body>
18:  </html>
```

줄 11에서 module1이, 줄 13에 module2가 선언되었습니다. 줄 15에서는 'myApp'이라는 이름의 모듈을 선언하는데 이 두 개의 모듈을 주입 받아서 작성되었습니다(사실 이러한 방식은 대규모의 애플리케이션 적용 시에 사용할만한 방식이긴 합니다).

모듈의 자동 로딩과 수동 로딩

AngularJS의 모듈은 실제 그 동작에 있어서 브라우저의 document.ready와 관련 있습니다(jQuery와 동일합니다). AngularJS 역시 다른 자바스크립트 라이브러리와 비슷하게 즉시 실행 함수 방식으로 객체를 생성하는데, 따라서 angular-xxx.js 파일이 로딩된 시점에는 이미 angular라는 이름의 객체가 이미 생성된 시점이 되고 angular.bootstrap( )이라는 기능을 이용해서 직접 모듈을 로딩하는 작업도 가능합니다(다음은 https://docs.angularjs.org/guide/bootstrap).

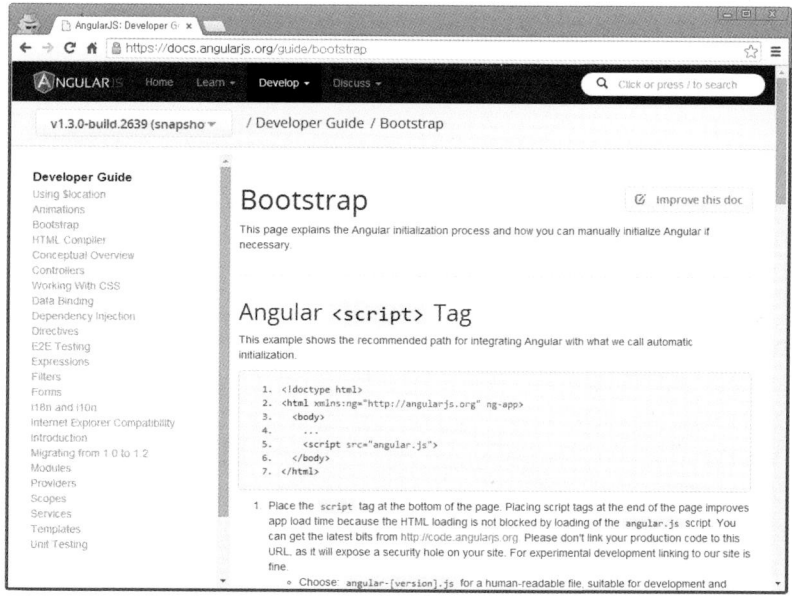

1.1 모듈과 $rootScope

AngularJS가 실행되는 과정은 크게 컴파일 작업과 링킹 작업으로 볼 수 있는데, 링킹 작업 시에는 만들어진 데이터를 보관하는 $scope라는 객체가 만들어집니다. 뷰에서 AngularJS가 실행되도록 하려면 ngApp이라는 지시자를 이용하는데, 앞의 코드들의 'ng-app'이 바로 이 역할을 합니다.

하나의 뷰가 모듈을 사용하려면 하나의 $scope 객체가 생성되어서 유지되는데, 이때 모듈 선언에 맞게 생성되는 $scope를 흔히 $rootScope라고 합니다.

$rootScope는 하나의 전역 객체와 유사하게 동작합니다. 즉 $rootScope에 선언된 변수는 모듈 내의 어떤 곳에서든 접근할 수 있게 됩니다.

이를 위해서 모듈에 $rootScope를 이용하는 예제를 다음과 같이 작성합니다.

예제 | module3.html

```
01: <!DOCTYPE html>
02: <html>
03: <head lang="en">
04:   <meta charset="UTF-8">
05:   <title></title>
06:   <script src="https://ajax.googleapis.com/.../angular.min.js">
        </script>
07: </head>
08: <body ng-app='myApp'>
09: <div >{{test}}</div>
10: <script>
11:   var myModule = angular.module('myApp',[]);
12:   myModule.run(function($rootScope) {
13:     $rootScope.test = new Date();
14:   })
15: </script>
16: </body>
17: </html>
```

줄 12를 보면 run( )이라는 기능이 보입니다. run( ) 모듈이 실행될 때 추가적인 작업을 해주고자 사용합니다. run( ) 안에 함수는 파라미터로 $rootScope를 받을 수 있습니다. 따라서 $rootScope에 어떤 속성을 추가할 때 사용합니다.

$rootScope 안에 선언된 test는 현재 선언된 모듈을 사용하는 모든 뷰에서 사용할 수 있다는 장점이 있습니다. 위의 코드를 실행하면 화면에 현재 시각을 출력하는 것을 볼 수 있습니다.

2. $scope와 컨트롤러

AngularJS를 이용하는 데 있어서 다른 자바스크립트 프레임워크들과 가장 다른 점은 로직의 처리를 담당하는 컨트롤러(Controller)와 뷰(View) 사이의 데이터 처리가 상당히 간단하게 이루어진다는 점입니다. AngularJS에서 별도의 설정 없이 이것을 가능하게 하는 장치가 바로 스코프($scope)라는 존재입니다.

AngularJS의 뷰(View)에 해당하는 내용을 작성할 때에는 마치 서버 측 스크립트(ASP, JSP, PHP)와 같은 표현식(Expression)이나 지시자(Directive)를 이용해서 처리하는데, 이때 $scope의 존재는 자바스크립트로 작성된 컨트롤러(Controller)와 뷰 사이의 '접착제' 역할을 하게 됩니다(MVC 구조에 익숙하시다면 $scope는 결국 모델 데이터에 해당한다고 생각하시면 됩니다). 만일 컨트롤러에서 $scope의 속성이나 메서드를 수정하게 되면 이는 뷰(View) 쪽까지 같이 연동되기 때문에, 특히 Ajax와 같은 비동기식 호출이 이루어지는 최근의 자바스크립트에서는 필수적으로 이를 이용할 필요가 있습니다.

$scope는 설계의 측면으로 봤을 때에는 느슨한 결합(Loose Coupling)을 가능하게 하는 중요한 장치입니다. 즉, 뷰(View) 쪽에서는 $scope에서 등록된 속성과 메서드를 사용하

기 때문에 별도로 컨트롤러의 존재를 몰라도 됩니다. 마찬가지로 컨트롤러 역시 뷰의 존재에 대해서 독립적으로 동작하도록 설계할 수 있습니다.

AngularJS에서 컨트롤러를 정의한다는 것은 주로 뷰에서 필요한 이벤트를 처리하거나, $scope를 통해서 데이터를 주고받기 위해서가 대부분입니다(다음은 https://docs.angularjs.org에서 발췌하였습니다).

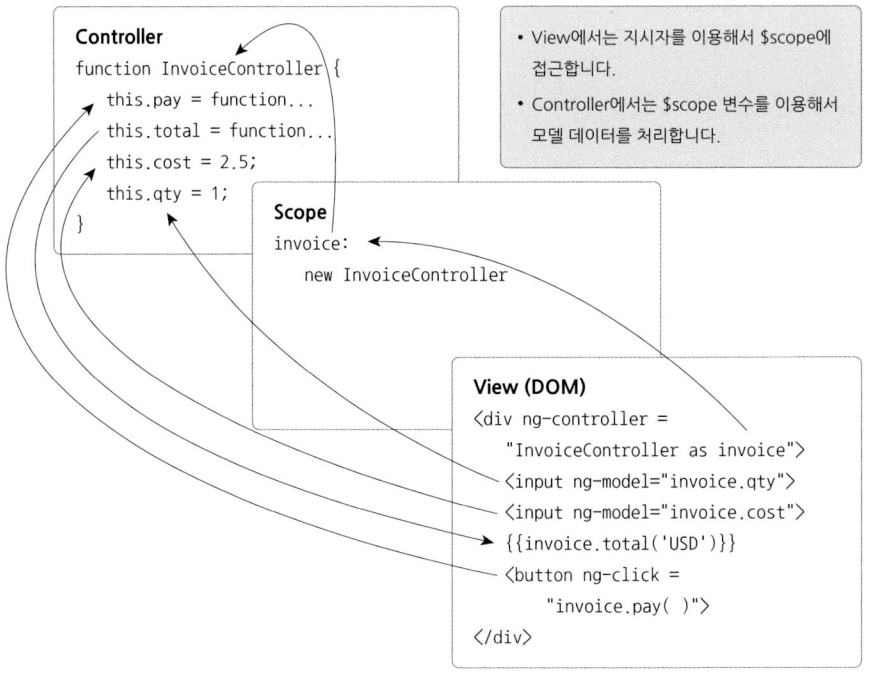

AngularJS에서 말하는 컨트롤러는 엄밀하게 말하자면 뷰 쪽에 더 가까운 존재입니다. AngularJS의 컨트롤러를 설계하는 경우에는 특별한 의도가 없는 이상은 $scope를 주입받아서 사용하도록 설계되었는데, 이를 통해서 컨트롤러가 뷰 쪽으로 전달할 데이터를 등록하거나 메서드를 등록하도록 합니다.

$scope는 사용되는 용도에 따라서 다음과 같이 구분할 수 있습니다.

- 데이터를 전달하는 중간 매개체로서의 $scope

- 데이터의 범위(Scope)를 지정하는 용도로서의 $scope

2.1 데이터를 전달하는 중간 모델로서의 $scope

$scope의 가장 흔한 용도는 컨트롤러에서 발생하는 데이터를 뷰로 전달하기 위한 것이라고 할 수 있습니다. 컨트롤러는 $scope 객체를 이용해서 뷰에서 필요한 데이터와 기능을 사용할 수 있도록 등록하고, 뷰는 표현식 등을 이용해서 이를 화면에서 사용할 수 있게 합니다(아래의 그림은 https://docs.angularjs.org에서 발췌하였습니다).

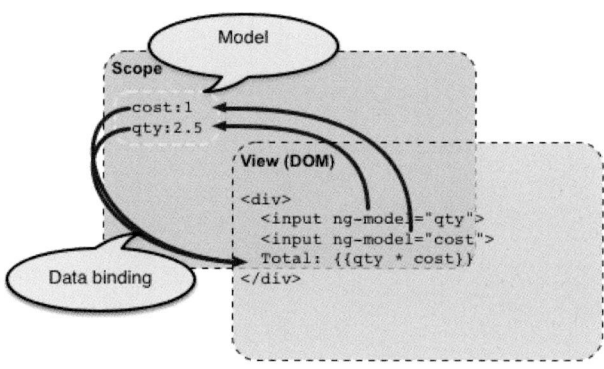

예를 들어 특정 컨트롤러가 뷰 쪽으로 데이터를 전달하고 싶다면 $scope의 속성으로 지정해주면 됩니다.

예제 | scopeData.html

```
01: <!DOCTYPE html>
02:   <html >
03:     <head>
04:     <meta charset="utf-8">
05:     </head>
06:     <body ng-app='scopeExApp'>
07:     <div ng-controller="MyController">
```

```
08:        <p>{{title}}</p>
09:      </div>
10:      <script src="https://ajax.googleapis.com/.../angular.min.js">
            </script>
11:      <script>
12:      var app = angular.module('scopeExApp',[]);
13:      app.controller("MyController",function($scope){
14:        $scope.title = 'Hello World';
15:      });
16:      </script>
17:      </body>
18:    </html>
```

줄 13에서 'MyController'라는 이름의 컨트롤러를 생성합니다. 줄 14에서는 $scope를
이용해서 'Hello World' 문자열을 $scope 객체의 title 속성으로 지정합니다. 위 코드의
실행 결과는 다음과 같습니다.

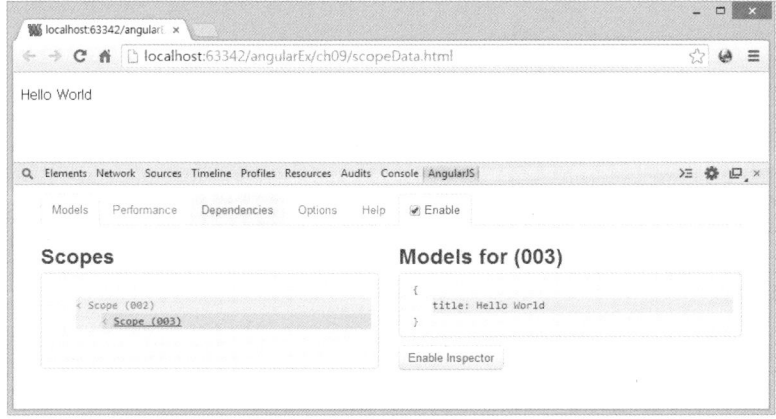

2.2 범위로서의 $scope

컨트롤러가 사용하는 $scope는 뷰(View) 내에서도 HTML과 ng-controller 속성으로
구분된 영역에서 독립적으로 사용할 수 있습니다. 아래의 예제는 두 개의 컨트롤러가 각

자의 영역 내에서 $scope를 이용하는 것을 보여줍니다.

예제 | scopeEx.html

```
01:  <!DOCTYPE html>
02:  <html >
03:    <head>
04:      <meta charset="utf-8">
05:    </head>
06:    <body ng-app='scopeExApp'>
07:      <div ng-controller='Controller1'>
08:        {{greeting}}
09:      </div>
10:      <div ng-controller='Controller2'>
11:        {{greeting}}
12:      </div>
13:      <script src="https://ajax.googleapis.com/…/angular.min.js">
          </script>
14:      <script>
15:      var app = angular.module('scopeExApp',[]);
16:      app.controller("Controller1",function($scope){
17:        $scope.greeting ="Hello";
18:      });
19:      app.controller("Controller2",function($scope){
20:        $scope.greeting ="Good Night";
21:      });
22:      </script>
23:    </body>
24:  </html>
```

줄 16과 줄 19에서는 두 개의 컨트롤러가 선언된 것을 볼 수 있습니다. 이렇게 선언된 컨
트롤러들은 줄 07~09, 줄 10~12에 의해서 구분된 DOM 내의 영역을 통해서 사용될 때
완전히 간섭 없이 사용하는 것이 가능합니다. 이 경우 전체의 $scope는 다음과 같습니다.

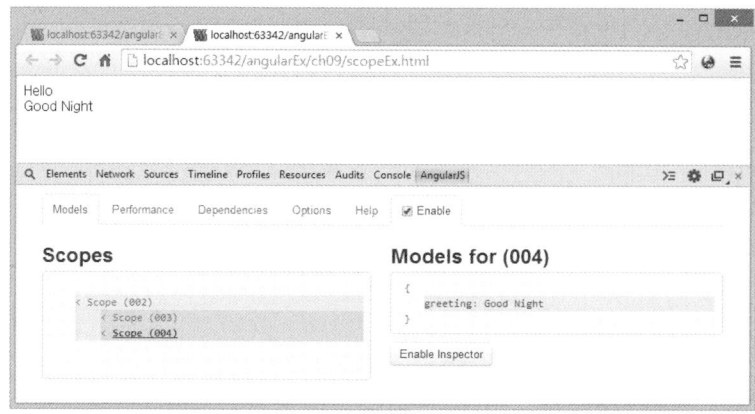

앞의 화면에는 세 개의 $scope가 있습니다.

- ng-app 처리를 위한 $scope($rootScope라고 합니다)

- ng-controller='Controller1'에 해당하는 $scope

- ng-controller='Controller2'에 해당하는 $scope

3. 컨트롤러 선언법

AngularJS를 이용할 때 컨트롤러를 선언하는 데는 다음과 같은 방식들이 있습니다.

- 일반 자바스크립트의 객체로 선언하는 경우 – 필요한 파라미터로 $scope만을 넣어주는 경우

- 모듈에 controller( ) 기능을 이용해서 컨트롤러 객체를 등록하는 경우

컨트롤러는 기본적으로 별도의 설정 없이 전역으로 사용할 수 도 있지만, 특별한 경우가 아니라면 모듈(Module) 단위로 묶어서 사용하는 경우가 기본적인 코딩 가이드입니다. 다만, 이 경우 컨트롤러를 사용하는 방식은 다음과 같은 형태로 구분됩니다.

- 모듈의 선언과 컨트롤러를 동일한 자바스크립트 파일(.js)에 포함하는 방식

- 컨트롤러만을 분리해서 별도의 자바스크립트 파일로 관리하는 방식

우선 가장 보편적으로 많이 사용하는 형태는 모듈의 설정과 컨트롤러를 하나의 파일로 같이 설정해서 사용하는 경우입니다.

예제 | hello.html

```
01: <!DOCTYPE html>
02: <html >
03:   <head>
04:     <meta charset="utf-8">
05:   </head>
06:   <body ng-app='helloApp'>
07:     <div ng-controller='HelloController'>
08:     <p> Hello {{name}}</p>
09:     </div>
10:     <script src="https://ajax.googleapis.com/.../angular.min.js">
          </script>
11:     <script src="hello.js"></script>
12:   </body>
13: </html>
```

예제 | hello.js

```
01: var hello = angular.module('helloApp',[]);
02: hello.controller('HelloController', function($scope){
03:   $scope.name="Walter";
04: });
```

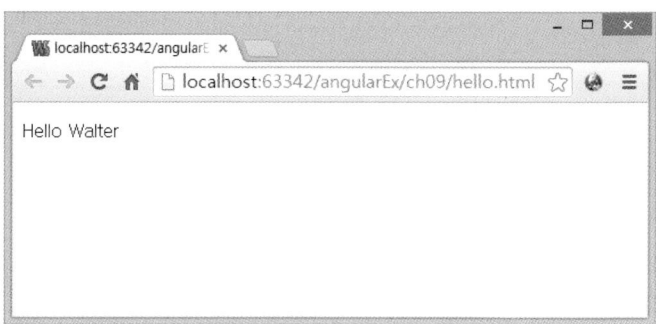

모듈에 컨트롤러를 사용하는 경우에는 줄 01에서처럼 모듈을 별도의 변수로 설정해서 이를 참조하는 방식으로 사용합니다.

AngularJS는 모듈 선언의 반환 객체가 angular 객체이기 때문에 원한다면 다음 형태에서처럼 온점(.)으로 이어서 연결하는 방식으로 작성할 수도 있습니다(줄 02).

예제 | ch09/hello2.js

```
01:  angular.module('helloApp',[])
02:    .controller('HelloController',function($scope){
03:      $scope.name="Walter";
04:  });
```

만일 여러 명의 개발자가 같이 개발에 참여하는 경우에는 별도의 자바스크립트 파일들을 이용해서 컨트롤러들을 설정하는 방식을 고려할 만합니다. 이렇게 각 개발에 따른 컨트롤러 파일을 분리하면 더 깔끔한 구조를 유지하는 데 도움이 됩니다.

각각의 컨트롤러를 별도의 자바스크립트 파일로 분리하는 경우에는 아래의 형태처럼, 1) 개별적으로 컨트롤러를 작성하고, 2) 선언된 컨트롤러를 모듈에 등록하게 됩니다.

예제 | helloControl.js – 개별적인 컨트롤러 파일

```
01:  function HelloController($scope){
02:    $scope.name="Walter";
03:  };
```

예제 | hello3.js – 선언된 컨트롤러를 모듈에 추가

```
01   angular.module('helloApp',[])
02:    .controller('HelloController',HelloController);
```

```
10: <script src="https://ajax.googleapis.com/.../angular.min.js">
      </script>
11: <script src="helloControl.js"></script>
12: <script src="hello3.js"></script>
```

3.1 컨트롤러의 사용지침

컨트롤러가 $scope 객체를 이용해서 많은 작업을 할 수 있지만, 가능하면 컨트롤러에서
모든 것을 처리하는 것은 권장되지 않고 다음과 같은 지침을 지키는 것이 바람직합니다.

- 컨트롤러는 뷰 쪽과 같이 연동되어서 비즈니스 로직을 처리하기 때문에 1 뷰 = 1 컨트롤러가
  가장 이상적이라고 할 수 있습니다.

- 로직에 대한 전체적인 처리는 AngularJS에서 Service라고 부르는 객체들을 이용해서 처리
  하는 것이 좋습니다. 컨트롤러는 등록된 Service 객체를 주입 받아서 동작하도록 합니다.

- 컨트롤러에서 DOM 처리를 하는 것은 권장하지 않습니다. 만일 뷰 쪽에 대한 전문적인 처리
  가 필요하다면 지시자(Directives)와 필터(Filter)를 이용하는 것이 좋습니다.

- 화면 출력에 대한 포매팅(Formatting) 작업이나, 입력 폼 검증(Form Validation) 작업은
  Angular Form Controller와 같이 별도로 작업합니다.

- 컨트롤러 간에 공유해야 하는 데이터는 처리하지 않습니다. 이 역시 Service라는 존재를 이
  용합니다.

Chapter

10 지시자와 표현식

AngularJS를 이용하면서 얻는 장점 중의 하나는 뷰 쪽에 별도의 표현식과 필터, 지시자를 이용해서 웹 화면 구성에 필요한 작업들을 분리해서 처리하는 것이 편리하다는 점을 들 수 있습니다. 이러한 작업을 위해서 AngularJS는 표현식과 지시자라는 것을 이용합니다.

지시자(Directive)는 AngularJS가 해석하는 과정에서 처리하는 명령어와 유사합니다. 이 명령어는 크게 두 가지로 구분됩니다.

- **내장(Built-in) 지시자**　　　AngularJS가 기본적으로 가진 지시자
- **사용자 정의(Custom) 지시자**　　AngularJS에 개발자가 필요한 경우 모듈에 추가해서 개발하는 지시자

표현식(Expression)은 AngularJS의 실행 과정에 전달되는 일종의 데이터입니다. 표현식은 실행 시에 그 내용의 결과를 AngularJS의 실행에 반영합니다(자바스크립트의 '식'과 같은 개념입니다만, AngularJS의 경우 그 실행에 AngularJS의 $scope가 관여됩니다).

AngularJS는 주로 컨트롤러를 이용해서 비즈니스 로직을 처리하고, 이를 지시자나 표현식을 이용해서 화면에 보여줍니다. 내부적으로 AngularJS는 화면에 있는 지시자와 표현식을 처리하는 과정을 거치는데(이를 AngularJS에서는 컴파일(Compile)이라고 표현합니다), 마치 서버 측 스크립트와 유사한 형태의 표기 방법을 이용할 수 있습니다.

따라서 이번 장에서는 다음과 같은 내용을 학습합니다.

- **지시자와 표현식의 사용법**
- **사용자 정의 지시자 처리**

1. 표현식

AngularJS의 표현식(Expressions)은 자바스크립트에서 REPL에 입력하는 코드와 비슷합니다. 즉 표현식 안에는 실행할 수 있는 코드를 넣어서 그 실행 결과를 화면에 출력하는 형태로 사용합니다. 표기 방법은 {{ }}를 이용합니다. 표현식을 가장 쉽게 이해하는 방법은 표현식은 연산자의 결과라고 생각하는 방식입니다.

표현식의 사용 형태는 주로 다음과 같습니다.

- {{ 1+2 }}   '1+2'는 표현식으로 등록되어 처리된 결과 '3'을 사용합니다.
- {{greeting}} $scope내에 등록된 greeting 데이터를 사용합니다.
- {{getCount( ) }} $scope에 등록된 getCount( ) 기능을 호출합니다.
- {{getData( ) > 0 }} $scope에 등록된 getData( )의 실행 후 부등호 연산의 결과를 사용합니다.

AngularJS는 내부적으로 $parse 서비스라는 것을 이용해서 뷰에서 사용된 표현식을 처리합니다. 이 표현식의 처리에는 '|'를 이용하는 별도의 필터(Filter)라는 기능을 이용해서 최종적으로 화면에 출력되기 전에 처리하는 과정을 추가할 수 있습니다(필터에 관해서는 조금 더 뒤쪽에서 다루도록 합니다).

> **{{ }} 표기 방식의 변경**
>
> 만일 특정한 이유 때문에 {{ }}가 아닌 다른 방식의 표기를 원한다면 AngularJS의 설정을 조정해서 원하는 형태의 표기 방식을 채택할 수 있습니다. 이 방식은 AngularJS의 $interpolateProvider의 설정을 조절해서 사용합니다.
>
> ```
> var hello  = angular.module('helloApp', []);
>
> hello.config(function($interpolateProvider){
>     $interpolateProvider.startSymbol('%');
>     $interpolateProvider.endSymbol('%');
> });
> ```

앞의 구문에서는 startSymbol과 endSymbol을 %로 설정해 주었습니다. 컨트롤러는 $scope 객체에 name 속성을 등록합니다.

```
hello.controller('HelloController', function($scope){
  $scope.name = "World";
});
```

최종적인 뷰에서는 다음과 같이 작성할 수 있습니다.

```
<div ng-controller='HelloController'>
  <p> Hello %name%</p>
</div>
```

1.1 표현식의 특징들

AngularJS의 표현식은 다음과 같은 특징들을 가지고 있습니다.

- 그 내부에서 제어문과 같은 처리를 할 수 없습니다. 즉, 자바스크립트 언어의 구문에 해당하는 내용은 사용할 수 없습니다.

- 잘못되더라도 에러를 발생하지 않습니다.

- 표현식에서 사용하는 모든 변수는 $scope 안 선언된 한에서만 사용할 수 있습니다.

- 필터(Filter)라는 기능을 이용해서 출력되는 내용을 가공할 수 있습니다.

다음과 같은 예제를 살펴보도록 합니다.

예제 | expression0.html

```
01: <!DOCTYPE html>
02: <html >
03: <head>
04:   <meta charset="utf-8">
```

```
05: </head>
06: <body ng-app='app'>
07: <div ng-controller='ExpressCtrl'>
08:   <h3>{{title|uppercase}}</h3>
09:   <h3>{{title|lowercase}}</h3>
10:   <h3>{{date|date:'short'}}</h3>
11:   <h3>{{price|currency}}</h3>
12:   <h3>{{price % 3 == 0}}</h3>
13: </div>
14: <script src="https://ajax.googleapis.com/.../angular.min.js">
      </script>
15: <script>
16:   var app  = angular.module('app',[]);
17:   app.controller('ExpressCtrl', function($scope){
18:     $scope.title = 'The price:';
19:     $scope.price = 129;
20:     $scope.date = new Date();
21:   });
22: </script>
23: </body>
24: </html>
```

줄 18~20에서는 $scope에 필요한 데이터를 선언해주었습니다. 줄 08~12는 표현식을
사용해서 출력의 결과물을 조정합니다.

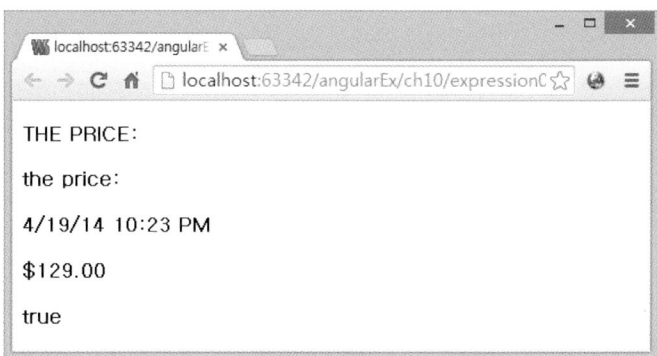

표현식의 가장 큰 단점은 새로운 데이터를 정의할 수 없는(모든 데이터는 $scope 내에만 있어야 함) 수동적인 출력이라는 점입니다.

2. 지시자

표현식과 달리 지시자는 컨트롤러와 메시지를 주고받는 경우에 사용할 수 있고, 표현식과 같이 결과를 출력하는 기능들도 제공합니다. 또한, 필요하면 새로운 사용자 정의 지시자 를 생성해서 사용하는 등의 편리한 기능들을 가지고 있습니다.

2.1 컨트롤러와 2-way 데이터 바인딩의 ngModel 지시자

AngularJS의 첫 번째 예제에서도 살펴보았듯이 ngModel 지시자는 $scope의 데이 터를 동기화해서 사용합니다. ngModel 지시자로 선언된 데이터는 변경 시에 자동으로 $scope 내의 모델 데이터의 변경도 같이 진행합니다. ngModel에 대해서는 물품의 가격 과 수량을 변경하면 자동으로 변경되는 예제를 통해서 알아보도록 합니다.

예제	ngModel0.html

```
01:  <!DOCTYPE html>
02:  <html >
03:  <head>
04:    <meta charset="utf-8">
05:  </head>
06:  <body ng-app='helloApp'>
07:  <div ng-controller='HelloController'>
08:    <p>COUNT: <input type="text" ng-model="product.cnt"> </p>
09:    <p>PRICE: <input type="text" ng-model="product.price"> </p>
10:    <p>TOTAL: <input type="text"
         value="{{product.cnt * product.price}}"></p>
11:  </div>
```

```
12:  <script src="https://ajax.googleapis.com/.../angular.min.js">
       </script>
13:  <script>
14:    var hello  = angular.module('helloApp',[]);
15:
16:    hello.controller('HelloController', function($scope){
17:      var product = {
18:        cnt: 10,
19:        price: 25
20:      };
21:      $scope.product = product;
22:    });
23:  </script>
24:  </body>
25:  </html>
```

줄 17에서 정의된 product 객체는 줄 21에서 $scope의 product라는 속성이 됩니다. 줄 08, 09에서는 직접 product의 cnt와 price 속성을 조정할 수 있게 하는데, ngModel의 경우 $scope 쪽의 데이터와 같이 연동되기 때문에 화면에서의 숫자를 변경해도 실제로 반영되는 결과를 볼 수 있습니다.

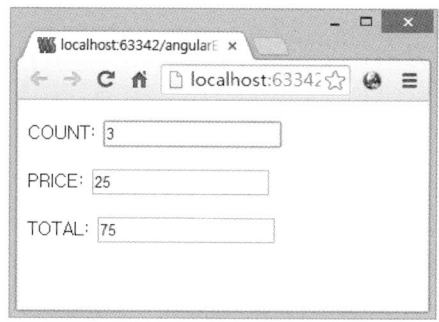

2.2 직접 출력을 위한 ngBind 지시자

표현식으로 $scope의 내용물을 보여줄 수도 있기는 하지만, ngBind 지시자 안에 직접 표현식의 내용물을 넣어서 출력하는 방식도 사용할 수 있습니다.

파라미터	타입	내용
ngBind	expression	표현식의 결과를 HTML에 반영

> AngularJS의 설명은 모든 지시자의 용어는 '낙타 표기'로 표시하고, 실제 사용은 붙임표(-)를 이용해서 작성합니다. 예를 들어 공식 용어는 'ngBind'이지만 실제로 사용할 때는 'ng-bind'의 형태의 표기법으로 사용합니다.

ngBind 지시자의 경우는 특정 태그의 텍스트 데이터를 {{ }} 대신에 간단히 변경할 수 있도록 합니다. 표현식과 비교하기 위해서 다음과 같은 코드를 살펴봅니다.

예제 | ngbind.html

```
01: <!DOCTYPE html>
02: <html >
03:   <head>
04:     <meta charset="utf-8">
05:   </head>
06:   <body ng-app='helloApp'>
07:     <div ng-controller='HelloController'>
08:     <p> Hello {{name}}</p>
09:     <p> Hello <h2 ng-bind='name'></h2></p>
10:     </div>
11:     <script src="https://ajax.googleapis.com/.../angular.min.js">
          </script>
12:     <script>
13:     var hello  = angular.module('helloApp',[]);
14:     hello.controller('HelloController', function($scope){
15:       $scope.name = "World";
```

```
16:      });
17:    </script>
18:  </body>
19: </html>
```

줄 08과 09에서는 동일한 데이터를 표현식 '{{name}}'과 지시자 'ng-bind'로 처리하고 있습니다. 위의 코드를 실행한 결과는 다음과 같습니다.

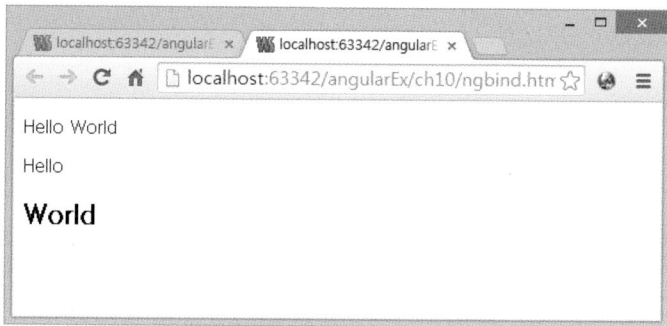

결과를 보면 〈h2〉 태그의 텍스트로 처리되는 것을 볼 수 있는데, ng-bind 지시자보다는 표현식이 조금 더 간단한 방식으로 표기할 수 있습니다.

▌ HTML 텍스트의 표시 ngBindHTML 지시자

만일 화면에 출력되는 결과의 내용물 안에 HTML 태그가 포함되어 있는 경우에는 조금 더 신중한 처리가 필요합니다. ng-bind나 {{ }}는 이미 완성된 HTML 내에 $scope의 변수를 출력하기 때문에 출력하는 메시지 안에 HTML 태그가 포함되는 경우에는 제대로 화면에 보여주지 못하게 됩니다. 이럴 경우에 ngBindHTML을 이용하게 됩니다.

파라미터	타입	설명
ngBindHTML	expression	표현식의 내용을 그대로 HTML로 반영

```
var hello  = angular.module('helloApp',[ ]);
hello.controller('HelloController', function($scope){
  $scope.name = "<h2>World</h2>";
});
```

컨트롤러 안의 name 속성을 표현식으로 이용하는 경우입니다.

```
<p> Hello {{name}}</p>
```

그러나 실제로 출력되는 화면은 다음과 같습니다.

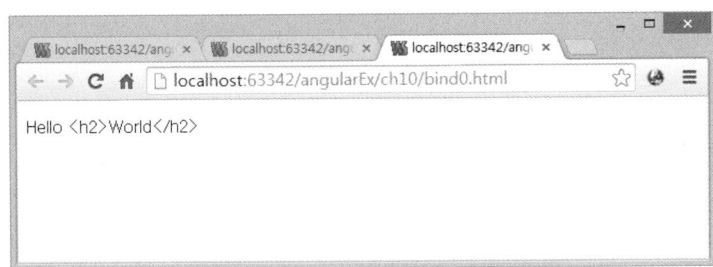

HTML의 내용을 그대로 출력하려면 다음과 같이 작업해주어야 합니다.

- AngularJS의 sanitize 모듈의 주입(Injection)
- ng-bind-html 지시자의 처리

위의 코드를 제대로 출력하려면 다음과 같이 작성해야 합니다.

예제 | bindhtml.html

```
01:  <!DOCTYPE html>
02:  <html >
03:    <head>
```

```
04:        <meta charset="utf-8">
05:    </head>
06:    <body ng-app='helloApp'>
07:        <div ng-controller='HelloController'>
08:        <p> Hello {{name}}</p>
09:        <p> Hello <span ng-bind-html='name'></span></p>
10:        </div>
11:        <script src="http://code.angularjs.org/1.2.11/angular.min.js">
            </script>
12:        <script src="http://code.angularjs.org/1.2.11/
            angular-sanitize.min.js"></script>
13:        <script>
14:        var hello  = angular.module('helloApp',['ngSanitize']);
15:        hello.controller('HelloController', function($scope){
16:          $scope.name = "<h2>World</h2>";
17:        });
18:        </script>
19:    </body>
20: </html>
```

줄 12에서처럼 AngularJS의 sanitize 모듈을 같이 포함합니다. sanitize 모듈을 다른 모듈에서 활용하려면 줄 14에서처럼 현재 개발하는 모듈에 주입해 주는 과정이 반드시 필요합니다. 위 코드의 실행 결과는 다음과 같습니다.

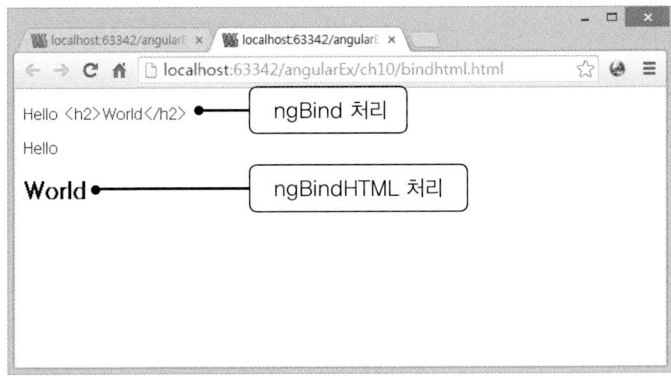

줄 09의 코드는 위의 화면에서 ⟨span⟩⟨h2⟩World⟨/h2⟩⟨/span⟩의 형태로 처리됩니다.

2.3 상황에 따른 표현

뷰를 제작하다 보면 데이터를 상황에 따라서 다르게 표현해야 하는 경우가 생깁니다. 이런 경우를 위해서 AngularJS 지시자 중에 ngSwitch나 ngShow 등을 사용하면 상황에 따라서 다른 결과를 표시할 수 있습니다.

▎화면에 보여줄 것을 결정하는 ngShow, ngHide 지시자

ngShow 지시자는 화면에 나타나거나 보이지 않도록 하는 처리를 하기 위해서 사용하는데, 기본적인 방식은 CSS를 이용하는 방식을 사용합니다(뒤에서 설명하는 ngIf와 비교할 필요가 있습니다).

파라미터	타입	설명
ngShow/ngHide	expression	표현식의 결과가 true인 경우 HTML로 반영

ngShow와 ngHide는 사용하는 표현식의 결과에 따라서 화면의 DOM 객체에 class 속성을 조정합니다. 만일 보이지 않아야 하는 상황이라면 class='ng-hide'와 같이 속성이 변경되고, AngularJS는 내부적으로 CSS의 display 속성값을 none으로 조정하게 됩니다.

예제 | ngShow.html

```
01:  <!DOCTYPE html>
02:  <html >
03:    <head>
04:      <meta charset="utf-8">
05:    </head>
```

```
06:    <body ng-app>
07:      Click me: <input type="checkbox" ng-model="result"><br/>
08:        <div ng-show='result'>Result is true!</div>
09:        <div ng-hide='result'>Result is false!</div>
10:        <script src="https://ajax.googleapis.com/.../angular.min.js">
             </script>
11:    </body>
12: </html>
```

줄 07에서 만들어진 checkbox를 ng-model로 설정한 경우 줄 08과 줄 09는 result 속성의 영향을 받게 됩니다. 실행 결과를 보면 class 속성이 자동으로 추가되고, 안 보이는 부분에 대하여 ng-hide 클래스가 자동으로 적용되는 것을 볼 수 있습니다.

ng-show나 ng-hide 작업을 할 때에는 개발자가 별도의 CSS를 설정하는 작업이 가능한데, 이를 이용해서 애니메이션 효과를 제작할 수 있습니다. 이 애니메이션 효과들은 CSS3의 기능을 이용하는 방식입니다(CSS3에 대해서는 뒷부분에서 다루도록 합니다).

switch 처리 ngSwitch 지시자

ngShow, ngHide와 더불어서 switch 구문이 적용되는 상황에 대해서는 ngSwitch 지시자를 이용할 수 있습니다. ngSwitch는 on이라는 속성을 이용해서 상황의 대상이 되는 표현식을 지정하고, ng-switch-when, ng-switch-default를 이용해서 이를 처리합니다.

파라미터	타입	설명
ngSwitch	*	on 속성을 이용해서 switch의 대상이 되는 표현식

ng-switch는 다음과 같이 작성합니다.

- switch 처리가 될 수 있는 기준 데이터가 필요합니다.
- switch 처리의 시작과 끝의 범위를 ng-switch로 설정합니다.
- 기준 데이터의 값에 대하여 ng-switch-when을 적용합니다.
- ng-switch-default를 이용하여 기본 처리를 적용합니다.

예제 | ngSwitch.html

```
07:    <body ng-app ng-init='grade="D"'>
08:    <div class="panel panel-primary">
09:    <div class="panel-heading">Select Your Grade!</div>
10:    <div class="panel-body">
11:      Check Your Grade: <select ng-model='grade'>
12:        <option value='A'>A</option>
13:        <option value='B'>B</option>
14:        <option value='C'>C</option>
15:        <option value='D'>D</option>
16:      </select>
17:      <p>{{grade}}</p>
18:      <div ng-switch on ='grade'>
19:        <p ng-switch-when='A'> Good Job!!! </p>
20:        <p ng-switch-when='B'> Good </p>
21:        <p ng-switch-when='C'> So so..  </p>
22:        <p ng-switch-when='D'> Well... </p>
```

```
23:        <p ng-switch-default> Nothing to say... </p>
24:      </div>
25:    </div>
26:  </div>
27:  <script src="https://ajax.googleapis.com/.../angular.min.js">
         </script>
28:  </body>
29: </html>
```

줄 07에서 ngInit 지시자를 이용해서 grade라는 속성의 값을 'D'로 지정합니다('ngInit'
는 현재 범위($scope) 내에서 표현식을 처리하는데, 주로 컨트롤러를 사용하지 않고 간단
한 데이터를 지정하기 위해서 사용합니다).

줄 11에서 ngModel로 grade를 지정합니다. ngModel이 변경되면 줄 17에서 화면에 값
을 출력할 수 있도록 작성합니다.

줄 18에서는 ngSwitch의 범위를 지정합니다. on 속성을 이용해서 grade 속성을
ngSwitch의 기준으로 활용하게 합니다. 줄 19에서 줄 22까지는 ng-switch-when을
이용해서 grade 속성의 값에 따라 DOM에 추가될 것인지 결정합니다. 줄 23은 아무것도
선택되지 않는 상황의 처리입니다.

실행 결과는 줄 07의 영향 때문에 'D'로 설정된 값을 이용하게 됩니다.

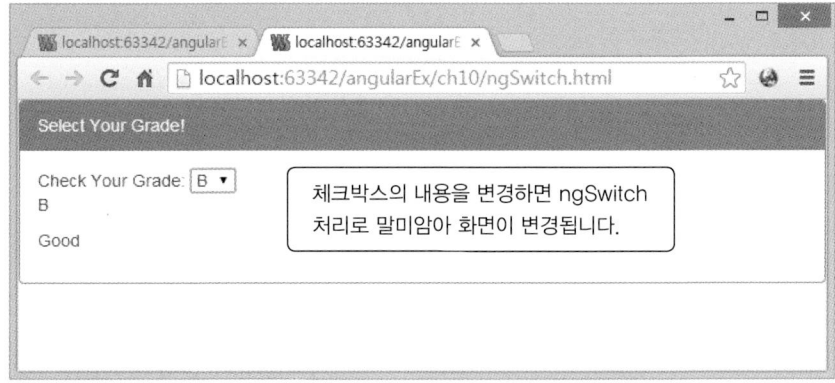

ng-switch의 경우는 ng-show, ng-hide와는 그 동작 방식에 차이가 있습니다. ng-show, ng-hide가 기본적으로 DOM 구성은 변경하지 않는 상태에서 CSS만 변경하는 방식인 데 비해서 ng-switch는 DOM에 어떤 HTML을 추가하거나 제거하는 방식으로 동작하기 때문입니다. 예를 들어 위의 예제에서 다른 성적을 선택하면 HTML은 다음과 같이 달라집니다.

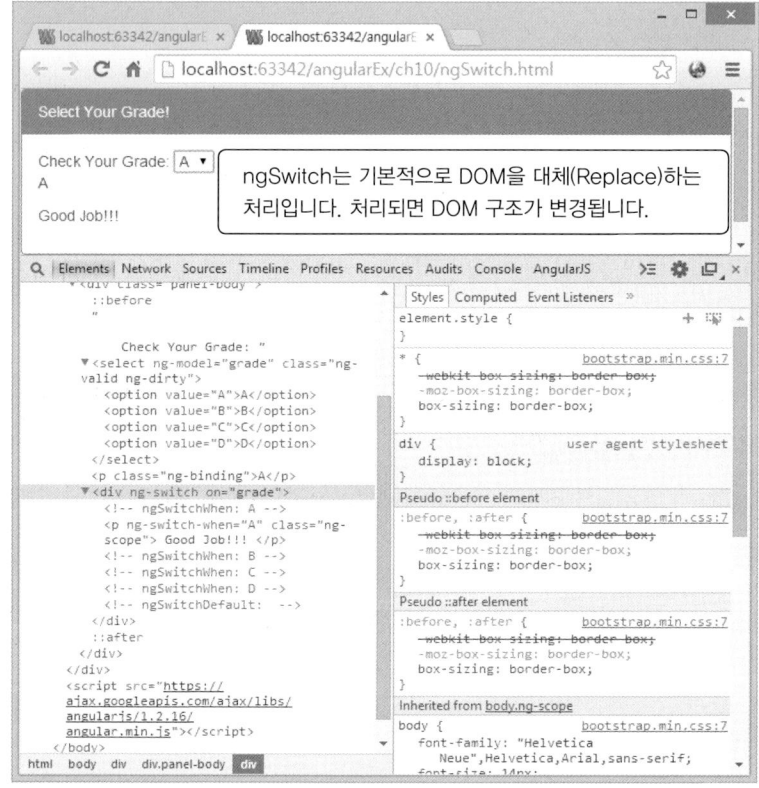

실행 결과를 보면 선택되지 않은 다른 요소들은 아예 DOM에서 출력되지 않는 것을 볼 수 있습니다.

if 처리 ngIf 지시자

ngIf는 엄밀하게 보자면 ng-switch의 변형된 형태라고 볼 수 있는데, ngIf는 ngSwitch 처럼 실제로 출력되는 요소를 DOM에서 아예 제거하거나 다시 추가하는 방식으로 동작 하기 때문입니다(ngShow, ngHide는 CSS를 기준으로 동작한다는 사실을 기억할 필요 가 있습니다).

파라미터	타입	설명
ngIf	expression	표현식의 결과가 false라면 DOM 구조에서 제거되고, true라면 포함된 HTML을 DOM 구조에 추가

예제 | ngif.html

```
07: <body ng-app>
08: <div class="panel panel-primary">
09:   <div class="panel-heading">ng-if </div>
10:     <div class="panel-body">
11:       Click me: <input type="checkbox" ng-model="result"><br/>
12:       <div ng-if='result'>Result is true!</div>
13:       <div ng-if='!result'>Result is false!</div>
17:   <script src="https://ajax.googleapis.com/.../angular.min.js">
        </script>
```

줄 11에서 ng-model이 된 result 속성은 줄 12와 줄 13에서 ng-if 조건이 true가 되는 표현식일 때 동작합니다.

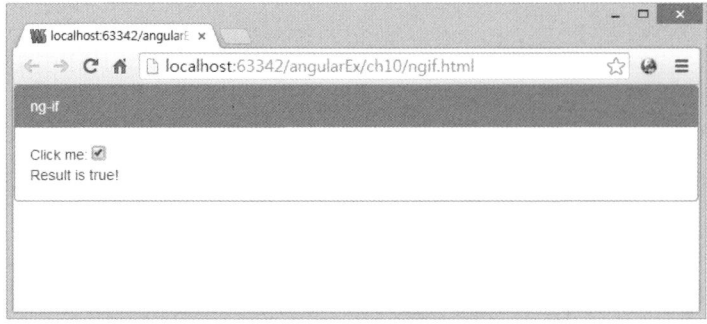

2.4 루프 처리를 위한 ngRepeat 지시자

뷰의 처리를 위해서 가장 많이 하는 작업은 배열이나 리스트와 같은 데이터들을 반복적으로 출력하는 작업입니다. AngularJS에는 ngRepeat 지시자를 이용해서 이러한 처리를 지원합니다. ngRepeat는 다른 언어들에서 루프와 유사하지만, ngRepeat는 반복되는 과정 내에서 자신만의 독자적인 범위($scope)를 가진다는 점에 주의해야 합니다.

파라미터	타입	설명
ngRepeat	expression	루프 내에서의 변수 ( )를 이용한 지정된 변수

ng-repeat 지시자가 포함된 태그는 ng-repeat의 대상의 크기만큼 동일한 태그를 반복해서 출력하게 됩니다.

예제 | ngRepeat0.html

```
01:  <!DOCTYPE html>
02:  ~중략~
07:      <body ng-app='gradeApp'>
08:      <div class="panel panel-primary" ng-controller='GradeController'>
09:      <div class="panel-heading">Your Grades!</div>
10:      <div class="panel-body">
```

```
11:    <input type='text' ng-repeat='grade in grades'
              value='{{grade}}'/>
12:    </div>
13: ~중략~
17:    var grade  = angular.module('gradeApp',[]);
18:    grade.controller('GradeController', function($scope){
19:      $scope.grades = ["A","B","C","D","E"];
20:    });
```

줄 19에서 $scope에 grades라는 속성으로 배열을 지정합니다. 줄 11에서는 grades의 크기만큼 반복하는 ng-repeat를 적용합니다. 이때 'grade in grades'는 루프를 돌면서 grades 배열의 각 요소를 가져옵니다. 내부적으로 grade라는 변수가 하나 생성되기 때문에 이를 {{grade}}를 이용해서 처리할 수 있습니다. 실행 결과는 다음과 같습니다.

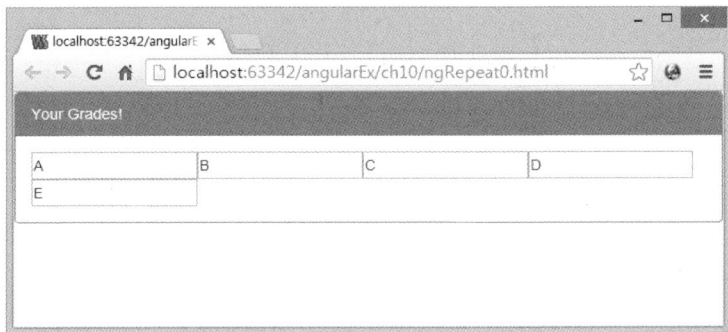

ng-repeat는 해당 태그를 반복하기 때문에 〈input type='text' ~ /〉 부분이 반복적으로 출력됩니다.

ng-repeat ='grade in grades'에서 사용되는 grade 변수의 범위는 ng-repeat 지시자로 제한되므로 바깥쪽에서는 사용할 수 없습니다.

ng-repeat 지시자는 여러 가지 용도로 사용할 수 있지만 AngularJS가 ng-model의 대상 변경을 자동으로 감지한다는 사실을 이용하면 더욱 편리하게 사용할 수 있습니다.

```
01:  <!DOCTYPE html>
02:  ~중략~
13:      Check Your Grade:
14:        <select ng-model='targetGrade'>
15:      <option ng-repeat="grade in grades">{{grade}}</option>
16:      </select>
17:
18:      <p>{{targetGrade}}</p>
19:      <div ng-switch on ='targetGrade'>
20:        <p ng-switch-when='A'> Good Job!!! </p>
21:        <p ng-switch-when='B'> Good </p>
22:        <p ng-switch-when='C'> So so..  </p>
23:        <p ng-switch-when='D'> Well... </p>
24:        <p ng-switch-default> Nothing to say... </p>
25:      </div>
26:  ~중략~
31:      var grade  = angular.module('gradeApp',[]);
32:      grade.controller('GradeController', function($scope){
33:        $scope.grades = ["A","B","C","D","E"];
34:      });
```

줄 13에서 targetGrade라는 속성을 지정합니다. ng-model의 범위가 ng-repeat를 포함하고 있기 때문에 〈select〉의 변화는 ng-model의 값으로 처리됩니다. 실행한 다음 특정 항목을 선택하면 다음과 같이 $scope의 변화를 볼 수 있습니다.

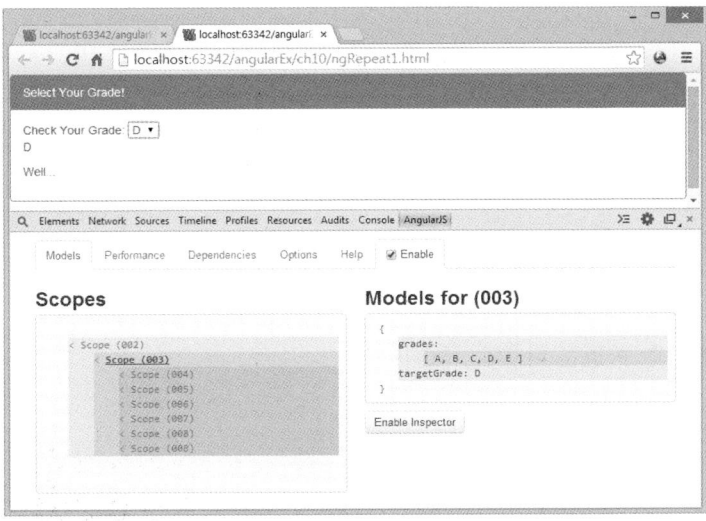

객체와 ng-repeat 지시자

사실상 ng-repeat 지시자의 가장 주된 용도는 객체들을 표현하는 데 있습니다.

예제 | ngRepeat2.html

```
01:  <!DOCTYPE html>
02:  ~중략~
08:    <div class="panel panel-primary"
           ng-controller='GradeController'>
09:    <div class="panel-heading">Your Grade</div>
10:    <div class="panel-body">
11:      <table class=table>
12:        <tr ng-repeat='grade in grades'>
13:          <td> {{grade.subject}} </td>
14:          <td> {{grade.grade}} </td>
15:        </tr>
16:      </table>
17:  ~중략~
21:      <script>
22:      var grade  = angular.module('gradeApp',[]);
23:        grade.controller('GradeController', function($scope){
```

```
24:        $scope.grades = [
25:           {"subject":"Korean", "grade":"A"},
26:           {"subject":"Engilsh", "grade":"B"},
27:           {"subject":"Math", "grade":"C"},
28:           {"subject":"Science", "grade":"D"}
29:        ];
30:     });
```

위의 코드를 실행한 화면은 다음과 같습니다.

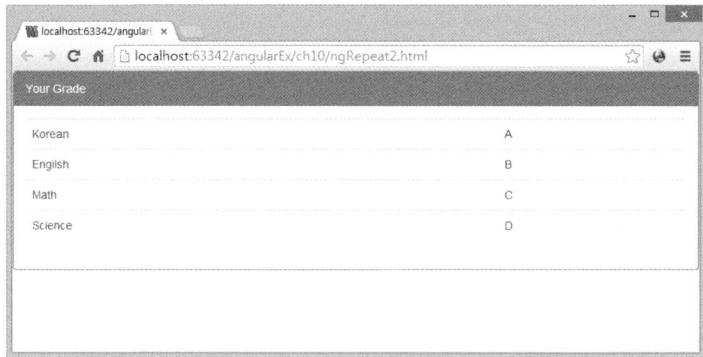

(key, value)를 이용하는 ngRepeat

()를 이용하는 ngRepeat는 주어진 대상의 특정한 속성을 활용해서 반복할 때 사용합니다.

예제 | ngRepeat3.html

```
18: <table class=table>
19:   <tr ng-repeat='(key, value) in {"subject":"Korean", "grade":"A"}'>
20:     <td > {{key}} </td>
21:     <td> {{value}} </td>
22:   </tr>
23: </table>
```

앞의 코드에서는 대상 객체는 subject와 grade를 속성으로 가지고 있고, 이를 키(key)와 값(value)으로 구분한 결과는 다음과 같습니다.

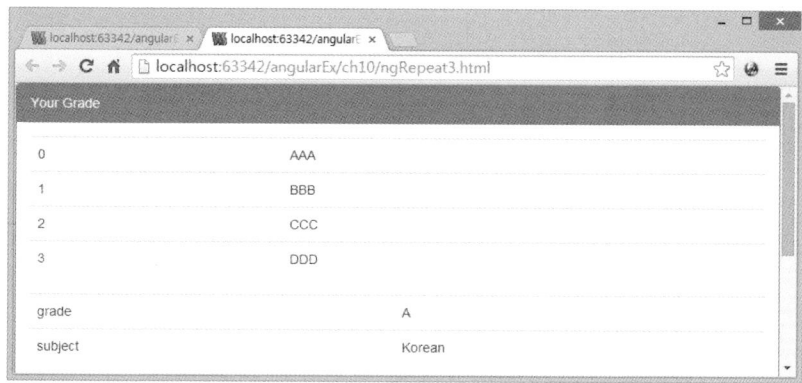

결과를 보면 key로 지정한 속성이 출력되고, value가 된 값이 출력되는 것을 볼 수 있습니다.

ngRepeat의 특별한 속성들

ngRepeat 지시자의 경우에는 반복적인 처리를 하는 데 있어서 필요한 특별한 속성들이 자동으로 만들어집니다. 이러한 속성들은 다음과 같습니다.

- $index   루프 내에서 사용되는 인덱스 번호. number 타입
- $first   첫번째 요소인지를 체크. boolean 타입
- $middle   중간 요소인지를 체크. boolean 타입
- $last   마지막 요소인지를 체크. boolean 타입
- $evn   짝수 번째 요소인지를 체크. boolean 타입
- $odd   홀수 번째 요소인지를 체크. boolean 타입

$index의 경우는 0에서부터 시작하기 때문에 주의할 필요가 있습니다.

```
01:  <!DOCTYPE html>
02:  ~중략~
08:    <div class="panel panel-primary"
          ng-controller='GradeController'>
09:    <div class="panel-heading">Your Grade</div>
10:    <div class="panel-body">
11:  ~중략~
25:      <table class=table>
26:        <tr ng-repeat='grade in grades'
            class="{{$even?'active':'warning'}}">
27:         <td> {{$index}} </td>
28:         <td > {{grade.subject}} </td>
29:         <td> {{grade.grade}} </td>
30:        </tr>
31:      </table>
32:  ~중략~
37:      var grade  = angular.module('gradeApp',[]);
38:      grade.controller('GradeController', function($scope){
39:        $scope.grades = [
40:          {"subject":"Korean", "grade":"A"},
41:          {"subject":"Engilsh", "grade":"B"},
42:          {"subject":"Math", "grade":"C"},
43:          {"subject":"Science", "grade":"D"}
44:        ];
45:        console.log($scope.grades);
46:      });
```

줄 26에서는 표현식을 이용해서 짝수 번째의 요소와 그렇지 않을 때 서로 다른 CSS의 class를 적용합니다. 실행 결과는 다음과 같습니다.

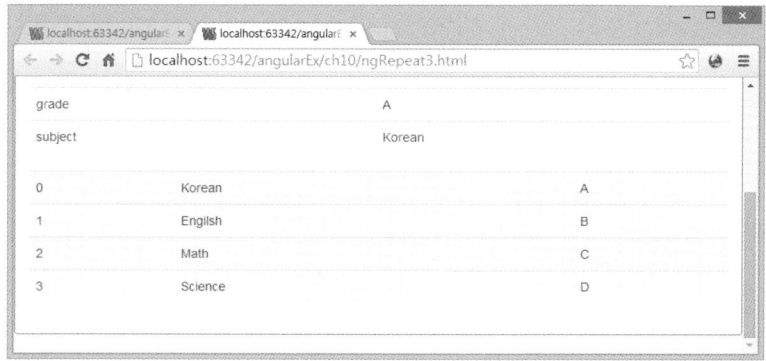

사실 여기서 중요한 것은 ngRepeat의 각 루프 내에서 독립적인 $scope를 가지고 있지만, $index라는 것을 사용할 때에는 자신의 $scope를 이용하는 것이 아니라 상위 객체의 $scope를 사용하고 있다는 점입니다.

ngRepeatStart, ngRepeatEnd

ngRepeatStart와 ngRepeatEnd는 반복적으로 실행되는 HTML의 앞 뒤에 추가적인 내용을 넣을 수 있는 방법을 제공합니다. ng-repeat 자체에 새로운 HTML을 추가하려면 바깥쪽의 부모 요소를 가져야만 하는 불편함을 줄여줄 수 있습니다.

예제 | ngRepeat4.html

```
01:  <!DOCTYPE html>
02:  ~중략~
07:    <body ng-app='gradeApp'>
08:    <div class="panel panel-primary" ng-controller='GradeController'>
09:    <div class="panel-heading">Your Grade</div>
10:    <div class="panel-body">
11:      <div  >
12:        <p ng-repeat-start='grade in grades'>
     -------------{{grade.subject}} Start----------------</p>
13:        <h2>{{grade.subject}} {{grade.grade}}</h2>
14:        <p ng-repeat-end>
     -------------{{grade.subject}} End----------------</p>
```

```
15:  ~중략~
22:     var grade   = angular.module('gradeApp',[]);
23:     grade.controller('GradeController', function($scope){
24:       $scope.grades = [
25:         {"subject":"Korean", "grade":"A"},
26:         {"subject":"Engilsh", "grade":"B"},
27:         {"subject":"Math", "grade":"C"},
28:         {"subject":"Science", "grade":"D"}
29:       ];
30:     });
```

위 코드의 실행 결과는 다음과 같습니다.

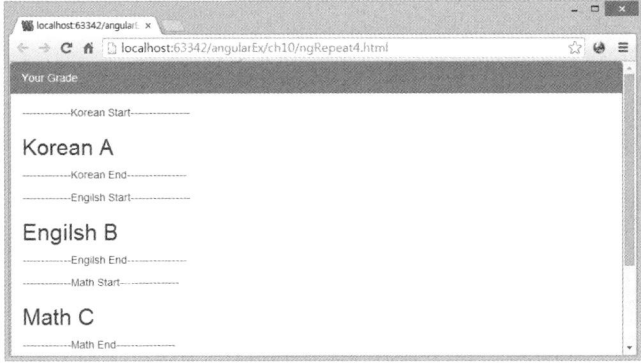

ngClass 지시자

ngClass 지시자는 말 그대로 CSS의 클래스를 지정하는 데 있어서 AngularJS를 이용
해서 조절할 수 있는 기능을 제공합니다. ngClass는 AngularJS의 표현식을 HTML의
class 속성으로 변환해서 처리합니다.

파라미터	타입	설명
ngClass	expression	표현식의 대상을 class 속성으로 적용

ngClass는 AngularJS의 모델과 같이 연동되면, 별도의 이벤트 처리를 생략해서 class 속성을 조절할 수 있습니다.

```
01: <!DOCTYPE html>
02: ~중략~
06: <style>
07: .padding5 {
08:     padding:15px;
09:     border: 1px dotted blue;
10: }
11: .boldText {
12:     font-weight: bold;
13: }
14: .redFill {
15:     color: red;
16: }
17:     </style>
18: ~중략~
23:     <p ng-class="{padding5: padding, boldText:bold, redFill:red}">
            Map Syntax Example</p>
24:     <input type="checkbox" ng-model="padding"> Padding <br>
25:     <input type="checkbox" ng-model="bold"> Bold <br>
26:     <input type="checkbox" ng-model="red"> RED Color
27: ~중략~
```

줄 23의 ngClass 지시자 표현식은 객체로 이루어져 있고, 줄24~26에서는 ngClass의 표현식인 객체를 조절합니다. AngularJS는 ngModel로 되어 있는 padding, bold, red를 조정해서 줄 23의 class 속성을 조정합니다.

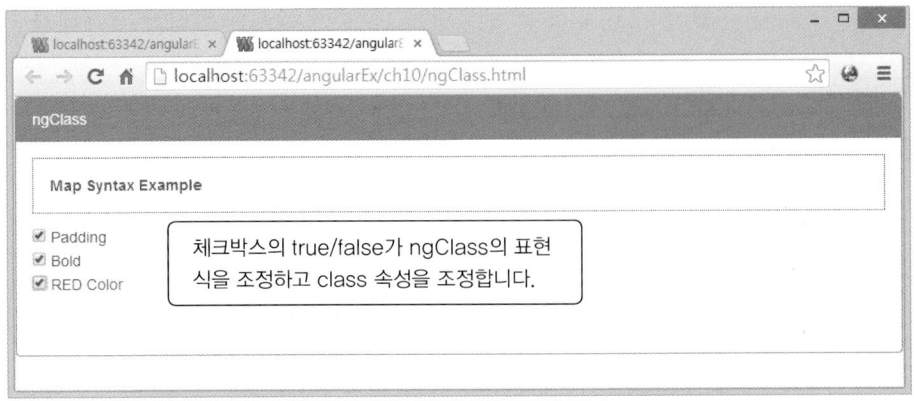

ngClass와 비슷한 ngClassEven 지시자와 ngClassOdd 지시자도 있습니다. 동작 방식은 같습니다.

2.5 DOM 이벤트 처리

AngularJS는 ng-click과 같은 지시자를 이용해서 DOM 이벤트를 처리할 수 있습니다. 이때 처리하는 이벤트의 종류는 다음과 같습니다.

Event의 종류	AngularJS 지시자
Click event	ngClick, ngDblClick
Mouse event	ngMouseDown, ngMouseup, ngMouseenter, ngMouseleave, ngMousemove, ngMouseOver
Keyboard event	ngKeydown, ngKeyup, ngKeypress
Change event	ngChange

ngRepeat 지시자의 경우 각 루프 내에서 고유의 범위를 가지기 때문에 이를 이벤트 처리의 파라미터로 사용하는 작업이 가능합니다.

ngRepeat와 이벤트 처리, AngularJS의 2-way 데이터 바인딩을 같이 활용하면 화면에서 이벤트로 객체의 속성을 바꾸고 이를 바로 현재의 뷰에서 변경하는 작업을 쉽게 처리할 수 있습니다.

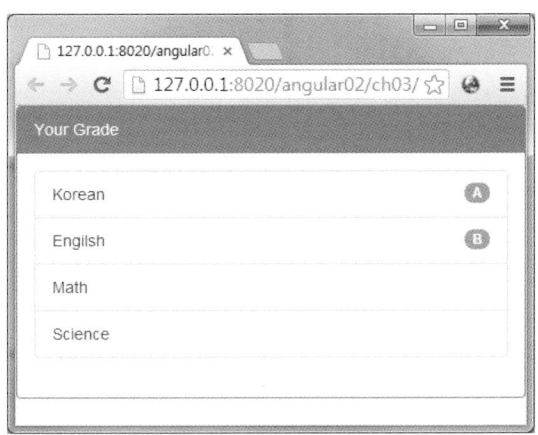

위의 예제 화면에서는 과목을 클릭하면 화면 오른쪽에 점수가 보이게 되고 다시 한번 클릭하면 점수가 사라지는 토글(toogle) 기능을 보여줍니다. 이를 구현하는 코드는 다음과 같이 구성됩니다.

예제 | ngEvent1.html

```
01: <!DOCTYPE html>
02: ~중략~
11:    <ul class="list-group">
12:      <li ng-repeat='grade in gradeList'
13:          class="list-group-item"
14:          ng-click="showGrade(grade)">
15:        {{grade.subject}}
16:        <p ng-if='grade.isShow'class="badge"> {{ grade.grade}}</p>
17:      </li>
18:    </ul>
19: ~중략~
23:    <script>
24:    var grade  = angular.module('gradeApp',[]);
```

```
25:   grade.controller('GradeController', function($scope){
26:     $scope.gradeList = [
27:       {"subject":"Korean", "grade":"A"},
28:       {"subject":"Engilsh", "grade":"B"},
29:       {"subject":"Math", "grade":"C"},
30:       {"subject":"Science", "grade":"D"}
31:     ];
32:     $scope.showGrade = function(grade) {
33:       console.dir(grade);
34:       grade.isShow = grade.isShow?!grade.isShow:true;
35:     };
36:   });
37: ~중략~
```

줄 14를 보면 showGrade( ) 함수에 현재 ngRepeat 내에서 사용되는 grade를 파라미터로 전달합니다. 줄 34에서는 파라미터로 전달된 grade 객체에 isShow라는 속성이 없다면 true로 추가해주고 있다면 변경하는 기능을 합니다.

줄 16에서는 ngIf를 이용해서 변경된 속성으로 화면에 보이거나 감추는 기능을 합니다.

AngularJS의 내부 구조상 ngClick과 같은 이벤트가 발생하면 AngularJS는 모든 $scope 객체들이 갱신할 필요가 있는지를 조사하고 처리합니다. 만일 위의 코드에서 ngClick을 이용하고 싶지 않다면 13장의 내용을 참고하시길 바랍니다.

$event 속성

AngularJS에서 이벤트를 처리할 때에는 $event라는 특별한 변수를 사용할 수 있습니다. $event는 일반적인 이벤트 처리와 달리 명시적으로 이벤트가 발생할 때 파라미터로 지정해줍니다.

예제 | ngEvent2.html

```
01: <!DOCTYPE html>
02: ~중략~
```

```
07:    <body ng-app='gradeApp' >
08:    <div ng-controller='GradeController'>
09:      <button onclick="testDOM()">DOM Event BUTTON</button><br/>
10:      <button ng-Click="testAngular($event)">Angular BUTTON</button>
11:    </div>
12:  <script src="http://code.angularjs.org/1.2.11/angular.min.js">
         </script>
13:  <script src="http://code.angularjs.org/1.2.11/
         angular-sanitize.min.js"></script>
14:    <script>
15:    function testDOM(){
16:      console.log("DOM ::::::::::");
17:      console.log(event);
18:    }
19:
20:    var grade  = angular.module('gradeApp',[]);
21:    grade.controller('GradeController', function($scope){
22:      $scope.testAngular = function($event) {
23:        console.log("AngularJS:::::::::::");
24:        console.log($event);
25:      };
26:    });
```

참고로 AngularJS가 기존 자바스크립트의 객체를 그대로 사용하지 않고 별도로 사용하는 가장 큰 이유는 AngularJS가 내부적으로 모든 변화를 감지하는 거대한 감시자 역할을 하기 때문입니다.

2.6 filters를 이용한 필터링

AngularJS는 데이터를 출력할 때 필터(Filter)를 활용해서 출력되는 대상을 선별할 수 있는 기능들이 제공됩니다.

1) 포매팅 필터: 데이터들의 포매팅을 처리하는 필터

- current   환율 기호 표시
- date   날짜 처리
- number   숫자 처리
- lowercase/uppercase   대, 소문자 처리
- json   json 형태의 출력 (디버깅용)

2) 배열 처리용 필터

- limitTo   배열 일부를 제한
- filter   순수 필터링
- orderBy   특정 기준에 따른 정렬

3)사용자가 만드는 사용자 정의 필터 지시자

필터 기능을 사용할 때의 표기 방식은 '|'를 이용합니다. 예를 들어 날짜 처리에 대한 필터를 적용한다면 다음과 같습니다.

예제 | filterDate.html

```
07: <div ng-controller="Ctrl">
08:   <p> {{regDate | date:'yyyy-MM-dd'}}</p>
09:   <p> {{regDate | date:'yyyy-MM-dd HH:mm:ss'}}</p>
10:   <p> {{regDate | date:'medium'}}</p>
11:   <p> {{regDate | date:'short'}}</p>
12: ~중략~
19: </div>
20: <script src="http://code.angularjs.org/1.2.12/angular.min.js">
       </script>
21: <script>
22: function Ctrl($scope){
23:    $scope.regDate = 1288323623006;
24: }
25: ~중략~
```

날짜는 가장 흔하게 하는 포매팅으로, 다음과 같은 포맷을 활용합니다.

- 'yyyy', 'yy', 'y'   년도 표현을 4자리, 2자리, 년도 모두 출력하는 포맷
- 'MMMM', 'MMM'   월 표시를 길게(December), 3자리로(Dec)
- 'MM', 'M'   월 표시를 숫자 두 자리(01), 한 자리(1)
- 'dd', 'd'   날짜 표시를 두 자리, 한 자리
- 'EEEE', 'EEE'   요일 표시 (Sunday) , 축약형 (Sun)
- 'HH', 'H'   24시간 표시 두 자리(02), 한 자리(1)
- 'hh', 'h'   12시간 표시 두 자리, 한 자리
- 'mm', 'm'   분 표시 두 자리, 한 자리
- 'ss', 's'   초 표시 두 자리, 한 자리
- 'sss'   밀리 세컨드 표시
- 'a'   am/pm 표시

날짜 포매팅에는 현지화 포맷(Localizable Formats)을 적용할 수도 있습니다.

- 'medium'   'MMM d, y h:mm:ss a'와 같음 - Oct 29, 2010 12:40:23 PM
- 'short'   'M/d/yy h:mm: a'와 같음 - 10/29/10 12:40 PM
- 'fullDate'   'EEEE, MMMM d,y'와 같음 - Friday, October 29, 2010
- 'londDate'   'MMMM d, y'와 같음 - October 29, 2010
- 'mediumDate'   'MMM d, y'와 같음 - Oct 29, 2010

- • 'shortDate'   'M/d/yy'와 같음 - 10/29/10
- • 'mediumTime'   'h:mm:ss a'와 같음 - 12:40:23 PM
- • 'shortTime'   'h:mm a'와 같음 - 12:40 PM'

숫자 포맷은 소수점 이하의 표시를 제어하는 데 편리합니다.

| 예제 | filterNumber.html |

```
01:  <!doctype html>
02:  ~중략~
07:     <div ng-controller="Ctrl">
08:       <p> {{point|number}} </p>
09:       <p> {{point|number: 0}} </p>
10:       <p> {{point|number: 3}} </p>
11:  ~중략~
13:     <script>
14:     function Ctrl($scope){
15:        $scope.point = 1234.56789;
16:     }
17:     </script >
```

위의 실행 결과는 다음과 같습니다.

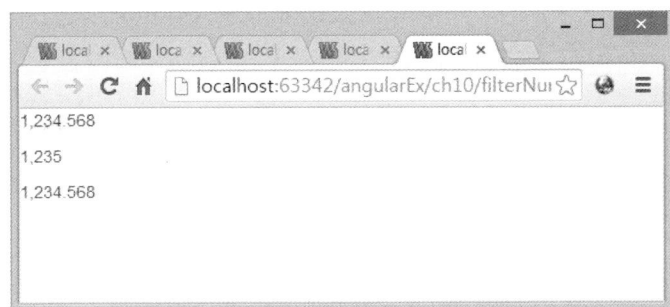

orderBy 필터

필터 기능 중에서 가장 많이 사용되는 것은 정렬 기능입니다. orderBy는 다음과 같이 구성됩니다.

파라미터	타입	설명
array	Array	대상 배열
expression	function string Array.	getter function 정렬의 기준이 되는 속성의 이름 연속적인 속성이나 함수들의 적용
reverse(optional)	boolean	배열의 역순

orderBy 필터의 가장 기본적인 형태는 표현식으로 필요한 속성을 지정하는 방식입니다.

예제 | filterOrderBy0.html

```
01: <!doctype html>
02: ~중략~
08:     <div ng-controller="Ctrl" class="panel panel-primary">
09:     <div class="panel-heading">조선 왕들의 재위 기간 (재위기간 순)
          </div>
10:     <div class="panel-body">
11:     <table class=table>
12:       <tr ng-repeat='member in members|orderBy:"years"' >
13:         <td> {{member.id}} </td>
14:         <td > {{member.name}} </td>
15:         <td> {{member.years}} </td>
16:       </tr>
17:     </table>
18: ~중략~
31:     <script>
32:     function Ctrl($scope){
33:       $scope.members = [
34:         {"id":"user00", "name":"영조", "years": "52"},
```

```
35:              {"id":"user01", "name":"숙종", "years": "46"},
36:              {"id":"user02", "name":"예종", "years": "1"},
37:              {"id":"user03", "name":"문종", "years": "2"},
38:              {"id":"user04", "name":"단종", "years": "2"},
39:              {"id":"user05", "name":"세종", "years": "32"},
40:              {"id":"user06", "name":"정종", "years": "2"}
41:          ];
42:          $scope.criteria = $scope.criteria|"id";
43:      }
44: ~중략~
```

줄 33에서는 화면 출력에 필요한 데이터를 구성합니다. id, name, years 속성을 가지고 있고, 이를 ngRepeat를 이용해서 출력합니다.

줄 12의 ng-repeat='member in members|orderBy:"years"는 $scope.members 데이터들을 정렬하는 기준을 각 데이터가 가지는 years 속성을 사용한다고 명시합니다. 이때 years 속성의 표기법은 문자열을 이용합니다.

만일 여러 개의 속성을 기준으로 사용해야 하는 상황이라면 orderBy:[ ]를 이용하는 방식을 사용해볼 수 있습니다.

```
19: <div class="panel-heading">조선 왕들의 재위 기간 (재위기간, 이름 역순)
    </div>
20: <table class=table>
21:   <tr ng-repeat='member in members|orderBy:["years","-name"]' >
22:     <td> {{member.id}} </td>
23:     <td > {{member.name}} </td>
24:     <td> {{member.years}} </td>
25:   </tr>
26: </table>
```

줄 21에서는 배열을 이용해서 years 속성과 -name 속성을 정렬의 기준으로 반영합니다. 이때 -name에서 -는 역순을 지정합니다. 실행 화면은 다음과 같습니다.

정렬에 대한 동적 결정

orderBy 필터는 표현식을 이용하기 때문에, 표현식의 내용을 동적으로 결정하는 작업이 가능합니다. 예를 들어 위의 예제는 name이나 years 속성에 대하여 ngClick을 이용해서 화면에서 선택한 것을 기준으로 정렬을 변화시킬 수 있습니다.

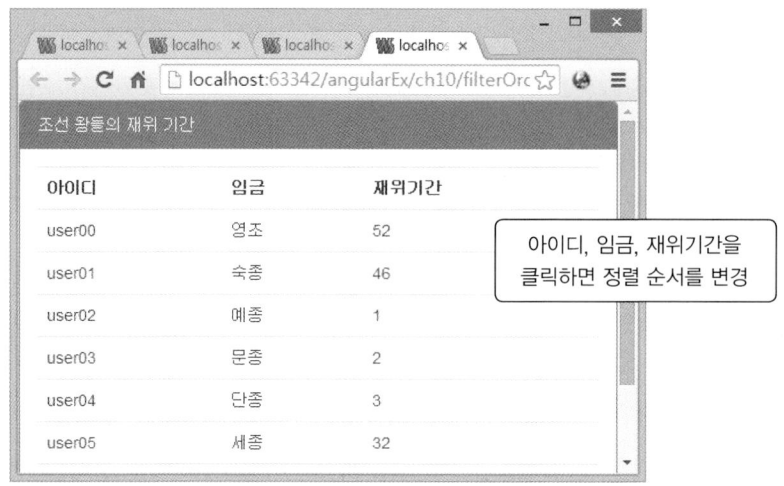

이를 위해서는 표현식의 내용을 수정할 수 있도록 변수로 처리해 줄 필요가 있습니다.

```
29: function Ctrl($scope){
30:    $scope.members = [
31:       {"id":"user00", "name":"영조", "years": "52"},
32:       {"id":"user01", "name":"숙종", "years": "46"},
33:       {"id":"user02", "name":"예종", "years": "1"},
34:       {"id":"user03", "name":"문종", "years": "2"},
35:       {"id":"user04", "name":"단종", "years": "3"},
36:       {"id":"user05", "name":"세종", "years": "32"},
37:       {"id":"user06", "name":"정종", "years": "2"}
38:    ];
39:    $scope.criteria = $scope.criteria|"id";
40: }
```

줄 39에 $scope.criteria라는 속성을 새롭게 지정하고 이를 이용해서 다음과 같이 표현식을 작성합니다.

```
11:  <table class=table>
12:    <tr>
13:      <th ng-click='criteria ="id"'> 아이디 </th>
14:      <th ng-click='criteria ="name"'> 임금 </th>
15:      <th ng-click='criteria ="years"'> 재위기간 </th>
16:    </tr>
17:    <tr ng-repeat='member in members|orderBy:criteria' >
18:      <td> {{member.id}} </td>
19:      <td > {{member.name}} </td>
20:      <td> {{member.years}} </td>
21:    </tr>
22:  </table>
```

줄 13~15에서는 ngClick 지시자를 이용해서 클릭 시에 $scope.criteria 속성을 변경합니다. 줄 17에서는 member in members|orderBy:criteria를 이용하는 앞의 예제들과는 달리 criteria 속성이 문자열이 아닌 변수로 지정된 것을 볼 수 있습니다.

내용 필터링을 위한 filter

filter의 경우는 그 이름 때문에 더 혼란스럽기는 하지만 간단하게 순수한 필터링 기능을 지원한다고 이해하시면 됩니다.

파라미터	타입	설명
array	Array	대상 배열
expression	string object function	필터링할 문자열 필터링에 사용하는 속성과 값이 지정된 객체 필터링의 기준이 될 배열을 반환하는 함수
comparator	function boolean undefined	정확하게 일치될 것인지 지정

가장 쉽게 사용할 수 있는 방법은 문자열로 표현식을 이용하는 것입니다.

```
01:  <!DOCTYPE html>
02:  ~중략~
07:      <div ng-controller='Ctrl'>
08:      <p> {{content}}</p>
09:      필터링<input type='text' ng-model='keyword'>
10:      <!-- 필터링<input type='text' ng-model='subkeyword'> -->
11:      <!-- <p ng-repeat='str in
             content|filter:keyword|filter:subkeyword'>{{str}}</p> -->
12:      <p ng-repeat='str in content|filter:keyword'>{{str}}</p>
13:      </div>
14:  ~중략~
17:      <script>
18:      function Ctrl($scope){
19:        $scope.content =
20:        ["HTML","JavaScript","Java","Python","C#",
           ".NET","Objective-C","Jython"];
21:      }
22:  ~중략~
```

줄 12를 보면 str in content|filter:keyword를 통해서 keyword가 포함된 문자열을 필터링합니다. filter를 이용하는 표기법은 '|'을 이용합니다.

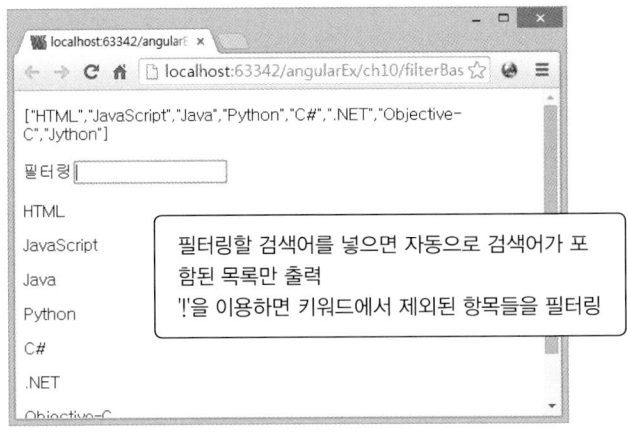

필터링을 연속적으로 할 때에는 '|'을 연속적으로 붙여서 사용할 수 있습니다.

예제 | filterBasic.html

```
09:  필터링<input type='text' ng-model='keyword'>
10:  필터링<input type='text' ng-model='subkeyword'>
11:  <p ng-repeat='str in content|filter:keyword|filter:subkeyword'>
     {{str}}</p>
```

줄 10에서 2차 검색어를 추가하고, 줄 11에서는 'filter'의 '|'를 이용해서 연속적인 검색을 하고 있습니다(다만 이 방식은 성능상 좋은 방식이 아니므로 다음에 설명하는 객체를 이용하는 필터링을 이용하는 것이 일반적입니다).

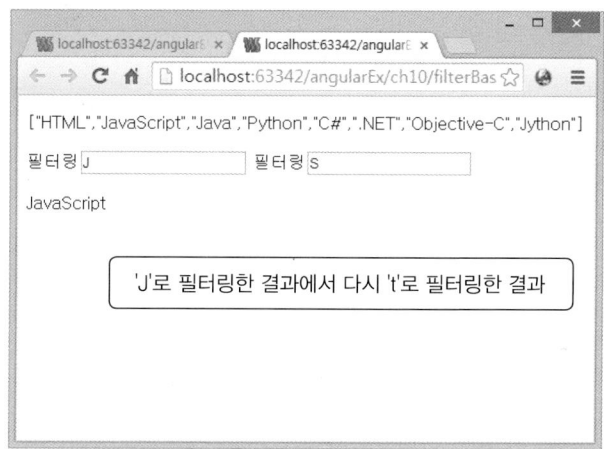

필터링을 할 때 비교기(Comparator)로 함수를 지정하면 조금 더 세밀한 처리를 할 수 있습니다. 예를 들어 대소문자의 결과에 상관없이 결과를 반영할 필요가 있다면 다음과 같이 적용할 수 있습니다.

예제 | filterBasic.html

```
12:  <p ng-repeat='str in content|filter:keyword:check'>{{str}}</p>
13:  ~중략~
```

```
18:  function Ctrl($scope){
19:      $scope.content =
20:      ["HTML","JavaScript","Java","Python","C#",
            ".NET","Objective-C","Jython"];
21:      $scope.check = function(actual, expected){
22:        return actual.toLowerCase()
            .indexOf(expected.toLowerCase()) >= 0 ? true: false;
23:      }
24:  }
```

줄 21에서 만든 함수를 줄 12의 비교기로 지정하면 대소문자에 관계없이 필터링할 수 있습니다.

객체를 이용한 필터링

좀 더 쓸모가 많은 경우는 역시나 객체를 이용해서 특정한 속성들을 필터링의 대상으로 반영하는 방식입니다. filter의 경우 $라는 특별한 속성을 지정할 수 있는데, $는 { '$': "" }와 같은 형태의 객체로 사용되므로 모든 속성을 이용한 필터링을 할 때 유용하게 사용할 수 있습니다.

예제 | filterFilter.html

```
01:  <!doctype html>
02:  ~중략~
```

```
08:        <div ng-controller="Ctrl" class="panel panel-primary">
09:        <div class="panel-heading">조선 왕들의 재위 기간 </div>
10:        <div class="panel-body">
11:        <input type='text' ng-model='search.$'/>
12:        <table class=table>
13:          <tr>
14:            <th ng-click='criteria ="id"'> 아이디 </th>
15:            <th ng-click='criteria ="name"'> 임금 </th>
16:            <th ng-click='criteria ="years"'> 재위기간 </th>
17:          </tr>
18:          <tr
                ng-repeat='member in members|filter:search|orderBy:criteria' >
19:            <td> {{member.id}} </td>
20:            <td > {{member.name}} </td>
21:            <td> {{member.years}} </td>
22:          </tr>
23:        </table>
24:  ~중략~
29:        <script>
30:        function Ctrl($scope){
31:          $scope.members = [
32:            {"id":"user00", "name":"영조", "years": "52"},
33:  ~중략~
34:          ];
35:          $scope.criteria = $scope.criteria|"id";
36:        }
37:  ~중략~
```

줄 11에서는 'search.$'를 이용해서 search라는 객체를 생성하고, $를 속성으로 지정합니다. 〈input type='text'〉에 입력하는 텍스트는 $ 속성의 값으로 사용되고, 이를 줄 18에서 활용합니다.

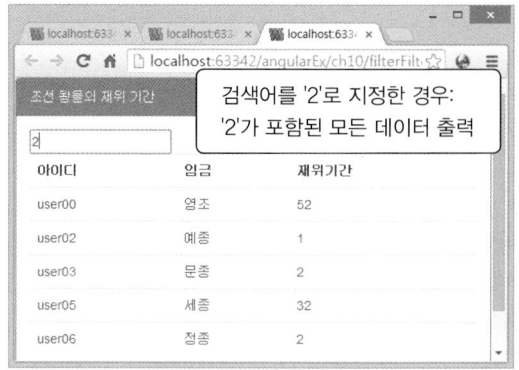

검색어를 '2'로 지정한 경우:
'2'가 포함된 모든 데이터 출력

동적으로 속성을 필터링하기

객체를 이용한 필터링의 용도는 아주 유용하게 사용될 수 있는데, 특히 특정 속성에 대한 검색 기능이 필요할 때 유용하게 사용될 수 있습니다.

앞의 예제들은 특정 속성에 관계없이 검색했지만, 예제에서 사용된 search라는 객체의 속성을 제어하면 id나 name, years에 따른 필터링이 가능합니다.

예제 | filterFilter1.html

```
01:  <!doctype html>
02:  ~중략~
08:      <div ng-controller="Ctrl" class="panel panel-primary">
09:      <div class="panel-heading">조선 왕들의 재위 기간 </div>
10:      <div class="panel-body">
11:      ID <input type='text' ng-model='search.id'/>
12:      Name <input type='text' ng-model='search.name'/>
13:      Years <input type='text' ng-model='search.years'/>
14:  ~중략~
20:        <tr
              ng-repeat='member in members|filter:search|orderBy:criteria'>
21:          <td> {{member.id}} </td>
22:          <td > {{member.name}} </td>
23:          <td> {{member.years}} </td>
24:        </tr>
25:  ~중략~
```

```
31:      <script>
32:      function Ctrl($scope){
33:          $scope.members = [
34:            {"id":"user00", "name":"영조", "years": "52"},
35:  ~중략~
36:          ];
37:          $scope.criteria = $scope.criteria|"id";
38:      }
39:  ~중략~
```

줄 11~13에서는 'search.id', 'search.name'과 같이 필터링에 필요한 속성과 값을 지정합니다. 이를 이용하면 다음과 같은 결과를 볼 수 있습니다.

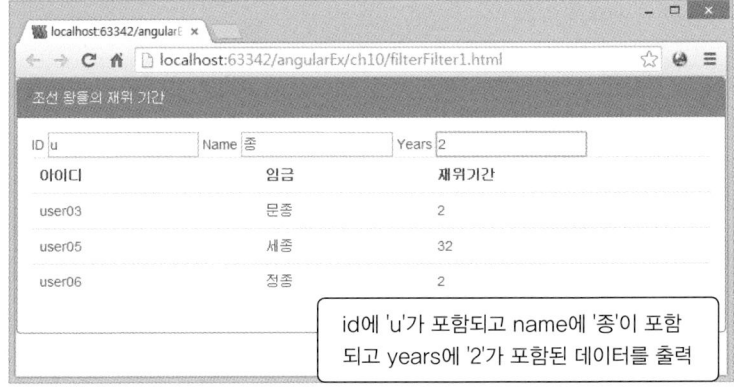

가끔은 속성을 더 동적으로 처리하고 싶은 때도 있습니다. 예를 들어 게시판의 검색에서 제목이나 작성자, 내용을 선별적으로 처리하는 경우를 들 수 있습니다.

자바스크립트의 객체가 동적으로 속성을 변경할 수 있다는 사실을 이용하면 AngularJS의 ngModel에서 이를 활용할 수 있습니다. 즉, 자바스크립트에서는 obj.id를 obj['id']와 같은 방식으로 사용할 수 있다는 점을 활용합니다.

```
<select ng-model='type' >
  <option vlaue="id" >id</option>
```

```
    <option vlaue="name">name</option>
    <option vlaue="years">years</option>
</select>
<input type='text' ng-model='search[type]'/>
<p><h2>{{search}}</h2></p>
```

위의 코드는 ngModel로 등록된 type이라는 데이터를 search[type]에서 활용하는 방식을 보여줍니다.

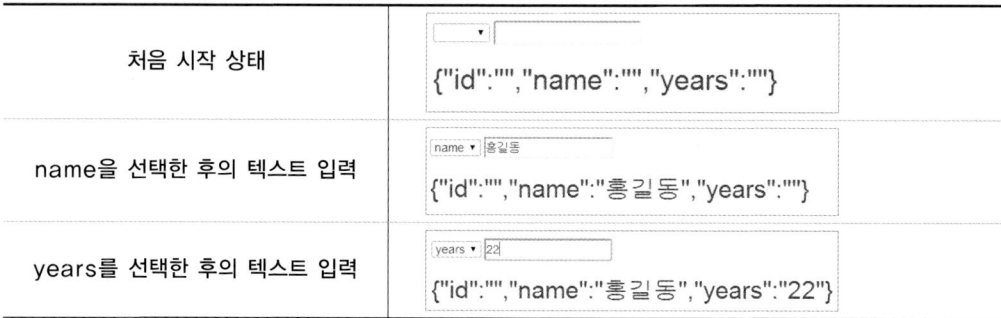

처음 시작 상태	{"id":"","name":"","years":""}
name을 선택한 후의 텍스트 입력	{"id":"","name":"홍길동","years":""}
years를 선택한 후의 텍스트 입력	{"id":"","name":"홍길동","years":"22"}

이 방식의 단점은 search 객체가 항상 상태를 유지한다는 점입니다. 이를 해결하려면 ngChange를 활용해야 합니다(ngChange는 onchange( )와 같이 ngModel 데이터의 변경 시 함수를 지정해서 사용합니다).

예제 | filterFilter2.html

```
01:  <!doctype html>
02:  ~중략~
11:     <select ng-model='type' ng-change="changeSearch(type)">
12:        <option vlaue="id" >id</option>
13:        <option vlaue="name">name</option>
14:        <option vlaue="years">years</option>
15:     </select>
16:     <input type='text' ng-model='search[type]'/>
17:     <p>{{search}}</p>
18:     <table class=table>
```

```
19:          <tr>
20:            <th ng-click='criteria ="id"'> 아이디 </th>
21:            <th ng-click='criteria ="name"'> 임금 </th>
22:            <th ng-click='criteria ="years"'> 재위기간 </th>
23:          </tr>
24:          <tr ng-repeat=
               'member in members|filter:search|orderBy:criteria' >
25:            <td> {{member.id}} </td>
26:            <td > {{member.name}} </td>
27:            <td> {{member.years}} </td>
28:          </tr>
29:        </table>
30: ~중략~
36:        function Ctrl($scope){
37:          $scope.members = [
38:            {"id":"user00", "name":"영조", "years": "52"},
39:            {"id":"user01", "name":"숙종", "years": "46"},
40: ~중략~
44:            {"id":"user06", "name":"정종", "years": "2"}
45:          ];
46:          $scope.criteria = $scope.criteria|"id";
47:          $scope.search = {"id":"", "name":"", "years":"", $:""};
48:          $scope.changeSearch = function(type) {
49:            for( var prop in $scope.search){
50:              console.log(prop);
51:              if(prop !== type){
52:                $scope.search[prop] = "";
53:              }
54:            }
55:          };
56:        }
57: ~중략~
```

줄 11에서는 〈select〉의 변경이 일어나면 컨트롤러에 등록된 changeSearch( )를 호출합니다. 줄 48에 있는 changeSearch( )는 줄 47에 정의된 search 객체 내에 다른 속성들을 초기화시키는 작업을 합니다.

줄 16에서는 이렇게 변경된 search 객체의 속성의 값을 지정하도록 합니다.

초기 화면은 다음과 같습니다.

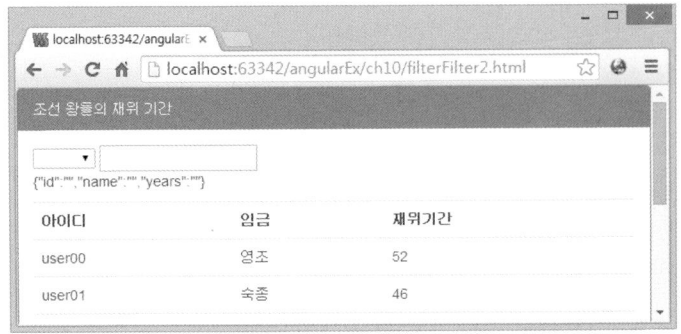

특정한 속성을 선택하고, 텍스트를 입력하면 search 객체의 다른 속성들은 " "로 변경되고, 현재 지정된 속성만을 변경해서 필터링합니다.

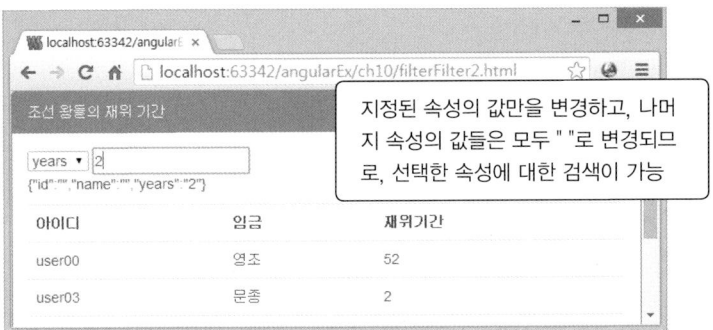

기본적인 필터링을 보다 재사용성을 높이려면 개발자가 직접 작성하는 사용자 정의 필터를 이용하는 것이 더 간편한 방법이 됩니다.

2.7 사용자 정의 필터 작성법

AngularJS에는 모듈에 필터를 직접 지정해서 사용할 수 있는 방법을 제공합니다. 이를 이용하려면 다음과 같은 방식으로 작성합니다.

- 모듈에 filter( ) 함수를 이용해서 필터의 이름과 몸통에 해당하는 함수를 넣습니다.
- filter( )의 파라미터로 들어가는 함수는 다시 실제로 필터링에 사용하게 되는 함수를 반환하도록 작성합니다.
- 실제 필터링을 구현하는 함수는 암묵적으로 대상이 되는 객체나 배열을 전달받으므로, 가장 첫 번째 인자는 배열이나 객체, 두 번째 인자부터 파라미터로 전달된 인자들을 지정합니다.
- 실제 필터링 함수는 로직에 맞게 데이터를 반환합니다.

예를 위해서 페이징(pagination)을 하는 예제를 이용하도록 합니다. 우선 모듈 설정에 filter( )를 추가합니다.

예제 | customFilter.html

```
30:  var memberApp = angular.module("memberApp", []);
31:  memberApp.filter('paging', function(){
```

줄 31에 추가된 필터의 이름은 'paging'으로 지정되었습니다.

실제 필터링을 하는 동안 필요한 객체를 함수로 작성해서 추가합니다.

예제 | customFilter.html

```
30:  var memberApp = angular.module("memberApp", []);
31:  memberApp.filter('paging', function(){
32:    return function(array, page) {
```

줄 32에 있는 함수의 파라미터는 각별한 주의가 필요합니다. ngRepeat에서 사용하는 필터를 작성하고자 할 때에는 첫 번째 파라미터는 ngRepeat의 대상이 되는 배열 데이터가 자동으로 지정됩니다. 두 번째 파라미터부터는 동작에 필요한 파라미터를 지정해서 사용합니다. 뷰쪽에서 파라미터는 쌍점(:)을 이용해서 전달합니다. 파라미터가 여러 개일 때는 ':'를 연속적으로 사용하면 됩니다.

예를 들어 줄 32에서 정의된 필터를 사용하려면 다음과 같이 사용합니다.

```
<tr ng-repeat="member in members|paging:10">
```

마지막으로 실제 필터링의 내용을 구현한 함수에 필요한 내용을 추가해줍니다.

예제 | customFilter.html

```
32:  return function(array, page) {
33:    var pageNum = page?(page -1) * 10: 0;
34:    return array.slice(pageNum, pageNum + 10);
35:}
```

줄 33에서는 만일 page 파라미터가 입력되지 않은 경우에 기본적으로 1페이지에 해당하는 데이터를 구하기 위한 작업입니다. 줄 34는 원래의 데이터 중에서 일부분을 잘라내는 기능을 구현합니다.

전체 예제는 다음과 같이 구성되었습니다.

예제 | customFilter.html

```
01:  <!doctype html>
02:  ~중략~
07:    <body ng-app="memberApp">
08:      <div ng-controller="ListCtrl" class="panel panel-primary">
09:      <div class="panel-heading">회원 목록 </div>
10:      <div class="panel-body" >
11:    페이지 번호 <input type='text' ng-model='page' >
12:      <table class=table>
13:        <tr>
```

```
14:            <th ng-click='criteria ="id"'> 아이디 </th>
15:            <th ng-click='criteria ="name"'> 이름 </th>
16:            <th ng-click='criteria ="tel"'> 전화번호 </th>
17:        </tr>
18:        <tr ng-repeat="member in members|paging:page">
19:          <td> {{member.id}} </th>
20:          <td> {{member.name}} </th>
21:          <td> {{member.tel}} </th>
22:        </tr>
23:      </table>
24: ~중략~
30:      var memberApp = angular.module("memberApp", []);
31:      memberApp.filter('paging', function(){
32:        return function(array, page) {
33:          var pageNum = page?(page -1) * 10: 0;
34:          return array.slice(pageNum, pageNum + 10);
35:        }
36:      });
37:
38:      memberApp.controller("ListCtrl", function($scope){
39:        $scope.members = [];
40:        for(var i = 0; i < 121; i++){
41:          $scope.members.push({"id":"user"+(i + 1),
                "name":"사용자"+(i+1), "tel":"123-00"+i});
42:        }
43:      });
44: ~중략~
```

줄 30에서는 모듈을 설정합니다. 줄 38의 모듈에 컨트롤러를 등록합니다. 페이징을 구현해야 하기 때문에 121개의 데이터를 이용하도록 합니다. 줄 11에서는 ngModel을 이용하여 page를 지정합니다. 줄 18에서는 ngRepeat를 이용하여 $scope의 members를 처리합니다. 이때 미리 등록된 'paging' 필터를 적용합니다.

이렇게 구현된 화면은 다음과 같이 보입니다.

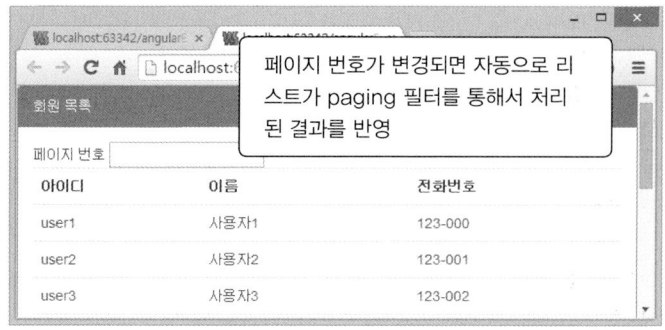

페이지 번호가 변경되면 자동으로 리스트가 paging 필터를 통해서 처리된 결과를 반영

자바스크립트에서 필터 처리하기

AngularJS의 필터는 주로 뷰(View) 쪽에서 처리하지만, 필요한 경우에는 $filter 서비스라는 것을 주입(Inject)받아서 처리하는 작업도 가능합니다. 예를 들어 사용자 정의 필터를 제작하는 과정에 기존의 필터 기능을 이용하는 경우에 유용하게 사용할 수 있습니다.

다음 화면과 같은 경우에는 앞의 예제인 'paging' 필터가 동작하는 중간에 다시 검색 조건을 반영해야 하는 상황입니다.

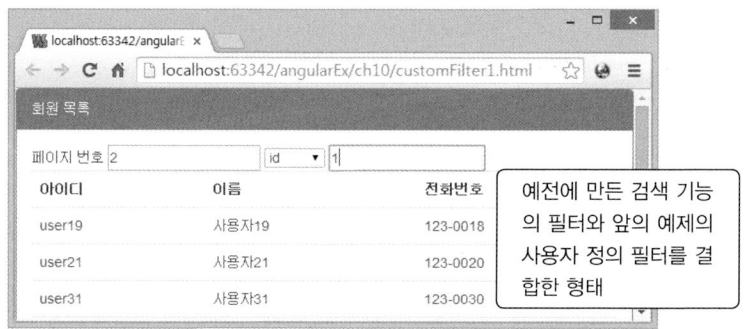

예전에 만든 검색 기능의 필터와 앞의 예제의 사용자 정의 필터를 결합한 형태

```
01:  <!doctype html>
02:  ~중략~
11:    페이지 번호 <input type='text' ng-model='page' >
12:    <select ng-model='type' ng-change="changeSearch(type)">
13:      <option vlaue="id" >id</option>
```

```
14:        <option vlaue="name">name</option>
15:        <option vlaue="years">years</option>
16:     </select>
17:     <input type='text' ng-model='search[type]'/>
18: ~중략~
36:     <script>
37:     var memberApp = angular.module("memberApp", []);
38:     memberApp.filter('paging', function($filter){
39:       var filterObj = $filter("filter");
40:       return function(array, page, search) {
41:         var resultArray = filterObj(array, search);
42:         var pageNum = page?(page -1) * 10: 0;
43:         return resultArray.slice(pageNum, pageNum + 10);
44:       }
45:     });
46: ~중략~
```

줄 38에서는 사용자 정의 필터를 만들 때 $filter 서비스를 주입받습니다. 줄 39에서는 filter를 변수로 할당받습니다. 줄 41은 기존의 filter를 이용해서 검색을 한 번 한 결과를 resultArray로 추려내고, 줄 42는 그에 대해서 페이지 처리를 합니다.

AngularJS의 서비스

AngularJS 의 컨트롤러가 뷰와의 연동을 목적으로 한다면 서비스(Service)는 보다 비즈니스 로직에 중점을 둔 재사용을 목적으로 하는 객체라고 할 수 있습니다. 일반적으로 AngularJS의 컨트롤러는 하나의 뷰와 매칭되도록 설계되는 반면에 서비스는 더 재사용 가능성이 큰 비즈니스 로직을 처리하고, 이를 다른 서비스나 컨트롤러에서 사용하는 것을 목적으로 합니다.

뷰를 제작하다 보면 같은 데이터를 사용하는 여러 개의 뷰를 만드는 경우가 있습니다. 예를 들어, 최신 등록된 데이터가 첫 화면에도 나타나고 리스트에 진입했을 때에도 보이는 등의 작업들이 이러한 예라고 할 수 있습니다.

AngularJS의 컨트롤러는 특별한 경우가 아니라면 하나의 뷰와 하나의 컨트롤러를 사용하는 것이 보편적이고, 필요한 로직을 공유하고자 서비스를 이용하게 됩니다(컨트롤러의 경우 자신만의 고유한 $scope를 이용하기 때문에 여러 컨트롤러에서의 데이터 공유에는 적합하지 않습니다). AngularJS에서의 서비스는 하나의 애플리케이션 단위로 단일 객체(Singleton Object)로 등록되어서 여러 곳에서 사용되더라도 하나의 객체를 공유하는 형태로 설계되고, 주입되는 형태로 사용됩니다(AngularJS는 내부적으로 $injector를 이용해서 Service 객체를 요구하는 곳에 주입하게 됩니다).

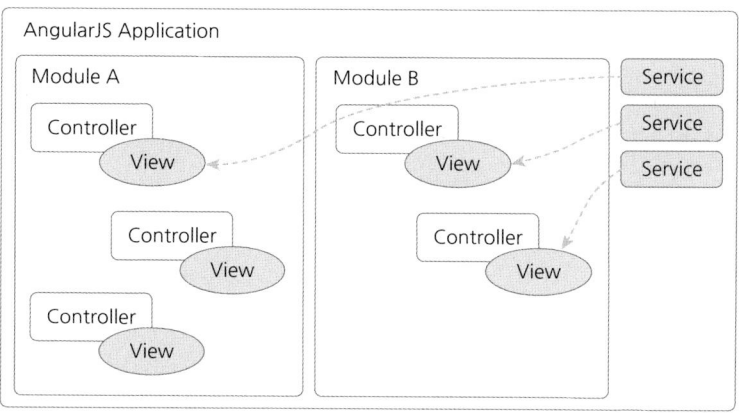

위의 그림에서 보듯이 AngularJS의 구성 요소 중에 서비스는 모듈에 속해 있지 않습니다. 따라서 가장 공통으로 많이 써야 하는 기능들을 구성하기 위해서 사용됩니다. 가장 크게 구분하자면 다음과 같이 나누어 볼 수 있습니다.

- 공통 관심사(로그, 외부 네트워크 연결, 보안 등)에 해당하는 작업
- 여러 컨트롤러가 공유해야 하는 로직

AngularJS에서는 $로 시작하는 많은 내장(Built-in) 서비스를 갖추고 있는데, 이전 장에서 본 $filter도 그중의 하나입니다(https://docs.angularjs.org/api/ng/service를 참조하면 AngularJS가 지원하는 서비스 기능들을 알 수 있습니다).

이번 장에서는 다음과 같은 내용을 학습합니다.

- 서비스를 등록하고 사용하는 다양한 방법
- $http 서비스를 이용하는 URL 호출
- $q 서비스를 이용한 비동기 호출
- $resource 서비스를 이용하는 REST 방식의 호출

1. 서비스 객체의 등록

서비스 객체는 엄밀하게 말하자면 순수한 자바스크립트 코드로 구성된 재사용성이 높은 객체라고 할 수 있습니다. AngularJS의 경우에는 이러한 서비스 객체를 단순한 자바스 크립트로 구성하고, 의존성 주입을 통해서 기존에 개발된 서비스들을 활용하기 쉽도록 작성되어 있습니다.

AngularJS는 여러 방식으로 서비스 객체를 등록할 수 있는데 다음과 같은 방식이 주로 사용됩니다(원래는 모두 함수이지만, 이해를 돕고자 방식이라는 표현을 사용했습니다).

- service( )를 이용해서 이미 완성된 객체를 서비스로 등록하는 방식
- factory( )를 이용해서 서비스 객체를 초기화하는 방식
- provider( )를 이용해서 config( )에 사용하는 방식
- value( ), constant( )를 이용해서 애플리케이션 내에 변수나 상수로 지정하는 방식

AngularJS에서 다양한 방식을 제공하는 데 있어서 가장 중요한 판단 기준은 다음과 같습니다.

- 서비스 객체의 단일 객체 여부
- 서비스 객체의 초기화(Initialization) 가능 여부
- 서비스 객체의 모듈별 설정 가능 여부(config)

설정에서 가장 많이 사용되는 service( ), factory( ), provider( )는 위의 기준으로 다음처럼 구분됩니다.

Type	단일 객체 여부	객체 생성 가능 여부	설정 변경 여부
Service	Yes	No	No
Factory	Yes	Yes	No
Provider	Yes	Yes	Yes

서비스를 이용하는 간단한 예제는 다음과 같은 구성으로 작성될 것입니다.

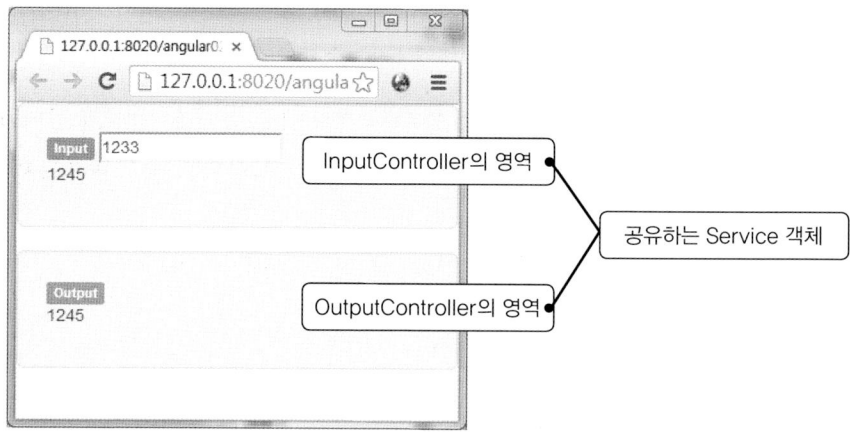

1.1 factory( ) 방식

factory( )를 이용하는 방식은 AngularJS에서 가장 많이 사용되는 방식으로, 다음과 같은 구성 요소를 가집니다.

- **name**   서비스 객체를 활용할 때의 이름
- **getFn(함수)**   서비스 객체를 생성할 수 있는 함수

사용 방법은 다음과 같습니다.

예제 | factoryEx.html

```
24: hello.factory("HelloFactory",function(){
25:   return {
26:     sum: 0,
27:     add:function(num){
28:       this.sum += num;
29:     },
30:     getSum:function(){
31:       return this.sum;
```

```
32:      }
33:    };
34:  });
```

factory( )의 두 번째 파라미터로 사용하는 함수는 앱이 실행될 때 한 번 호출됩니다. 만일 작성하는 서비스 객체가 AngularJS에 등록된 다른 객체나 서비스를 이용하고자 한다면 다음과 같은 방식으로 작성합니다.

```
hello.factory("HelloFactory",['$http', function($http){
  return {
    sum: 0,
    add:function(num){
      this.sum += num;
    },
    getSum:function(){
      return this.sum;
    }
  };
}]);
```

1.2 service( ) 방식

service( )를 이용하는 방식은 factory( ) 방식과 유사하지만, 생성자 함수를 등록해서 사용한다는 점에서 차이가 있습니다.

예제 | serviceEx.html

```
23: hello.service("HelloService",function(){
24:   var sum = 0;
25:   this.add = function(num){
26:     sum += num;
27:   };
28:   this.getSum = function(){
```

```
29:      return sum;
30:    };
31: });
```

만일 서비스 객체가 다른 객체나 서비스를 주입받는 상황이라면 줄 23~31을 다음과 같이 구현할 수 있습니다.

```
23: hello.value("startValue", 10);
24: hello.service("HelloService",function(startValue){
25:   var sum = startValue;
26:   this.add = function(num){
27:     sum += num;
28:   };
29:   this.getSum = function(){
30:      return sum;
31:   };
32: });
```

줄 23에서는 모듈이 사용하는 startValue라는 것을 등록하고, 줄 24에서는 이를 이용해서 Service 객체를 생성합니다. 이 경우 화면은 다음과 같이 10에서부터 sum 값이 시작됩니다.

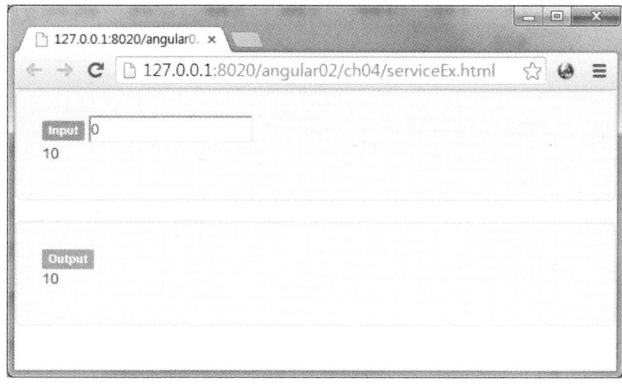

1.3 provider( ) 방식

provider( )를 이용하는 방식은 AngularJS가 factory( )를 동작시키는 방법을 개발자가 직접 조정해서 사용하는 형태입니다. 이 방식은 모듈의 config( )를 이용할 수 있다는 점이 factory( ) 방식과의 차이라고 볼 수 있습니다. 다른 두 방식과는 달리 AngularJS에서 기본적으로 제공하는 서비스들이 provider( ) 방식을 많이 사용되는 이유 중의 하나가 바로 이러한 객체마다 독립적인 설정이 가능하기 때문입니다.

provider( )는 AngularJS가 가진 $provide라는 것이 동작하는 방식을 개발자가 직접 조정하는 형태로, $get( )을 만들어서 사용하는 것이 핵심입니다.

예제 | providerEx.html 수정 전

```
23:  hello.provider('HelloProvider',function() {
24:    this.$get = function(){
25:      return {
26:        sum: 0,
27:        add:function(num){ this.sum += num;},
28:        getSum :function(){return this.sum;}
29:      };
30:    };
31:  });
```

코드를 보면 $get( )으로 factory( ) 방식과 동일하게 작성하는 것을 볼 수 있습니다. 다만 provider( ) 방식은 각 모듈의 config( ) 시에 원하는 속성을 조정할 수 있는 형태로 사용할 수 있습니다. 예를 들어 위의 객체를 다음과 같이 확장해서 사용할 수 있습니다.

예제 | providerEx.html 수정 후

```
23:  hello.provider('HelloProvider',function() {
24:    var configValue = 0;
25:    this.$get = function(){
26:      return {
27:        sum: configValue,
28:        add:function(num){ this.sum += num;},
```

```
29:         getSum :function(){return this.sum;}
30:       };
31:     };
32:     this.setStartValue = function(numValue){
33:       console.log(numValue);
34:       configValue= numValue;
35:     };
36: });
```

바로 이전의 코드와는 달리 줄 24의 configValue나 줄 32의 setStartValue와 같은 추가적인 속성과 동작을 포함한 형태입니다. 모듈의 config( )를 이용하면 다음과 같이 사용할 수 있습니다.

```
38: hello.config(function(HelloProviderProvider) {
39:   HelloProviderProvider.setStartValue(100);
40: });
41:
42: hello.controller('InputController', function($scope, HelloProvider){
43:   $scope.getResult = function(){
44:     return HelloProvider.getSum();
45:   };
46:   $scope.calcNum= function(){
47:     HelloProvider.add(Number($scope.inputNum));
48:   };
49: });
```

provider( ) 방식은 모듈별로 다른 설정을 해서 사용할 수 있기 때문에 확장이 가장 유연한 형태의 사용 방식이기도 합니다.

2. $http 서비스

AngularJS에는 여러 종류의 내장 서비스(Built-in Service) 객체가 있지만 그중에서 가장 먼저 알아둘 만한 서비스는 $http입니다(AngularJS는 기본적으로 $로 시작하는 작명 규칙을 지키고 있습니다).

$http는 이름만으로도 짐작할 수 있듯이 웹과 HTTP 통신을 할 때 사용합니다. 개발자는 $http 서비스를 활용해서 웹 앱에서 특정 서버에 데이터 요청을 처리합니다. 과거의 서버 중심의 개발 방식과는 달리 웹 앱의 구조에서는 기능의 처리가 상당 부분 클라이언트 쪽으로 변경된 형태로 작성됩니다.

시대별 웹에서의 통신 방식

2000년대 중반의 Ajax 패턴이 많이 활용되면서 기존의 자바스크립트에서는 XMLHttpRequest라는 브라우저의 객체를 이용해서 이러한 통신을 처리하였고, JQuery 라이브러리는 이를 더욱 편리한 형태로 사용할 수 있도록 제공하여, 많은 환영을 받았습니다. AngularJS의 $http는 Ajax에서 사용하는 XMLHttpRequest 객체를 이용하는 데 필요한 기능을 제공합니다.

시대별	HTTP 통신 처리
90년대 말 ~ 2000년대 초반	〈iframe〉을 이용한 처리
2000년대 초	Ajax의 보편화와 XMLHttpRequest 객체를 이용한 처리
2000년대 중반 이후	jQuery 등의 라이브러리를 이용한 처리

2.1 $http 서비스 활용 방식

AngularJS가 별도의 개발 없이 서버와의 통신을 위한 $http 서비스를 내장 형태로 제공하기 때문에 이를 활용하는 방식은 다음과 같은 형태가 있을 수 있습니다.

- 컨트롤러에 $http 서비스를 주입 받아서 사용하는 방식

- 비즈니스 로직 처리를 순수하게 분리하고 이를 별도의 서비스 객체로 만들 때 $http를 주입 받는 방식

이 두 가지 방식을 사용하는 데 있어서의 판단 기준은 뜻밖에 단순하게 "여러 개의 컨트롤러에서 같은 로직을 수행할 필요가 있는가?"로 판단합니다. 사실상 컨트롤러는 하나의 뷰를 갖도록 설계되는 것이 일반적이기 때문에 컨트롤러가 $http 서비스를 이용한다는 것은 하나의 뷰에서만 $http를 통한 서버의 연결이 필요한 때입니다.

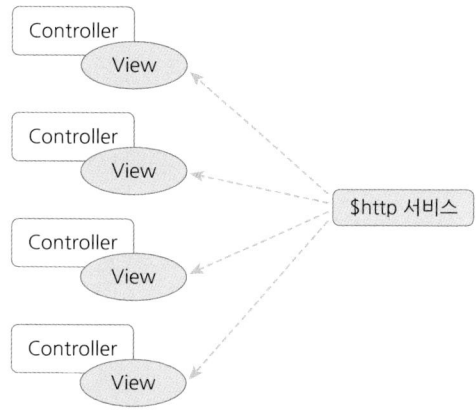

반면에 여러 개의 화면에서 공통으로 유지해야 하는 데이터의 경우는 컨트롤러들이 공유해서 사용하는 서비스를 통해서 이루어지는 것이 더 나은 방식이라고 할 수 있습니다. 따라서 일반적으로 AngulaJS의 작성 예제들은 보통은 별도의 서비스 객체를 구성하고, 서비스 내에서 $http를 이용하는 방식이 더 많이 사용됩니다. 이런 방식의 경우 AngularJS의 서비스 객체는 순수한 비즈니스 로직을 처리하기 위한 용도로 사용하고, 이때 서버와의 데이터 통신을 할 수 있는 기능을 가진 객체가 바로 $http입니다.

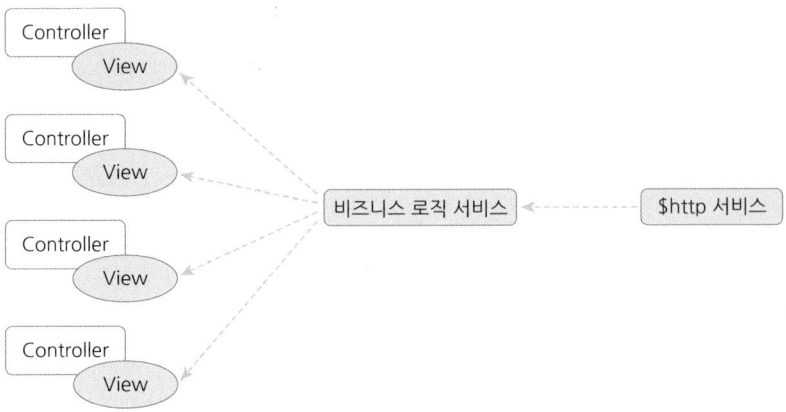

$http 서비스의 활용 형식

$http 서비스는 기본적으로 다음과 같은 형태로 사용합니다.

```
$http (
{
  //XMLHttpRequest 호출에 필요한 옵션( method, url, etc)
}
).success(function(data, status, headers, config){
  //성공 했을 때의 처리
}).error (function(data, status, headers, config ) {
  //실패 했을 때의 처리
});
```

$http를 이용하는 데 있어서 필요한 부분은 다음과 같은 3가지로 구성됩니다.

- $http를 이용해서 호출에 필요한 설정들(config: XMLHttpRequest 객체 사용 시에 필요한 옵션들)
- success( ) $http를 이용한 호출에 성공했을 때의 Response 처리

  data   문자열이나 Object

  status   서버의 상태 코드

| | headers | 서버에서 보낸 헤더 데이터를 처리할 수 있는 함수 |
| | config | 서버의 호출에 사용된 설정 정보들 |

■ error( )　　　　호출에 실패했을 때의 처리

config 객체의 주요 속성에는 다음과 같은 것이 있습니다.

속성	설명
method	GET, POST와 같은 호출 방식
url	호출 URL
params	URL 호출 시에 전달되는 파라미터의 세팅
data	request로 전달되어야 하는 데이터
headers	호출 시의 전달할 HTTP 프로토콜의 헤더 정보
timeout	호출의 타임아웃
cache	기존 호출 정보의 캐시 여부
transformRequest, transformResponse	호출의 사전 처리나 결과의 사후 처리를 할 수 있는 기능을 함수로 작성
timeout	시간제한
responseType	문자열, json, document 등의 응답 타입 지정

컨트롤러에서 $http 서비스를 이용하는 경우

만일 컨트롤러에서 $http를 이용하기로 했다면 다음과 같은 형태로 작성됩니다.

예제 | httpController.html

```
01: <!DOCTYPE html>
02: ~중략~
15:     var app  = angular.module('app',[]);
16:
17:     app.controller("DataCtrl", function($scope, $http){
18:        $scope.getTestHttp = function(){
19:            $http({
```

```
20:            method:'GET',
21:            url:'data.json'
22:        }).success( function(data, status, headers, config){
23:            console.log("success" );
24:            console.dir(data);
25:        }).error( function(data, status, headers, config){
26:            console.log("error" );
27:        });
28:      };
29:    });
30:  ~중략~
```

줄 17에서는 컨트롤러를 생성하는데, 이때 $http 서비스 객체를 주입받도록 합니다. 줄 18에서는 컨트롤러에 getTestHttp( )를 작성하는데, 이때 $http 서비스 객체를 이용해서 현재 서버에 있는 data.json 경로를 호출합니다. 만일 데이터를 가져오면 줄 22 이하의 처리가 이루어지고, 문제가 있을 때에는 줄 25 이하의 처리가 이루어집니다.

$http 서비스와 사용자 정의 서비스 객체

특별한 경우가 아닌 이상 $http 서비스는 사용자가 정의하는 서비스에 주입되어서 사용되기 때문에 위의 예제를 별도의 서비스 객체를 구성하는 형태로 작성해 봅니다.

예제 | httpEx0.html

```
01: <!DOCTYPE html>
02: <html >
03:   <head>
04:     <meta charset="utf-8">
05:     <link rel="stylesheet" href="//netdna.bootstrapcdn.com/bootstrap/
          3.1.0/css/bootstrap.min.css">
06:   </head>
07:   <body ng-app='app'>
08:     <div ng-controller='DataCtrl'>
09:       <button ng-click='getTestHttp()'>Http Call </button>
```

```
10:        <h2>{{dataStr}}</h2>
11:      </div>
12:
13:      <script src="https://ajax.googleapis.com/.../angular.min.js">
             </script>
14:      <script>
15:      var app  = angular.module('app',[]);
16:
17:      app.factory('dataService', function($http){
18:        return {
19:          doTest: function (){
20:            $http({
21:              method:'GET',
22:              url:'data.json'
23:            }).success( function(data, status, headers, config){
24:              console.log("success" );
25:              console.dir(data);
26:            }).error( function(data, status, headers, config){
27:              console.log("error" );
28:            });
29:          }
30:        };
31:      });
32:
33:      app.controller("DataCtrl", function($scope, dataService){
34:        $scope.getTestHttp = function(){
35:          console.log("getTestHttp");
36:          data = dataService.doTest();
37:          console.log(data);
38:          //$scope.dataStr = dataService.doTest();
39:          $scope.dataStr = "Hello Service";
40:        };
41:      });
42:      </script>
43:    </body>
44:  </html>
```

줄 17에서는 'dataService'라는 이름의 사용자 정의 서비스를 등록해주었습니다. 이 서비스 객체에는 줄 19에서 doTest( )라는 함수를 가지도록 작성되었습니다. 줄 21에서는 $http를 이용해서 URL 호출을 시도합니다. 이때 가장 기본적으로 필요한 것은 method 속성과 url이므로 이 두 가지를 지정해서 동일 서버의 경로에 있는 data.json 파일을 호출합니다.

줄 24와 줄 27의 $http 서비스 호출에 대한 콜백(Callback)을 처리합니다. 지금의 경우에는 줄 25에서처럼 data.json에서 가져온 데이터를 console.log( )를 이용해서 출력합니다.

여기에 사용한 data.json 파일은 다음과 같이 작성되었습니다.

```
[{"name":"태조", "id":"user00", "desc":"조선의 건국자"},
{"name":"태종", "id":"user01", "desc":"태조 이성계의 다섯째 아들 이방원"},
{"name":"세종", "id":"user02", "desc":"조선의 성군"},
{"name":"단종", "id":"user03", "desc":"숙부에서 죽임을 당하는 어린 왕"},
{"name":"세조", "id":"user04", "desc":"왕위 찬탈자, 제도의 확립"}]
```

data.json에는 [ ]를 이용해서 지금 만들어진 데이터가 배열임을 명시합니다. 이를 data 로 가져온 결과는 다음과 같이 처리됩니다.

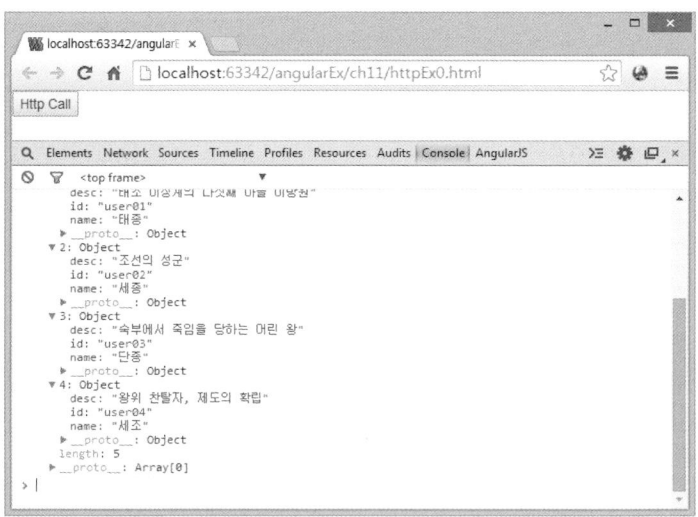

2.2 $http 서비스와 서비스-컨트롤러의 연결 작업 문제

가져온 데이터를 처리하려면 반드시 $http 서비스가 XMLHttpRequest 객체를 이용한 다는 사실을 기억해야 하고, Ajax 방식은 기본적으로 비동기로 처리된다는 것을 명심해 야 합니다.

예를 들어 위에서 만든 dataService를 컨트롤러에서 호출한 결과를 그대로 화면에 출력 하는 형태로 예제를 작성해보면 실제로 데이터는 제대로 전달이 되지만, 화면에 출력되는 부분에 문제가 있다는 것을 알 수 있습니다.

예제 | httpEx0.html

```
07:  <body ng-app='app'>
08:    <div ng-controller='DataCtrl'>
09:      <button ng-click='getTestHttp()'>Http Call </button>
10:    <h2>{{dataStr}}</h2>
11:    </div>
12:  ~중략~
33:    app.controller("DataCtrl", function($scope, dataService){
34:      $scope.getTestHttp = function(){
35:        console.log("getTestHttp");
36:        data = dataService.doTest();
37:        console.log(data);
38:        //$scope.dataStr = dataService.doTest();
39:        $scope.dataStr = "Hello Service";
40:      };
41:    });
```

줄 10에서는 AngularJS의 Model 데이터 중에서 dataStr를 이용해서 보여주는 표현 식으로 작성되어 있고, 줄 39에서는 서비스 객체의 호출 뒤에 "Hello Service" 문자열을 $sope에 dataStr로 등록하게 되어 있습니다. 실행해보면 $http 서비스 객체의 동작에는 전혀 문제가 없습니다.

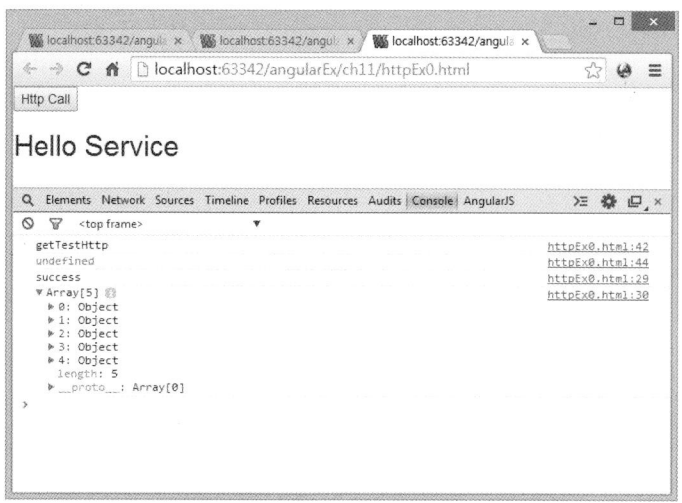

문제는 "Hello Service"라는 문자열 대신에 dataService를 통해서 가져온 데이터를 출력할 때입니다. 위의 코드에서 줄 38의 주석을 해제하고, 39를 주석으로 처리하면 다음과 같이 $http 호출은 제대로 처리되지만, 화면에서는 제대로 동작하지 못하는 것을 볼 수 있습니다.

예제 | httpEx0.html

```
34: $scope.getTestHttp = function(){
35:   console.log("getTestHttp");
36:   data = dataService.doTest();
37:   console.log(data);
38:   $scope.dataStr = data;
39:   //$scope.dataStr = "Hello Service";
40: };
```

이런 현상이 보여지는 이유는 $http 서비스의 동작이 비동기적으로 동작하기 때문입니다.

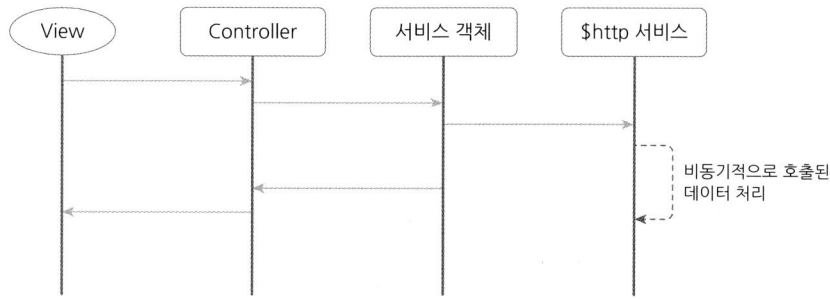

이를 해결하려면 다음과 같은 방법을 사용해볼 수 있습니다.

- 컨트롤러에서 서비스 쪽으로 $http 서비스 객체의 동작이 끝난 후에 처리해야 하는 콜백을 파라미터로 전달하는 방법

- 서비스가 Promise라는 것을 이용해서 비동기 처리를 마친 후에 동작하게 하는 방법 (AngularJS에는 $q로 등록된 Promise 서비스 객체가 있습니다. 이것을 이용하면 지금 당장은 아니지만 차후에 어떤 변화가 일어나는 상황에 대한 콜백을 등록하는 형태로 비동기적인 데이터를 처리할 수 있습니다.)

- $http 서비스의 비동기 옵션을 동기화된 방식으로 변경하는 방법

컨트롤러의 콜백 전달 방식

콜백(Callback) 전달 방식은 쉽게 말해서 컨트롤러가 결과 처리를 서비스 객체 쪽으로 부탁하는 방식입니다.

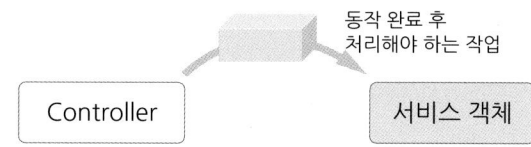

콜백 방식을 사용하기로 했다면 이전의 코드는 다음과 같은 방식으로 작성할 수 있습니다.

```
01:  <!DOCTYPE html>
02:  <html >
03:    <head>
04:      <meta charset="utf-8">
05:      <link rel="stylesheet" href="//netdna.bootstrapcdn.com/bootstrap
               /3.1.0/css/bootstrap.min.css">
06:    </head>
07:    <body ng-app='app'>
08:      <div ng-controller='DataCtrl'>
09:        <button ng-click='getTestHttp()'>Http Call </button>
10:        <h2>{{dataStr}}</h2>
11:      </div>
12:
13:      <script src="https://ajax.googleapis.com/.../angular.min.js">
               </script>
14:      <script>
15:      var app  = angular.module('app',[]);
16:
17:      app.factory('dataService', function($http){
18:        return {
19:          doTest: function (callback){
20:            $http({
21:              method:'GET',
22:              url:'data.json'
23:            }).success( function(data, status, headers, config){
24:              console.log("success" );
25:              console.dir(data);
26:              callback(data);
27:            }).error( function(data, status, headers, config){
28:              console.log("error" );
29:            });
30:          }
31:        };
32:      });
33:
34:      app.controller("DataCtrl", function($scope, dataService){
```

```
35:        $scope.getTestHttp = function(){
36:          console.log("getTestHttp");
37:          dataService.doTest(function(data){
38:             $scope.dataStr = data;
39:          });
40:        };
41:     });
42:     </script>
43:   </body>
44: </html>
```

줄 37에서는 dataService의 doTest( )를 호출하면 처리해주길 바라는 로직은 콜백으로 등록하는 것을 볼 수 있습니다. 줄 26을 보면 이렇게 전달된 콜백을 실행해서 현재 $http 서비스 객체의 결과를 반영하는 것을 볼 수 있습니다.

AngularJS의 Promise를 이용한 지연된 방식의 처리

잠시 뒤에 더 자세히 설명될 내용이지만, AngularJS의 $http는 지연 처리가 가능한 Promise라는 처리 방식을 지원합니다. 이 방식을 이용하면 말 그대로 특정한 약속 (Promise)을 하고 이 약속이 실행되었을 때 어떤 처리를 할 것인지를 지정할 수 있습니다.

조금 더 풀어서 설명하자면, Promise는 1) 특정 작업이 이루어질 것에 대해서 '약속'을 합니다. 2) 약속이 지켜지면 그다음의 처리(and then)를 어떻게 하는지를 판단합니다. 따라서 Ajax와 같이 비동기식으로 데이터를 처리하는 경우에 유용하게 사용할 수 있습니다.

작업이 완료되는 것을
보증하는 보증 수표(Promise)

동작 완료 후
처리해야 하는 작업

Controller

서비스 객체

AngularJS의 $http 서비스는 Promise 처리가 가능한 객체이므로, 우리가 작성하는 서비스 객체에서는 $http를 처리할 것을 약속으로 지정하고 약속이 이행되는 경우의 처리는 컨트롤러 쪽으로 옮기는 방식을 이용합니다.

AngularJS에서 Promise를 이용하는 방식은 생각보다 단순한데, 우선 우리가 작성하는 서비스 객체에서는 특정 기능을 할 때 '약속' 자체를 전달합니다.

예제 | httpEx2.html

```
17:  app.factory('dataService', function($http){
18:    return {
19:      doTest: function (){
20:        return $http({
21:          method:'GET',
22:          url:'data.json'
23:        }).success( function(data, status, headers, config){
24:          console.log("success" );
25:          console.dir(data);
26:          return data;
27:        }).error( function(data, status, headers, config){
28:          console.log("error" );
29:        });
30:      }
31:    };
32:  });
```

줄 19의 doTest 메서드는 줄 20에 언급된 것처럼 $http 서비스 객체를 반환합니다. $http 객체는 그 자체가 Promise를 구현하는 객체이기 때문에 반환받은 컨트롤러에서는 '약속'에 기반을 둔 처리가 가능해집니다.

예제 | httpEx2.html

```
34:  app.controller("DataCtrl", function($scope, dataService){
35:    $scope.getTestHttp = function(){
36:      console.log("getTestHttp");
```

```
37:        dataService.doTest().then(function(resultData){
38:          $scope.dataStr = resultData;
39:        });
40:    };
41: });
```

줄 37을 보면 dataService 객체의 doTest( )를 호출해서 $http 서비스 객체를 가져옵니다. 모든 Promise는 then( )이라는 메서드를 통해서 자신이 원하는 처리를 할 수 있습니다. 줄 38에서는 function을 이용해서 전달된 데이터를 $scope.dataStr로 바인딩하는 것을 볼 수 있습니다.

이를 처리한 실제 결과는 다음과 같습니다.

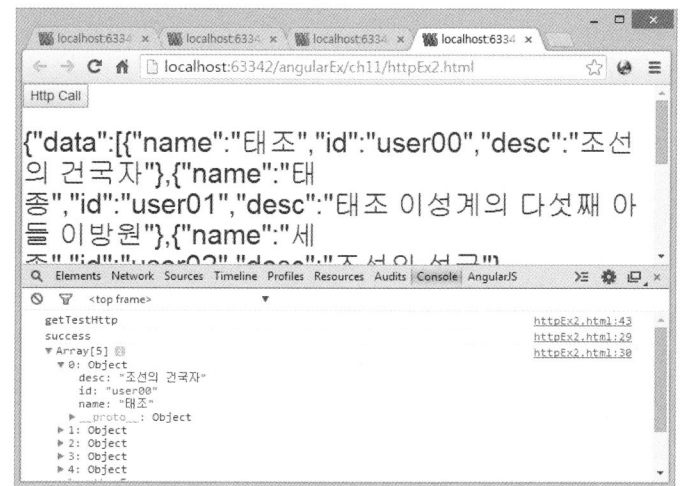

실제로 처리된 결과를 보면 뜻밖에 추가적인 데이터가 많이 붙어 있는 것을 볼 수 있습니다. 예를 들어 실제 전달된 데이터는 data라는 속성으로 처리되어 있고, status 속성 등이 있어서 현재 호출하는 data.json 데이터를 가져오는 것이 정상적인 처리가 된 것인지를 확인할 수 있습니다(Promise의 경우 잘못된 상황에 대한 처리는 '약속'이 이행된 이후에 처리해야 하는데, 이때 status와 같은 속성을 이용할 수 있습니다).

3. 축약형 $http 서비스 기능들

$http 서비스는 Ajax와 같은 방식의 데이터 호출에 사용하는 기능들을 좀 더 빠르게 사용할 수 있는 축약형(Shortcut) 형태의 기능들을 제공합니다.

- $http.get   GET 방식의 호출
- $http.head   HEAD 방식의 호출
- $http.post   POST 방식의 호출
- $http.put   PUT 방식의 호출
- $http.delete   DELETE 방식의 호출
- $http.jsonp   JSONP 방식의 호출

$http가 제공하는 기능들은 결국은 REST 방식의 호출을 사용할 때 유용하게 사용됩니다.

3.1 JSONP 방식의 호출

$http 서비스의 jsonp( )를 이용하면 Ajax를 사용할 때 많이 겪게 되는 동일 출처 정책(Same-origin Policy) 문제를 피해가는 데 편하게 사용할 수 있습니다. JSONP 방식은 근본적으로 GET 방식으로만 호출할 수 있다는 단점이 있지만, HTML로 구성된 화면에서 가장 쉽게 외부 서버의 자원을 활용할 수 있다는 데 장점이 있습니다.

예제를 위해서 다음(Daum)에서 제공하는 Open API의 기능 중에 지도 상의 좌표를 주소로 변환하는 기능을 이용해 보도록 합니다. 예제의 실행은 다음과 같은 형태입니다.

위도와 경도를 입력하고 버튼을 클릭
하면 Daum의 주소 변환 데이터를
호출하고 그 결과를 출력

이를 위해서는 다음에서 Open API의 사용 키(Key)를 발급받아야 합니다. 키의 발급은 https://dna.daum.net/myapi에서 할 수 있습니다.

좌표와 주소의 변환은 '로컬 API'를 이용하기 때문에 사용을 위해서는 신규 키를 발급받아야 합니다(https://dna.daum.net/myapi/dataapi/new).

지도 상의 좌표를 주소로 변환하는 부분에 대한 예제에 관해서는 http://dna.daum.net/apis/local/ref#coord2addr에서 보다 자세한 내용을 볼 수 있습니다.

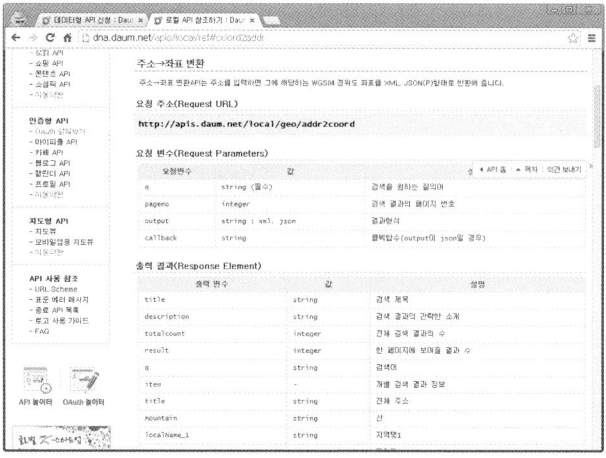

$http의 jsonp()는 다음과 같은 형태로 작성합니다.

```
22: var paramData = {
23:     apikey: '발급받은 KEY',
24:     latitude: lat,
25:     longitude:lng,
26:     output:'json',
27:     inputCoordSystem:'WGS84',
28:     callback:'JSON_CALLBACK'
29:     };
30: return $http.jsonp(
31:     "http://apis.daum.net/local/geo/coord2addr",
32:     { params:paramData });
```

주의해서 봐야 하는 부분은 줄 28의 콜백에 대한 처리 부분입니다. AngularJS는 JSON_
CALLBACK이라는 상수를 이용해서 호출의 결과를 받는 함수를 지정하도록 하는데, 이
를 통해서 개발자들은 $http의 then(처리 함수)의 형태로만 작성하는 것으로 JSONP 호
출의 결과를 처리할 수 있도록 합니다.

실제 호출 시에 JSON_CALLBACK 문자열은 다음과 같이 변경되어서 처리됩니다.

```
&callback=angular.callbacks._0&
```

JSONP 방식의 호출의 처리는 기존의 $http 서비스에서의 처리와 동일합니다.

```
01: <!DOCTYPE html>
02: ~중략~
07:   <body ng-app='app' >
08:     <div ng-controller='DataCtrl'>
09:       <input type='text' name='lat' ng-model='lat'></input>
10:       <input type='text' name='lng' ng-model='lng'></inut>
11:       <button ng-click='getTestHttp()'>Http Call </button>
12:     <h2>{{dataStr}}</h2>
13: ~중략~
19:     app.factory('dataService', function($http){
20:       return {
21:         doTest: function (lat, lng){
22:           var paramData = {
23:             apikey:'발급받은 API key',
24:             latitude: lat,
25:             longitude:lng,
26:             output:'json',
27:             inputCoordSystem:'WGS84',
28:             callback:'JSON_CALLBACK'
29:             };
30:           return $http.jsonp(
31:               "http://apis.daum.net/local/geo/coord2addr",
32:               { params:paramData });
33:       }
34:     };
35:   });
36:
37:     app.controller("DataCtrl", function($scope, dataService){
38: ~중략~
41:       $scope.getTestHttp = function(){
```

```
42:            console.log("getTestJSONP");
43:                dataService.doTest($scope.lat, $scope.lng).
                    then(function(data){
44:                    $scope.dataStr = data;
45:                });
46:        };
47:    });
48: ~중략~
```

4. $q와 Promise 처리

이미 $http 서비스를 이용할 때 지연된 결과를 처리할 수 있는 Promise에 대해서 언급한
적이 있습니다만, AngularJS는 자바스크립트로 개발된 Promise 라이브러리의 기능을
가지고 있습니다.

> JavaScript의 Promise 라이브러리에 대해서 궁금하다면 **http://www.html5rocks.com/
> ko/tutorials/es6/promises/**와 같은 글을 읽어보기를 권장합니다.

Promise API는 근본적으로 그 목적이 싱글 스레드로 동작하는 브라우저에서 비동기 처
리를 지원하는 결과를 만들어내기 위해서 사용되었습니다. 비동기적인 호출 방식의 간단
한 예로는 인터넷으로 특정 상품을 주문하는 경우를 생각해볼 수 있습니다. 택배의 경우
에는 그 상품이 배달이 오는 시점까지의 간격이 있는데, 우리의 일상생활에서는 주문한
사람은 택배 물건의 도착을 기다리지 않고 자신이 해야 하는 작업을 진행할 수 있습니다.

다만, 주문자는 "택배 물건이 도착하면 어떻게 할 것인가?"의 경우와 "원하는 물건이 배송
되지 않은 경우에는 어떻게 할 것인가?"의 선택이 필요합니다.

AngularJS는 자체적으로 Promise를 구현한 $q라는 것을 제공합니다. 이를 이용해서
개발자들은 비동기적으로 처리되는 기능을 마치 동기화된 처리와 비슷하게 처리할 수 있
게 합니다. AngularJS의 내부의 많은 서비스 객체들은 Promise와 같이 결합된 형태로

작성된 것들이 많습니다. 바로 이전에 사용해 본 $http의 경우 역시 그러한 예라고 할 수 있습니다.

4.1 $q 활용 방식

$q 서비스를 이용하는 가장 기본적인 형태는 다음과 같이 작성됩니다. $q 서비스 객체를 이용해서 defer( )를 이용해서 자신이 원하는 작업을 지정할 수 있는 객체를 생성합니다.

defer( )로 생성된 객체에는 다음과 같은 기능들이 있습니다.

- **notify**   현재 상태의 변경을 통지하는 기능
- **resolve**   성공적인 결과의 전달
- **reject**   주로 실패 결과의 전달

defer( )로 생성된 객체에는 다음과 같은 속성이 있습니다.

- **promise**   defer( )로 생성된 약속 객체

개발자가 하는 작업의 순서는 다음과 같이 정리됩니다.

① $q.defer( )를 이용해서 resolve( )하거나 reject( )할 수 있는 객체를 준비합니다.

② 원하는 작업을 실행해서 $q.defer( )로 생성된 객체에 resolve( )하거나 reject( )합니다.

③ 작업의 종료 시에는 defer( )의 속성인 promise 객체를 반환합니다.

④ 넘겨진 Promise를 이용하는 곳에서는 then( )을 이용하여 처리합니다.

$q의 사용 방식을 보고자 간단하게 앞에서 만든 $http 서비스의 결과를 다시 한번 처리하는 예제를 작성해 보도록 합니다. $http 서비스 객체는 그 자체가 Promise이기 때문에 원칙상 전혀 $q를 이용할 필요가 없기는 하지만, 예제를 위해서 기존의 호출을 Promise의 형태로 다시 사용해보도록 합니다.

```
01:  <!DOCTYPE html>
02:  ~중략~
07:    <body ng-app='app' >
08:       <div ng-controller='DataCtrl'>
09:         <button ng-click='gatheringData()'>Http Call </button>
10:       <h2>{{dataStr}}</h2>
11:  ~중략~
15:       var app  = angular.module('app',[]);
16:
17:       app.controller("DataCtrl", function($scope, $q, $http){
18:            var gathering  = function(){
19:                   var count = 0;
20:                   var asyncJob = $q.defer();
21:
22:                   $http.get("data.json").success(function (data){
23:                        console.log("first job finished...");
24:                        asyncJob.notify('first job');
25:                        asyncJob.resolve(data);
26:                   });
27:                   return asyncJob.promise;
28:            };
29:
30:            $scope.gatheringData = function(){
31:                   console.log("start gathring data");
32:                   gathering().then(function(data){
33:                        console.log("SUCCESS DATA: " + data);
34:                   }, function(data){
35:                        console.log("FAIL DATA: " + data);
36:                   }, function(data){
37:                        console.log("NOTIFY DATA: " + data);
38:                   });
39:  ~중략~
```

줄 09에서 버튼을 클릭하면 컨트롤러 객체의 gatheringData( )기능을 호출합니다. gatheringData( )에서는 줄 18에 정의된 gathering( ) 기능을 호출하게 되는데, 이 내부에서 줄 20을 보면 $q의 defer( )를 이용해서 Promise로 사용할 객체를 생성하게 됩니다.

줄 22에서는 $http를 이용해서 data.json 파일의 데이터를 요청합니다(앞서도 언급했지만 $http는 그 자체가 Promise이기 때문에 굳이 필요는 없지만, 예제를 위해서만 이용하도록 합니다). 줄 24, 25를 보면 notify( )와 resolve( )를 이용해서 처리 결과가 발생했음을 통보하고 결과 데이터를 반환하는 것을 볼 수 있습니다.

줄 27에서는 가장 중요한 defer( )로 생성된 promise 속성을 반환값으로 전달하는 것을 볼 수 있습니다.

줄 32 이후는 이렇게 Promise로 처리된 결과 데이터를 어떻게 처리하는지를 보여 줍니다. 줄 32의 이후에는 세 개의 함수를 지정하는 것이 보입니다. 이 구성은 다음과 같은 형태로 작성됩니다.

```
promise.then( 'resolve 시 처리' , 'reject 시 처리 ', 'notify 시 처리')
```

작성된 deferEx.html의 실행 결과는 다음과 같이 보입니다.

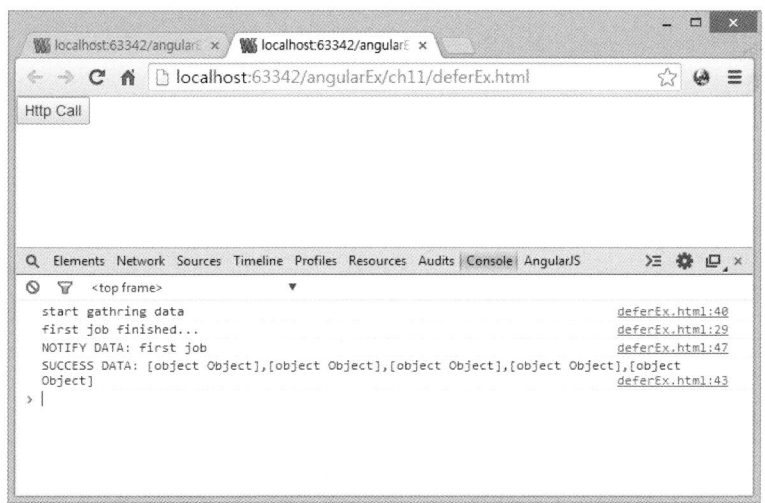

Promise의 결과 처리

$q 서비스를 이용해서 반환된 Promise는 다음과 같은 형태의 결과 처리를 할 수 있습니다.

- **then(successCallback, errorCallback, notifyCallback)** Promise의 결과에 따라서 상황에 맞게 처리하는 콜백 함수나 객체를 지정하는 방식
- **catch(errorCallback)** then(null, errorCallback)의 축약형
- **finally(callback)** Promise의 결과에 관계없는 처리. 단 finally는 자바스크립트의 키워드이기 때문에 promise['finally']의 형태로 사용

4.2 $q.all( )을 이용한 다중 Promise 처리

$q 서비스의 all( )을 이용하면 여러 개의 비동기화된 작업의 처리 결과를 한 번에 묶어서 처리할 수 있습니다. 예를 들어 특정 데이터가 두 곳의 데이터를 같이 모아서 전달되어야 하는 경우에 유용하게 사용할 수 있습니다.

$q.all( )의 파라미터는 배열의 형태로 여러 개의 Promise 작업이 들어갈 수 있습니다. 예를 들어, data.json 파일의 호출 결과와 data2.json 파일의 호출 결과를 같이 모아서 전달할 필요가 있는 경우를 생각해보면 다음과 같은 형태로 작성될 수 있습니다.

예제 | allEx.html

```
01:  <!DOCTYPE html>
02:  ~중략~
07:    <body ng-app='app' >
08:      <div ng-controller="DataCtrl">
09:        <button ng-click='gatheringData()'>Http Call </button>
10:      <h2>{{dataStr}}</h2>
11:  ~중략~
17:      app.controller("DataCtrl", function($scope, $q, $http){
18:        var gathering  = function(){
19:        //return $http.get("data.json");
20:        return $q.all([$http.get('data.json'),
                $http.get('data2.json')]);
```

```
21:        };
22:
23:        $scope.gatheringData = function(){
24:          console.log("start gathring data");
25:          gathering().then(function(data){
26:            $scope.dataStr = data;
27:          });
28:  ~중략~
```

줄 20에서는 $q.all( )을 이용해서 두 개의 Promise 작업을 배열로 작성하고, 이를 반환합니다. 이를 처리한 결과는 다음과 같은 형태로, data.json의 데이터 처리 결과와 data2.json의 처리 결과를 하나로 같이 전달하게 됩니다.

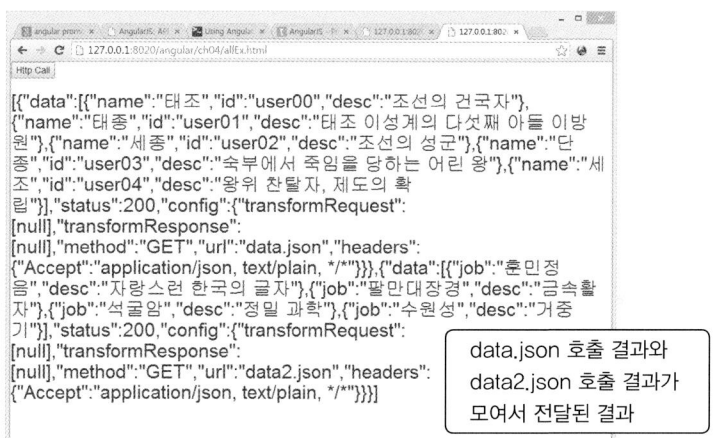

체이닝 방식의 Promise 처리

AngularJS의 $q 서비스의 처리 방식 중에 all( )과 더불어 체이닝 방식의 처리 기능 역시 개발에 편리한 기능을 제공합니다. 체이닝(Chaning) 방식은 Promise의 처리를 위해 사용하는 then( ) 뒤에 다시 Promise를 연결하는 방식으로 작성합니다.

체이닝 방식의 경우 하나의 Promise 작업이 완료된 후에 다시 다른 작업을 연속적으로 호출할 필요가 있을 때에 유용하게 사용할 수 있습니다. 예를 들어 앞의 예제들을 보면

data.json의 호출 결과가 실제 데이터 외에도 다른 부가적인 데이터가 많은 것을 볼 수 있습니다. 체이닝 방식을 이용하면 이전 Promise의 결과에 대한 처리에 다시 Promise를 활용할 수 있습니다. 이것은 Promise의 반환형이 Promise 자체이기 때문에 가능한 작업입니다(디자인 패턴에서는 흔히 빌더 패턴이 이런 방식을 사용합니다).

예제 | chaining.html

```
01:  <!DOCTYPE html>
02:  ~중략~
07:    <body ng-app='app' >
08:      <div ng-controller='DataCtrl'>
09:        <button ng-click='gatheringData()'>Http Call </button>
10:      <h2>{{dataStr}}</h2>
11:  ~중략~
15:        var app  = angular.module('app',[]);
16:
17:        app.controller("DataCtrl", function($scope, $q, $http){
18:            $scope.gatheringData = function(){
19:                  console.log("start gathring data");
20:                  var job1 = $http.get("data.json");
21:                  var job2 = function(data){
22:                        console.log(data);
23:                        var async = $q.defer();
24:                        async.resolve(data.data);
25:                        return async.promise;
26:                  };
27:                  job1.then(job2).then(function(data){
28:                        $scope.dataStr = data;
29:                  });
30:            };
31:        });
32:  ~중략~
```

줄 27에서 보면 첫 번째 작업인 job1을 호출한 이후에 then( )의 내용물로 job2를 지정하는 것이 보입니다. 줄 21의 job2에서는 조금 특이한 점들이 보이는데, 우선 파라미터를 받게 설계되어 있어 job1에서의 호출된 결과 데이터를 받게 되어 있습니다. 줄 23에서는 $q.defer( )를 이용해서 Promise를 준비하고, 줄 24에서는 data.json 파일의 호출 데이터 중에서 실제 내용에 속하는 데이터만을 추려내는 작업을 합니다.

chaining.html 예제의 실행 결과는 다음과 같습니다.

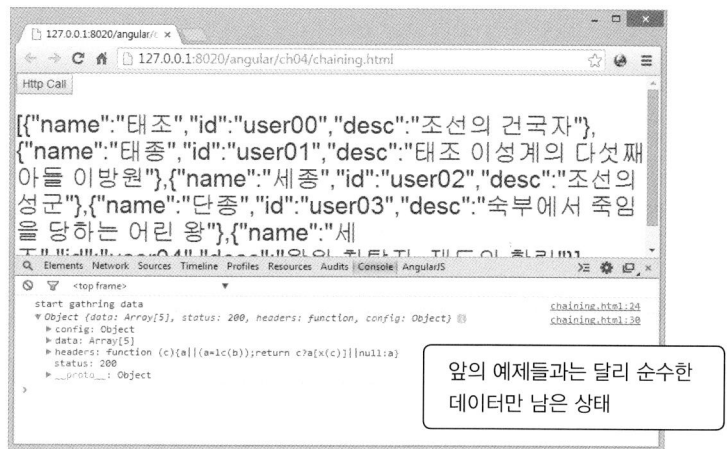

$q.when( )을 이용하는 결과 래핑 처리

가끔 $q 서비스를 이용한 작업을 하다 보면 작업의 처리 결과에 무언가를 덧붙여야 하는 경우가 발생할 수 있습니다. 이런 상황에서 $q의 when( )을 이용하면 처리된 결과를 래핑 (Wrapping)하고 추가적인 데이터를 붙이는 데 유용하게 사용할 수 있습니다.

$q의 when( )의 반환형이 Promise이므로 $q.all( )과 같이 이용하면 자동으로 추가적인 Promise로 인식됩니다.

예제 | whenEx.html

```
01:  <!DOCTYPE html>
02:  ~중략~
07:      <body ng-app='app' >
08:          <div ng-controller='DataCtrl'>
09:              <button ng-click='gatheringData()'>Http Call </button>
```

```
10:        <h2>{{dataStr}}</h2>
11:      </div>
12:  ~중략~
17:        app.controller("DataCtrl", function($scope, $q, $http){
18:          var gathering  = function(){
19:          //return $http.get("data.json");
20:          return $q.all([$http.get('data.json'),
                  $q.when('Good JOB!!')]);
21:        };
22:
23:        $scope.gatheringData = function(){
24:          console.log("start gathring data");
25:          gathering().then(function(data){
26:            $scope.dataStr = data;
27:          });
28:  ~중략~
```

줄 20의 부분에 $q.when( )이 사용되어서 $http.get('data.json')의 처리에 'Good JOB!!'이라는 데이터를 같이 포장해서 처리되도록 작성합니다.

이를 처리한 결과는 다음과 같이 보입니다.

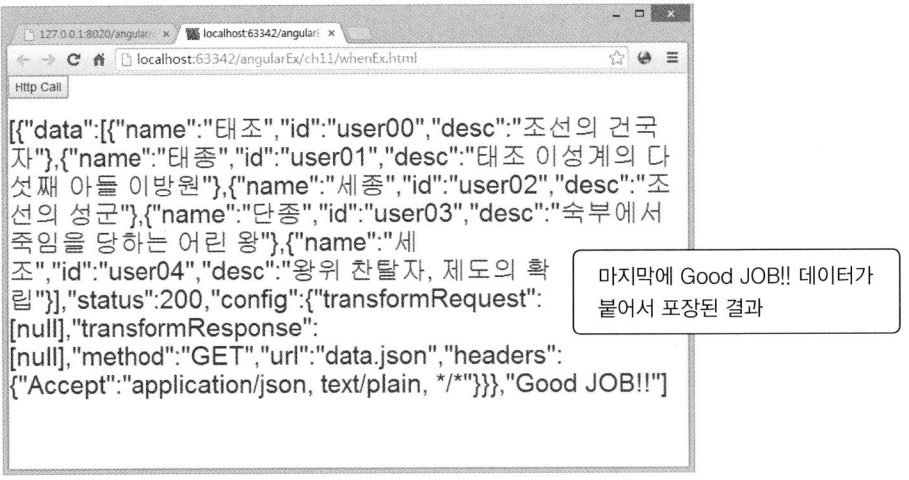

5. $timeout 서비스와 $log 서비스

AngularJS에서 Promise는 명시적으로 $q의 형태로도 제공되지만, 실제로 AngularJS 내부의 다양한 서비스 객체 안에 포함된 경우도 많습니다. 가장 대표적인 것이 $http 서비스의 경우라고 할 수 있습니다. $http와 더불어서 편하게 사용할 만한 서비스 중 $timeout 역시 Promise가 포함된 서비스로, 자바스크립트의 setTimeout( )과 비슷한 기능을 제공합니다(AngularJS의 문서를 보면 $timeout은 자바스크립트 함수 setTimeout( )의 래퍼(Wrapper)라고 명시되어 있습니다).

$timeout은 실행되어야 하는 함수와 지연(delay) 시간을 지정해서 사용합니다. 예를 들어 만일 버튼을 누른 후에 시간이 좀 더 지난 후에 $http 호출을 하는 경우라면 다음과 같은 형태로 작성할 수 있습니다.

예제 | timeOutEx0.html

```
01:  <!DOCTYPE html>
02:  ~중략~
09:        <button ng-click='startTimer()'> Start Timer </button>
10:        <h2>{{value}}</h2>
11:        </div>
12:  ~중략~
15:        var app  = angular.module('app',[]);
16:
17:        app.controller("DataCtrl", function($scope, $timeout, $http){
18:          var timeUp = function(){
19:            $http.get("data.json").then(function(data){
20:              $scope.value = data;
21:            });
22:          };
23:
24:          $scope.startTimer = function(){
25:           console.log("start timer");
26:           $timeout(timeUp, 2000);
27:          };
28:
29:          $scope.stopTimer = function(){
```

```
30:             console.log("end timer");
31:             $timeout.cancel(timer);
32:         };
33:     });
34: ~중략~
```

줄 18에서는 timeUp( )이라는 함수를 작성해주고, $http를 이용해서 data.json 데이터를 가져오는 작업과 이를 화면에 반영하는 작업을 실행합니다. 줄 26에서는 $timeout을 이용해서 2초(2000) 후에 timeUp( ) 함수를 호출하게 됩니다.

$timeout은 cancel( )을 이용해서 지정된 작업을 취소하는 기능을 가지고 있습니다. 이 기능을 이용하면 주기적으로 반복해서 진행되는 작업을 $timeout으로 지정하고 원하는 시점에 작업을 취소하도록 작성할 수 있습니다.

예제 | timeOutEx1.html

```
01: <!DOCTYPE html>
02: ~중략~
07:   <body ng-app='app' >
08:     <div ng-controller='DataCtrl'>
09:       <button ng-click='startTimer()'> Start Timer </button>
10:       <button ng-click='stopTimer()'> Stop Timer </button>
11:     <h2>{{value}}</h2>
12: ~중략~
16:     var app   = angular.module('app',[]);
17:
18:     app.controller("DataCtrl", function($scope, $timeout){
19:       var count = 0;
20:       var timer;
21:
22:       var countUp = function(){
23:         count++;
24:         console.log(count);
25:         $scope.value = count;
26:         timer = $timeout(countUp, 500);
27:       };
```

```
28:
29:        $scope.startTimer = function(){
30:          console.log("start timer");
31:          $timeout(countUp, 500);
32:        };
33:
34:        $scope.stopTimer = function(){
35:          console.log("end timer");
36:          $timeout.cancel(timer);
37:        };
38:      });
39: ~중략~
```

줄 20에서는 timer라는 변수를 하나 설정해두었는데, 이는 $timeout으로 지정된 함수를 줄 31에서 취소하기 위해서 사용합니다. 줄 36에서는 $timeout의 cancel( )를 이용해서 지정된 Promise를 취소하도록 설정합니다.

예제의 실행 화면은 다음과 같습니다. 〈Start Timer〉 버튼을 누르면 일정한 간격으로 숫자가 올라가고 〈Stop Timer〉 버튼을 이용해서 이 작업을 취소할 수 있습니다.

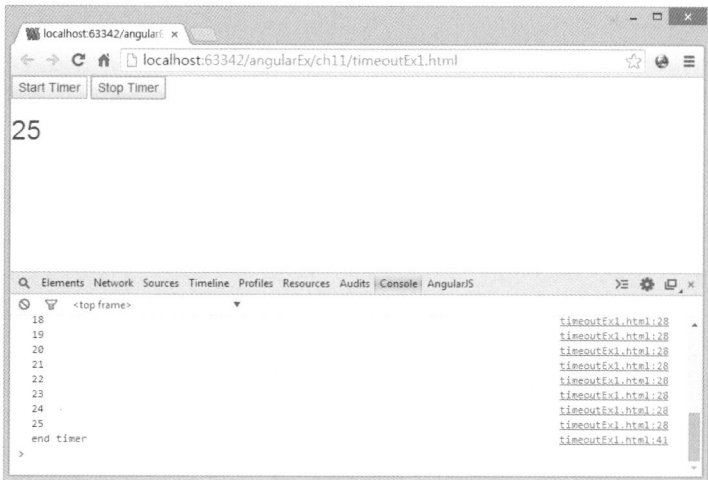

5.1 $log 서비스와 로그 처리

최근의 브라우저에서는 Console 객체를 이용해서 로그 메시지를 출력하는 기능을 가지고 있지만, 브라우저의 종류에 관계없이 처리하고자 AngularJS에서는 $log 서비스를 지원하고 있습니다. $log의 사용 방법은 기존 console과 비슷합니다.

- **log( )**   기본 설정으로 debug( )를 활용
- **info( )**   로그의 info 레벨
- **warn( )**   브라우저의 경고 메시지
- **error( )**   브라우저에서의 에러 메시지
- **debug( )**   가장 낮은 수준의 로그 출력

위와 같은 기능들을 활용하면 브라우저의 개발자 도구의 화면에서는 다음과 같은 결과로 보이게 됩니다.

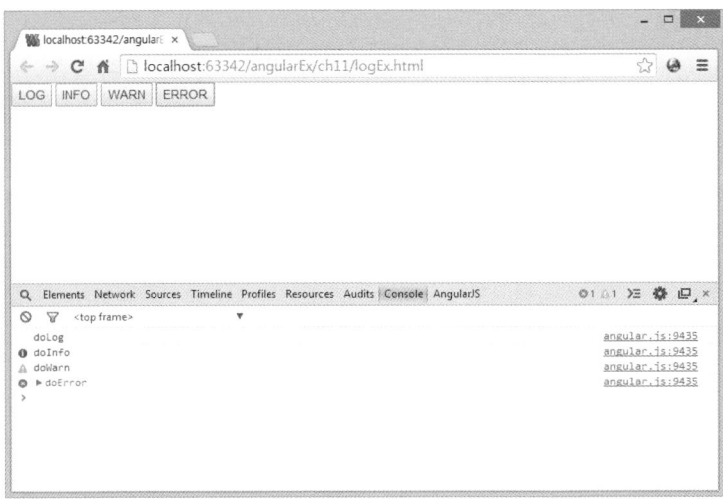

6. MongoLab과 $resource 서비스

AngularJS는 개발자가 필요한 많은 기능을 서비스로 제공하는데, 그중에서 REST 서비스의 데이터 처리에 유용하게 쓰일 수 있는 $resource 서비스는 더욱 간편하게 REST로 제공되는 서비스를 사용할 수 있도록 합니다.

REST

REST 방식 서비스의 목표는 뜻밖에 단순합니다. 웹 상의 모든 작업은 URL로 표현할 수 있어야 한다는 것이고, 이를 위해서 GET/POST로만 사용했던 HTTP 프로토콜의 전송 방식을 PUT, DELETE 등도 활성화해서 사용하자는 움직임입니다. REST에서 모든 데이터는 'URL + 전송 방식'으로 이루어 집니다

HTTP 메서드	의미
POST	Create
GET	Select
PUT	Create or Update
DELETE	Delete

다루는 예제에서는 별도의 서버 환경이 구성된 것이 아니므로, 외부에서 제공되는 REST API를 이용하려고 MongoLab을 사용하도록 합니다. MongoLab은 간단한 회원 가입만으로도 500MB의 데이터를 무료로 사용할 수 있고 MongoDB를 익히는 용도로도 사용할 수 있습니다.

6.1 MongoLab 회원가입과 DB 생성

MongoLab 사이트(www.mongolab.com)에 회원 가입을 하면 DB를 생성할 수 있는 화면으로 이동하게 됩니다.

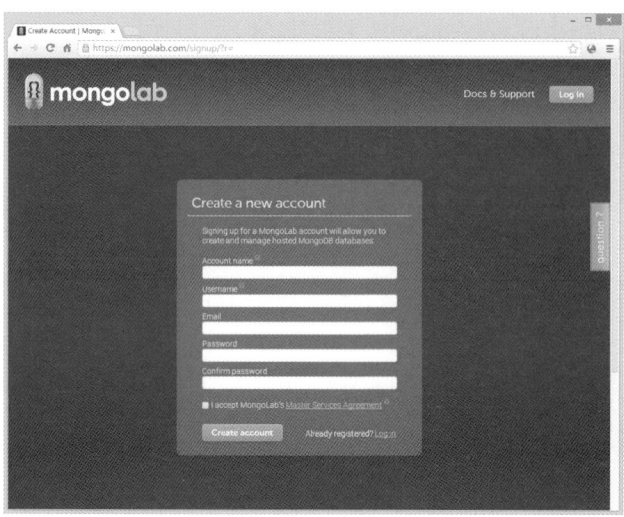

최초 가입 후에는 DB가 없으므로 [Create New] 메뉴를 이용해서 DB를 생성해 주어야
합니다.

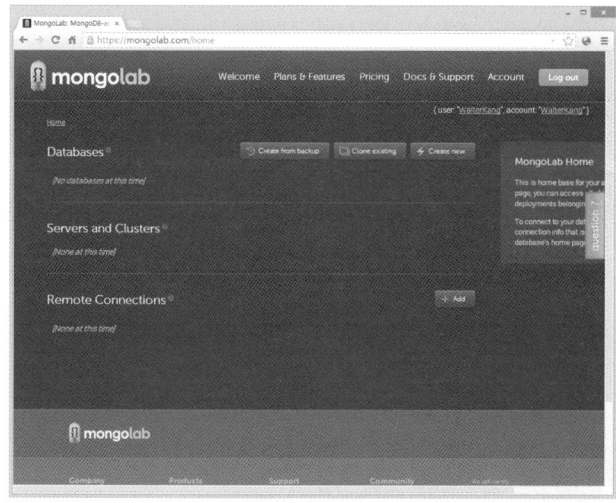

DB를 생성할 때 서비스를 제공해주는 클라우드 서버의 설정과 비용과 관련된 옵션을 선택합니다.

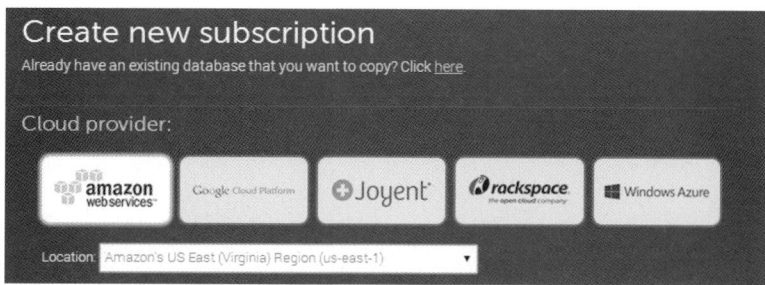

결재와 관련해서는 [Single Mode]를 이용해 주어야 무료로 사용할 수 있습니다.

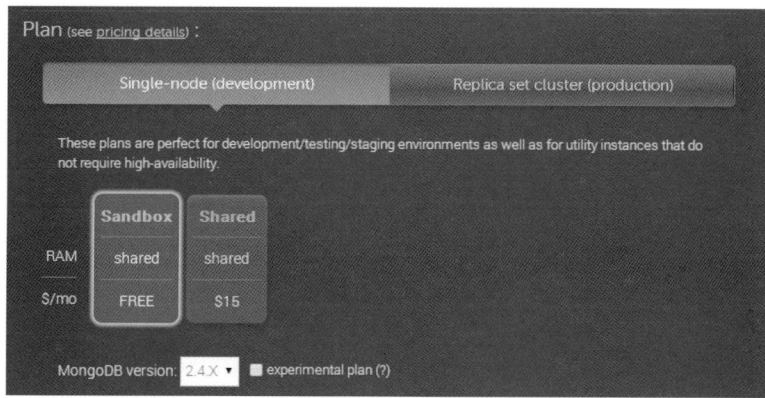

DB의 이름을 결정할 때에는 소문자만 사용할 수 있으므로 주의합니다.

DB가 생성되면 다시 이전 화면으로 돌아가게 되는데, 만들어진 DB를 확인할 수 있습니다.

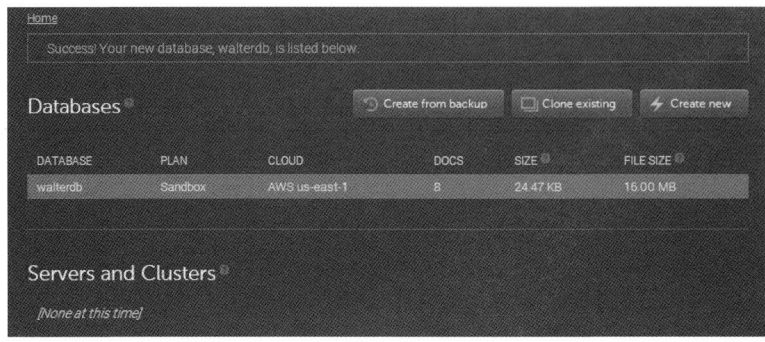

만들어진 DB를 선택하면 Collections를 추가하는 화면이 나오는데, 이때 다음 그림에서 보이는 화면 상단의 네트워크 연결 정보가 중요합니다.

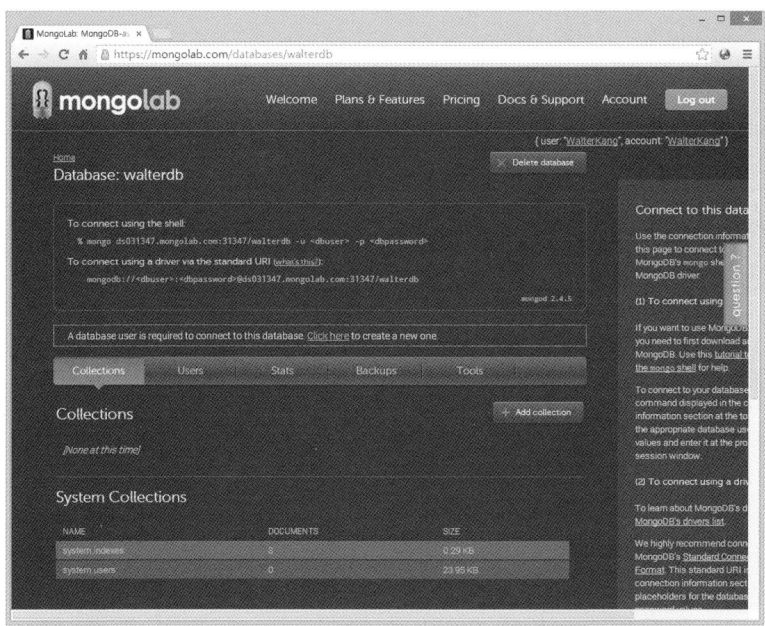

가장 상단에 나오는 정보는 사용자가 MongoDB가 설치된 경우에 사용할 수 있는 네트워크 설정 경로와 외부에서 프로그램을 이용해서 MongoLab을 연결하는 데 필요한 URL 정보입니다(다른 프로그래밍 언어에서 MongoLab을 연결하는 프로그램의 제작에 필수적인 정보입니다).

Collections 옆의 [Users] 탭 메뉴를 이용해서 생성한 DB에 연결할 수 있는 계정을 추가합니다.

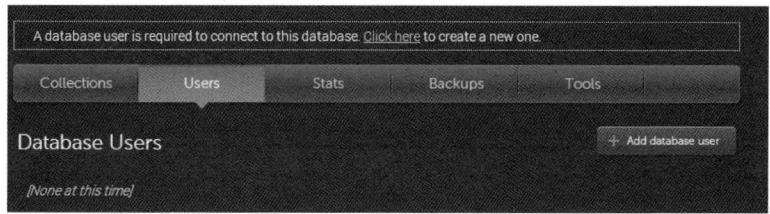

새로운 user를 생성할 때에는 '읽기 전용' 옵션을 주의해서 생성합니다.

생성된 후에는 데이터를 저장하는 Collections를 추가해 주면 됩니다(잠시 뒤에 설명하겠지만, Collection은 하나의 문서들의 묶음 저장소라고 생각하면 됩니다).

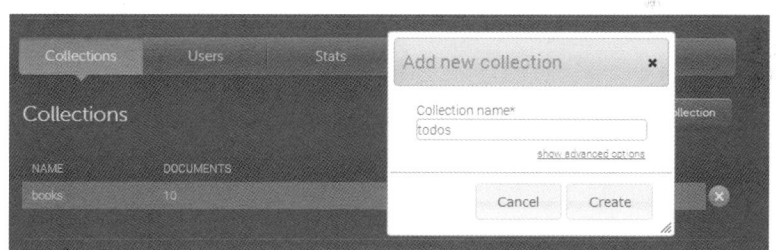

생성된 Collection 안에 새로운 문서를 추가하는 작업을 진행해 봅니다. 이때 주의할 점은 문서를 작성할 때 반드시 큰따옴표(")를 이용해서 키와 값을 지정해야 한다는 것입니다.

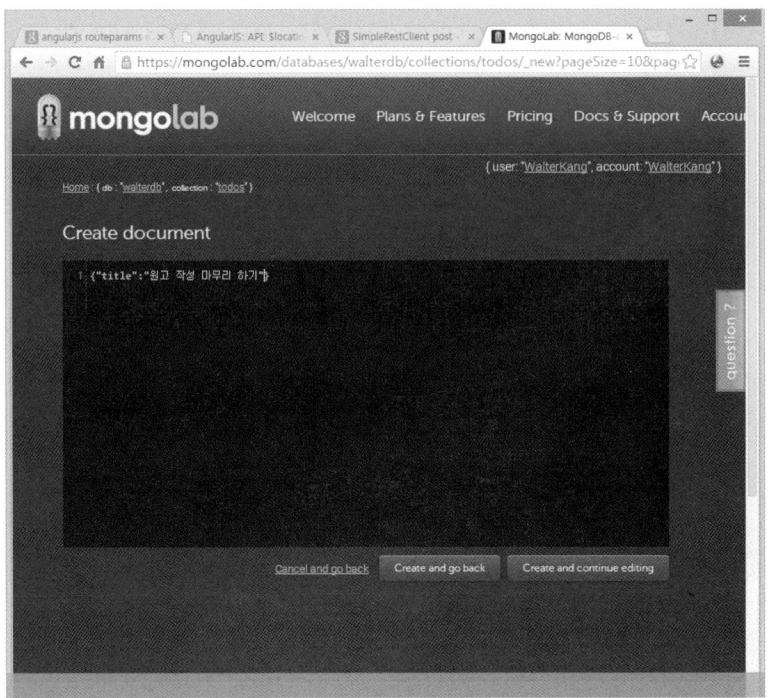

전체의 구조를 보면 Database → Collections → Document의 단계로 이루어졌음을 알 수 있습니다.

6.2 MongoDB와 기본 용어들

MongoDB는 기존의 데이터베이스들과 달리 NoSQL 계열에 속하면서도 RDBMS에 익숙한 개발자들이 쉽게 접근 가능한 시스템입니다.

원래 MongoDB의 목적 자체가 확장 가능한 웹 애플리케이션이었기 때문에 그 데이터의 구성 역시 웹에서 발생하는 데이터와 유사하게 구성됩니다. MongoDB에서는 각 데이터를 하나의 문서(Document)로 처리하는데, 각 문서에는 고유의 '_id' 속성이 있습니다.

MongoDB의 문서

RDBMS는 개체와 개체 간의 관계 설정을 통해서 하나의 온전한 데이터를 의미하게 됩니다. 따라서 복잡한 데이터의 경우 하나의 데이터는 여러 개의 테이블로 나뉘어서 보관됩니다.

반면에 MongoDB는 테이블의 구조가 없는 데이터를 보관합니다. MongoDB에서는 각 데이터는 하나의 독립적인 문서라고 간주하고 이를 보관하는데, 이것을 문서(Document)라고 합니다.

```
{
  "_id": "4c6cd19abac7061798000002",
  "CityId": 42231,
  "CountryID": 1,
  "RegionID": 833,
  "City": "Herat",
  "Latitude": 34.3330001831055,
  "Longitude": 62.2000007629395,
  "TimeZone": "+04:30",
  "DmaId": 0,
  "County": "HERA",
  "Code": ""
}
```

MongoDB의 문서는 자바스크립트에서 객체와 상당히 유사합니다(JSON 객체). 자바스크립트에서 객체를 생성할 때 정해진 클래스가 없는 것처럼, MongoDB의 데이터들 역시 고정된 필드를 가지지 않고 오직 '_id'라는 속성만을 지정하고 있습니다.

MongoDB의 이러한 특징으로 말미암아 보면 웹 애플리케이션 개발자들은 RDBMS의 테이블 분리와 조인으로 말미암은 비효율적인 데이터 처리를 개선할 수 있습니다.

Collection, Database

MongoDB가 문서 기반으로 데이터를 보관한다고 해서 아무 곳이나 문서를 추가하는 것은 아니고, 일종의 문서 들을 하나의 묶음으로 구성합니다.

MongoDB에서는 이러한 묶음을 Collection이라고 하고, 이 묶음들이 여러 개 모여서 하나의 Database를 이룹니다.

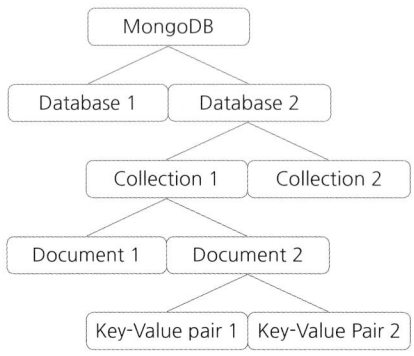

6.3 MongoLab API 키 확인과 테스트

MongoLab의 화면의 오른쪽 위의 사용자 계정을 선택하면 사용자 계정의 상세 화면이 나오면서 아래쪽에 API 키가 발급된 것을 확인할 수 있습니다.

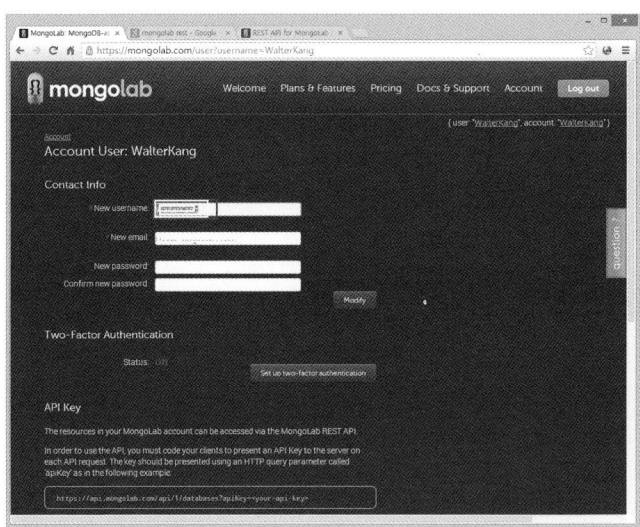

자신에게 발급된 API 키를 이용해서 MongoLab에 접근하면 다음과 같이 자신의 DB의
정보가 출력되는 것을 확인할 수 있습니다.

크롬 브라우저에서의 Simple REST Client App

REST 서비스로 제공되는 데이터의 경우 브라우저에서는 GET 방식의 호출만을 사용할 수
있기 때문에, POST나 PUT 등의 나머지 방식의 호출을 테스트하기에는 부족합니다. 크롬
브라우저의 앱 스토어에서 'Simple REST Client'라는 앱(https://chrome.google.com/
webstore/detail/simple-rest-client/fhjcajmcbmldlhcimfajhfbgofnpcjmb/reviews)
을 브라우저에 추가해 주면 간단히 화면에서 다양한 방식으로 호출할 수 있습니다.

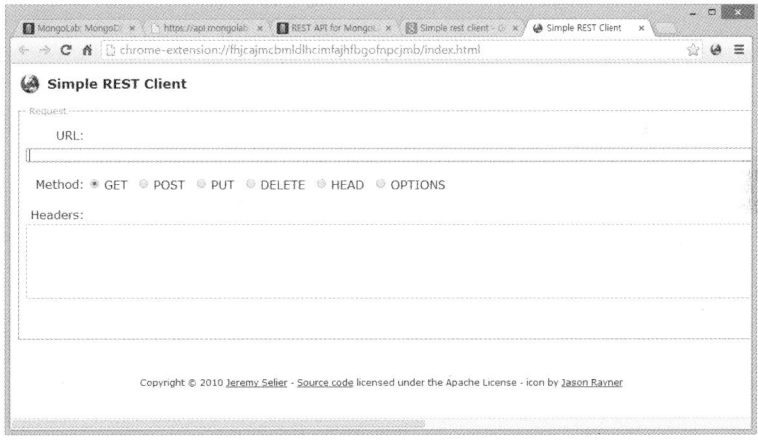

Simple REST Client를 이용할 때 한 가지 주의할 사항이 있다면 POST 방식으로 데
이터를 전송할 때의 설정입니다. 화면의 중간에 보면 Headers 란이 있는데 여기에
'Content-Type: application/x-www-form-urlencoded'와 같은 헤더 정보를 주어
야만 POST 방식으로 호출할 수 있습니다.

MongoLab에서는 http://docs.mongolab.com/restapi/의 문서를 통해서 개발자들이
REST 서비스되는 자원들을 활용하는 가이드를 제공하므로 Simple REST Client를 이
용해서 필요한 데이터의 호출을 테스트해볼 수 있습니다.

6.4 $resource를 이용한 REST 서비스 호출: ngResource 모듈

AngularJS는 ngResource 모듈의 $resource 서비스 객체를 이용해서 REST 서
비스를 사용하는 작업을 손쉽게 처리할 수 있도록 제공합니다. 다만, ngResource는
AngularJS 1.2 버전 이후에는 별도의 파일로 분리되어 있기 때문에 사용하기 전에 반
드시 추가 자바스크립트 파일을 추가할 필요가 있습니다(http://docs.angularjs.org/
api/ngResource 문서 참고).

```
<script src="https://ajax.googleapis.com/ajax/libs/angularjs
            /1.2.12/angular.min.js"></script>
<script src="https://ajax.googleapis.com/ajax/libs/angularjs
            /1.2.12/angular-resource.min.js"></script>
```

ngResource 모듈은 AngularJS의 코드 내에서는 $resource 서비스 객체로 사용되며,
REST 서비스의 CRUD 작업을 처리하는 기능을 제공하는데, 다음과 같은 구성으로 이루
어져 있습니다.

```
$resource(url, [paramDefaults], [actions]);
```

- url

  REST 서비스를 제공하는 서버의 URL 정보. 여기에 추가로 변경 가능한
  정보를 이용할 때에는 ':id'와 같이 쌍점(:)을 이용해서 추가적인 정보를 붙
  여서 사용합니다. 쌍점(:)을 이용하는 추가적인 정보의 경우에는 전달된 데
  이터에 지정된 속성이 존재하는 경우에 같이 하나의 경로를 구성하게 됩니
  다(잠시 뒤의 예제를 통해서 알아보도록 합니다).

- paramDefaults 　기본적으로 호출에 따라 붙는 정보를 지정하는 경우에 사용합니다. 예를 들어 특정 API의 키와 같은 정보처럼, 항상 같이 호출되는 정보를 지정할 때 유용합니다. 만일 전달된 데이터에 지정된 속성이 없는 경우에는 무시됩니다.

- actions 　사용자가 원하는 기능을 추가하거나, 전달되는 데이터를 구체적으로 지정할 때 유용합니다. 이를 이용해서 개발자는 자신의 원하는 헤더나 전송 방식(Method) 등을 지정할 수 있습니다.

$resource에는 기본적으로 다음과 같은 기능들이 있습니다.

- **query(params, success callback, error callback)** 　GET 방식으로 호출되는 조회용 기능. 반환 데이터는 JSON의 배열의 형태

- **get(params, succss callback, error callback)** 　GET 방식으로 하나의 데이터를 조회하는 기능. 반환 데이터는 JSON 타입의 객체

- **save(params, payload data, success callback, error callback)** 　POST 방식으로 데이터를 전달하고 새로운 데이터의 추가를 위한 기능

- **delete(params, success callback, error callback)** 　HTTP의 전송 방식 중 DELETE 방식을 이용한 데이터 전송 기능으로 삭제 용도로 사용

▌query( )를 이용한 데이터 목록 조회

MongoLab의 DB에 있는 특정한 Collection에 있는 데이터를 조회하는 경우라면 다음과 같은 정보로 구성됩니다.

```
https://api.mongolab.com/api/1/databases/walterdb/collections/books?apiKey=D9IfC1OZ-
t7IRPlJ3L7IoNcqY2SUc5Ceg
```

이때 apiKey의 경우는 매번 호출할 때 필요한 정보이므로, paramDefaults 데이터로 간주할 수 있습니다. 다음 예제는 books라는 Collection에 들어 있는 데이터를 query( )를 이용해서 JSON 데이터의 배열의 형태로 가져오는 예제입니다.

```
01:  <!DOCTYPE html>
02:  <html >
03:    <head>
04:      <meta charset="utf-8">
05:      <link rel="stylesheet"  href="//netdna.bootstrapcdn.com/bootstrap
             /3.1.0/css/bootstrap.min.css">
06:    </head>
07:    <body ng-app='app'>
08:      <div ng-controller='DataCtrl' class='container'>
09:        <h1 class="page-header text-center">MongoLab Books query </h1>
10:        <button ng-click='viewJob()'>View Collections </button>
11:         <div class="list-group">
12:         <div class="list-group-item todo-item"
                  ng-repeat="book in books">
13:           <label>
14:             <span ng-bind="book.title"></span>
15:           </label>
16:         </div>
17:        </div>
18:      </div>
19:
20:      <script src="https://ajax.googleapis.com/.../angular.min.js">
             </script>
21:      <script src="https://ajax.googleapis.com/.../
             angular-resource.min.js">
             </script>
22:      <script>
23:      var app  = angular.module('app',['ngResource']);
24:
25:      app.controller("DataCtrl", function($scope, $resource){
26:      $scope.viewJob = function(){
27:        console.log("view job....");
28:        var res = $resource('https://api.mongolab.com/api/1/databases/
             walterdb/collections/books'
29:        ,{apiKey:'D9IfC1OZt7IRPlJ3L7IoNcqY2SUc5Ceg'});
30:        res.query(function(data){
```

```
31:          $scope.books = data;
32:        });
33:      };
34:    });
35:    </script>
36:  </body>
37: </html>
```

줄 10에서는 버튼을 하나 작성해서 클릭 시에 데이터를 가져오도록 합니다. 줄 21에서 ngResource를 사용하기 위한 자바스크립트 파일을 추가합니다. 줄 28에서는 $resource를 이용해서 URL 정보와 API 키를 paramDefauls로 지정합니다.

줄 30에서는 query( )를 통해서 데이터를 가져오고, 이에 대한 콜백 처리용 함수를 지정합니다. 줄 31에서는 $scope의 Model로 지정합니다.

예제의 실행 결과는 다음과 같습니다.

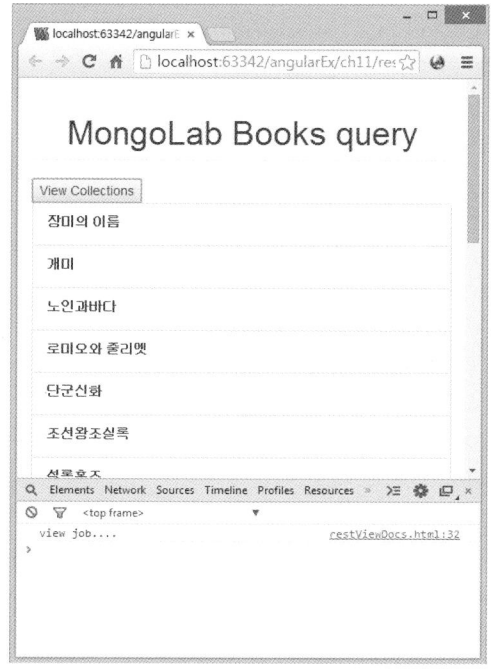

save( )를 이용한 데이터 추가

ngResource에서 기본적으로 제공하는 기능에서 save( )를 이용하면 새로운 데이터를 추가할 수 있습니다. save( )의 파라미터로 지정되는 success callback을 이용하면 데이터가 추가된 이후에 다시 데이터를 조회하거나, 잠깐 메시지를 보여주는 등의 처리를 할 수 있습니다.

예를 들어 아래의 화면의 예제에서는 화면 상단에 새로운 데이터를 추가할 수 있는 입력 화면을 하나 두고, 우측의 'Add Book' 링크를 이용해서 MongoLab에 신규 데이터를 추가합니다. 새로운 데이터의 추가 작업이 진행되는 동안 잠깐 메시지를 띄워 주고, 작업이 끝나면 다시 목록을 가져와서 화면에 보여주도록 진행합니다.

예제 | restCreateDocs.html

```
01:  <!DOCTYPE html>
02:  <html >
03:    <head>
04:    <meta charset="utf-8">
05:    <link rel="stylesheet" href="//netdna.bootstrapcdn.com/bootstrap/
         3.1.0/css/bootstrap.min.css">
06:    </head>
07:    <body ng-app='app'>
08:    <div class='container' ng-controller="DataCtrl'>
09:      <div class='panel'>
10:        <div class="panel-heading">Add Your Book</div>
11:        <div class="input-group input-group-lg">
12:          <span class="input-group-addon">책제목</span>
13:          <input type="text" class="form-control"
                 placeholder="Book Title" ng-model='title'>
14:          <span class="input-group-btn">
15:          <button class="btn btn-default" type="button"
                 ng-click="addBook()">Add BOOK</button>
16:        </div>
17:      </div>
18:
19:      <div class="alert alert-success" ng-show='result'>
```

```
20:        <strong>처리 중입니다.</strong>
21:      </div>
22:
23:      <div class='panel'>
24:          <div class="list-group">
25:          <div class="list-group-item" ng-repeat="book in books">
26:            <label>
27:               <span ng-bind="book.title"></span>
28:               <span ng-bind="book._id.$oid"></span>
29:            </label>
30:          </div>
31:        </div>
32:      </div>
33:    </div>
34:
35:    <script src="https://ajax.googleapis.com/.../angular.min.js">
        </script>
36:    <script src="https://ajax.googleapis.com/.../
        angular-resource.min.js"></script>
37:    <script>
38:    var app  = angular.module('app',['ngResource']);
39:
40:    app.controller("DataCtrl", function($scope,$resource, $timeout){
41:      var res = $resource('https://api.mongolab.com/api/1/databases/
        walterdb/collections/books',
42:              {
43:               apiKey:'D9IfC1OZt7IRPlJ3L7IoNcqY2SUc5Ceg'
44:              });
45:
46:      $scope.addBook = function(){
47:        $scope.result = true;
48:        res.save({title:$scope.title}, function(){
49:          console.log("create success");
50:          $scope.viewJob();
51:        });
52:      };
53:
54:      $scope.viewJob = function(){
```

```
55:        console.log("view job....");
56:        res.query(function(data){
57:          $scope.books = data;
58:          $scope.result = false;
59:        });
60:      };
61:      $scope.viewJob();
62:    });
63:  </script>
64:  </body>
65: </html>
```

줄 15에서는 버튼을 이용해서 새로운 데이터를 저장하는 이벤트를 발생시킵니다. 줄 46
의 addBook( )은 이때 추가해야 하는 데이터를 JSON 타입의 데이터로 구성해서 REST
서비스를 호출하게 합니다. 호출한 다음에는 success callback 내에 지정된 viewJob( )
을 다시 호출하게 됩니다(이렇게 하지 않으면 MongoDB 문서의 id 데이터를 얻을 수 없
기 때문입니다).

작업이 진행되는 동안에 보이는 메시지는 줄 47과 줄 58에서 처리합니다.

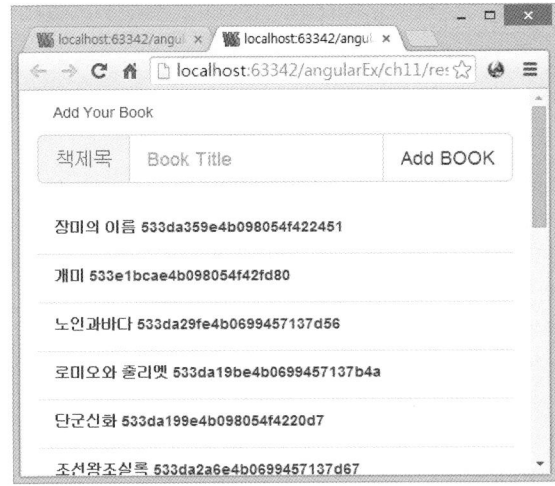

사용자 정의 기능의 추가

$resource의 설정에서 actions에 해당하는 부분에는 개발자가 원하는 기능을 추가하거나 기존 기능들의 세세한 부분을 수정할 수 있는 기능이 있습니다.

```
38:  var app  = angular.module('app',['ngResource']);
39:
40:  app.controller("DataCtrl", function($scope,$resource, $timeout){
41:    var res = $resource('https://api.mongolab.com/api/1/databases/
            walterdb/collections/books',
42:            {
43:             apiKey:'D9IfC1OZt7IRPlJ3L7IoNcqY2SUc5Ceg'
44:            },
45:            {
46:              insert: { method:'POST', params:{gifted:'true'}}
47:            });
48:
49:    $scope.addBook = function(){
50:      $scope.result = true;
51:      res.insert({title:$scope.title}, function(){
52:        console.log("create success");
53:        $scope.result = false;
54:      });
55:    };
56:  });
```

위의 코드를 보면 줄 45부터 actions에 해당하는 데이터가 추가되는 것을 볼 수 있습니다. 줄 46에서는 insert라는 사용자 정의 기능을 추가해 주었습니다.

actions에는 여러 가지 데이터를 추가해줄 수 있지만, 가장 중요한 속성은 역시나 method입니다. 위의 코드의 경우 POST로 지정되었으므로, 데이터를 추가할 때 save( ) 대신 사용할 수 있습니다.

줄 46의 뒤에 있는 데이터는 insert( ) 기능을 호출할 때 자동으로 사전에 같이 전달되는 데이터를 지정했습니다. 이 데이터는 paramDefaults와 같이 전달되는 데이터입니다. 실제 데이터를 추가하는 동작을 실행하면 다음과 같이 전달되는 것을 확인할 수 있습니다.

전달되는 결과를 보면 API 키와 같이 지정된 gifted라는 데이터가 전달되는 것을 확인할 수 있습니다.

suffix 데이터의 사용

$resource를 이용할 때 쌍점(:)으로 시작하는 추가적인 파라미터의 지정은 일종의 템플릿처럼 매번 전달되는 데이터를 이용해서 다른 내용을 전송하는 데 유용하게 사용할 수 있습니다. URL의 정보에 suffix를 이용하는 경우에 만일 전달되는 데이터에 해당 속성이 존재하는 경우에 대체(Replace)하는 방식으로 동작합니다. 예를 들어 아래와 같은 URL이 있다고 가정해봅시다.

```
https://api.mongolab.com/api/1/databases/walterdb/collections /:COLLECTIONNAME/:ID
```

MongoLab의 호출 URL 방식인 위의 문자열에서는 대문자로 표시된 :COLLECTIONNAME과 :ID 부분은 변경할 수 있도록 설계할 필요가 있습니다.

쌍점(:)으로 시작하는 문자열은 $resource의 처리 시에 지정된 속성의 데이터가 있는 경우에 치환되어서 처리됩니다. 만일 위의 문자열에 {COLLECTIONNAME:'books', ID:'abcdefg'}가 파라미터로 전달된다면 실제 호출되는 경로는 다음과 같은 형태로 처리됩니다.

https://api.mongolab.com/api/1/databases/walterdb/collections/books/abcdefg

suffix를 이용하는 예제로 다음과 같은 상황을 고려해 봅니다.

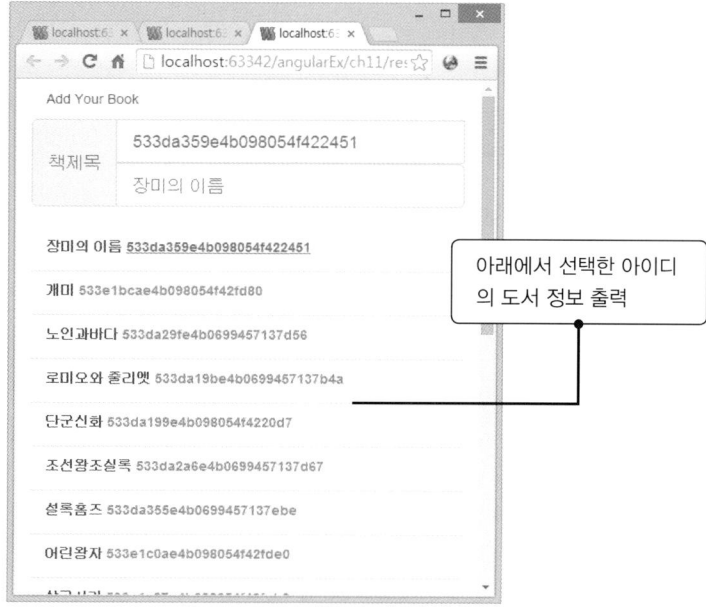

위의 화면에서 사용자가 특정 도서 데이터의 id를 선택했을 때, id를 이용해서 특정 API를 호출해야 하는 상황을 예제로 작성해 본다면 다음과 같이 작성할 수 있습니다.

예제 | restDetail.html

```
08:    <div class='container' ng-controller='DataCtrl'>
09:      <div class='panel'>
10:        <div class="panel-heading">Add Your Book</div>
11:        <div class="input-group input-group-lg">
12:          <span class="input-group-addon">책제목</span>
13:          <input type="text" class="form-control"
                    placeholder="Book ID" ng-model='book._id.$oid'>
14:          <input type="text" class="form-control"
```

```
                  placeholder="Book Title" ng-model='book.title'>
15:          </div>
16:       </div>
17:
18:       <div class="alert alert-success" ng-show='result'>
19:         <strong>처리 중입니다.</strong>
20:       </div>
21:
22:       <div class='panel'>
23:            <div class="list-group">
24:            <div class="list-group-item" ng-repeat="book in books">
25:              <label>
26:                <span ng-bind="book.title"></span>
27:                <a ng-click = 'getData(book._id.$oid)'>
                       <span ng-bind="book._id.$oid"></a></span>
28:              </label>
29:            </div>
30:         </div>
31:       </div>
32:    </div>
33: ~중략~
37:   var app  = angular.module('app',['ngResource']);
38:
39:   app.controller("DataCtrl", function($scope,$resource, $timeout){
40:     var res = $resource('https://api.mongolab.com/api/1/databases/
         walterdb/collections/books/:id',
41:       {
42:         apiKey:'D9IfC1OZt7IRPlJ3L7IoNcqY2SUc5Ceg',
43:         id:'@id'
44:       });
45:
46:     $scope.addBook = function(){
47:       $scope.result = true;
48:       res.save({title:$scope.title}, function(){
49:         console.log("create success");
50:         $scope.viewJob();
51:       });
52:     };
```

```
53:
54:        $scope.viewJob = function(){
55:          console.log("view job....");
56:          res.query(function(data){
57:            $scope.books = data;
58:            $scope.result = false;
59:          });
60:        };
61:
62:        $scope.getData = function(bookId){
63:          console.log(bookId);
64:          res.get({id:bookId}, function(data){
65:            console.log(data);
66:            $scope.book = data;
67:          });
68:        };
69:        $scope.viewJob();
70:      });
```

코드가 실행되면 줄 69의 viewJob( )이 실행되면서 화면에는 도서 리스트 데이터가 출력됩니다. 여기서 출력된 도서 데이터들은 ⟨a⟩태그를 이용해서 클릭 시점에 줄 62의 getData( )를 호출하는 형태입니다.

줄 62의 getData( )는 $resource의 get( )을 이용해서 데이터를 가져옵니다. 이때 주의해서 봐야 하는 부분은 파라미터로 {id:bookId}를 전송한다는 것입니다. 이렇게 전달된 데이터는 줄 40을 이용해서 처리됩니다.

줄 40에는 api/1/databases/walterdb/collections/books/:id로 :id를 처리해야 하는 데이터의 속성으로 치환하게 되어 있습니다. 따라서 실제 특정 id의 데이터를 호출하면 다음과 같이 호출되는 것을 볼 수 있습니다.

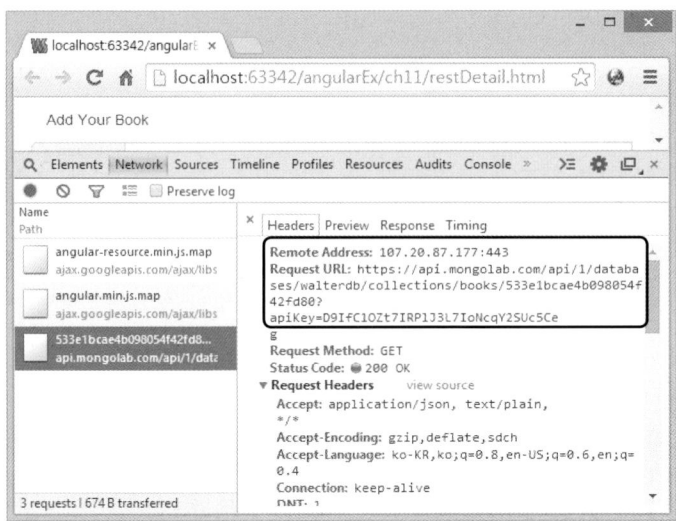

$resource를 호출하는 시점에 만일 :id에 필요한 속성이 존재하지 않는다면, 이 데이터
는 무시되어서 처리되기 때문에 매번 실제 호출에 데이터가 제대로 전송되는지를 확인할
필요가 있습니다.

PUT 방식의 update 처리

$resource의 기본적인 기능인 query( ), save( ), get( ), delete( ) 등과 달리 PUT 방식
의 처리는 지원되지 않는 불편함이 있습니다. 이를 위해서는 앞서 말한 사용자 정의 방식
의 처리를 이용해주는 것이 편리합니다.

예제의 구조는 화면에 바로 입력 창을 이용해서 리스트 데이터를 출력하고 바로 화면 내
에서 update 처리가 가능한 구조입니다.

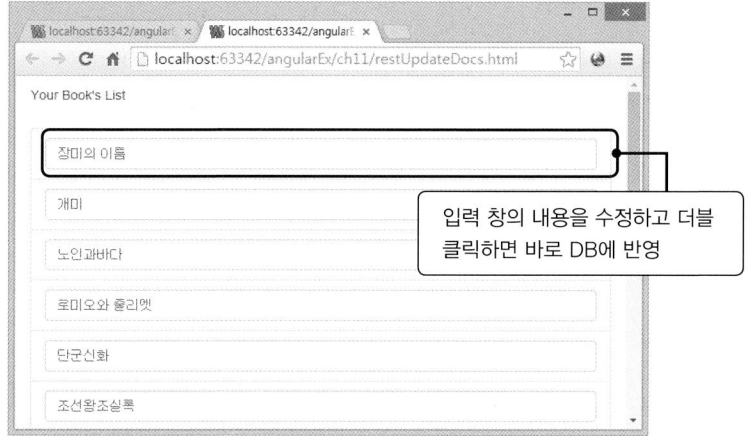

입력 창의 내용을 수정하고 더블
클릭하면 바로 DB에 반영

우선 PUT 방식의 데이터 처리를 위해서 다음과 같이 기능을 추가해 줍니다.

예제 | restUpdateDocs.html

```
28: app.factory('bookResource', function($resource){
29:   var res = $resource('https://api.mongolab.com/api/1/databases/
      walterdb/collections/books/:id',
30:     {
31:      apiKey:'D9IfC1OZt7IRPlJ3L7IoNcqY2SUc5Ceg',
32:      id:'@_id.$oid'
33:     },
34:     {
35:       'update': { method:'PUT' }
36:     });
37:
38:   return res;
39: });
```

줄 35를 보면 사용자의 actions로 update라는 기능을 추가하는 것을 볼 수 있습니다. 이
때의 데이터는 PUT 방식으로 전송할 것을 지정하고 있습니다.

줄 32의 코드에는 조금 특이한 부분이 '@_id.$oid'입니다. 이 부분은 문자열로 처리되어 있는데, 이것은 일종의 표현식으로 간주할 수 있습니다. 즉 전달된 객체의 obj._id.$oid의 속성을 의미하게 됩니다.

전체의 예제에서 위의 코드를 호출하는 부분은 다음과 같이 작성됩니다.

```
46: $scope.updateBook = function(bookObj){
47:   console.log(bookObj._id.$oid);
48:   bookResource.update({ id:bookObj._id.$oid},
        {title:bookObj.title},function(){
49:     $scope.result= true;
50:   });
51: };
```

이전 예제와 비교했을 때 다른 점은 updateBook( )의 파라미터로 bookObj로 객체의 데이터를 사용한다는 점입니다. 전달된 객체의 정보 중에서 update( )를 호출하기 위해서 우선 id와 update에 필요한 데이터를 나누어 전송합니다.

이 호출을 위한 화면의 링크는 다음과 같이 작성됩니다.

```
09: <div class="panel-heading">Your Book's List</div>
10:   <div class="panel-body">
11:     <ul class="list-group">
12:       <li class="list-group-item" ng-repeat='book in books'>
13:         <input type='text' class="form-control"
            ng-dblclick="updateBook(book)" ng-model='book.title'>
14:       </li>
15:     </ul>
16:   </div>
17: </div>
```

줄 13의 코드를 보면 updateBook( )을 호출할 때 아예 현재 스코프 내의 객체인 book을 전송하는 것을 볼 수 있습니다.

delete( )를 이용한 삭제

$resource의 delete( ) 처리는 HTTP의 전송 방식 중에서 DELETE를 이용하는 것으로, 별도의 기능 추가 없이 간단하게 작성할 수 있습니다.

화면에서 〈DELETE〉 버튼을 클릭하게 되면 실제로 전송되는 데이터는 다음과 같습니다.

```
Request URL: https://api.mongolab.com/api/1/databases/walterdb/collections/books/5
340bdf9e4b069945718f2c7?apiKey=D9IfC1OZt7IRP1J3L7IoNcqY2SUc5Ceg
Request Method: DELETE
Status Code: ● 200 OK
```

삭제 시에는 반드시 id에 해당하는 데이터가 같이 전송되어야 하기 때문에 :id를 이용하는 것이 편리합니다.

| 예제 | restUpdateDocs.html |

```
26:  var app  = angular.module('app',['ngResource']);
27:
```

```
28: app.factory('bookResource', function($resource){
29:   var res = $resource('https://api.mongolab.com/api/1/databases/
      walterdb/collections/books/:id',
30:       {
31:        apiKey:'D9IfC1OZt7IRPlJ3L7IoNcqY2SUc5Ceg',
32:        id:'@_id.$oid'
33:       },
34:       {
35:         'update': { method:'PUT' }
36:       });
37:   return res;
38: });
39:
40: app.controller("DataCtrl", function($scope,$resource, bookResource){
41:   bookResource.query(function(data){
42:     $scope.books = data;
43:   });
44:
45:   $scope.removeBook = function(book){
46:       console.log(book);
47:       bookResource.delete({},book, function(){
48:         bookResource.query(function(data){
49:             $scope.books = data;
50:         });
51:       } );
52:   };
53: });
```

ngRoute 모듈과 페이지 내비게이션

AngularJS가 웹 애플리케이션을 제작하는 데 있어서 지원하는 특징은 뷰에 관련된 처리와 더불어 다양한 서비스와 의존성 주입 등을 통해서 전 방위적으로 필요한 기능들을 제공한다는 점입니다. 그중에서도 ngRoute는 다음과 같은 작업을 가능하게 합니다.

- 단일 페이지 웹 애플리케이션(Single Page Application, 이하 SPA)을 위한 URL 제어
- 여러 뷰(View) 사이의 제어를 위한 중앙집중적인 설정

SPA를 구성하는 방식은 크게 두 가지 형태로 나뉩니다.

- 하나의 HTML 페이지에 모든 뷰가 있을 때
- 하나의 메인 뷰와 여러 개의 서브 뷰가 독립적인 페이지로 있을 때

모바일 웹의 초창기의 화면은 주로 하나의 HTML 페이지에 모든 뷰를 제공하는 형태로 제작되는 경우가 많았지만, 최근에는 전체 레이아웃을 잡는 페이지와 각 상황에 맞는 페이지를 별도로 제작해서 전환되는 방식의 구조에 대한 관심이 높습니다.

SPA을 제작할 때 가장 골치 아픈 일은 페이지의 URL 처리입니다. 화면의 URL은 변경되지 않은 상태에서 화면의 내용이 전환되게 되면 사용자의 실수 등으로 말미암아 '뒤로 가기'와 같은 행동이 일어날 때 의도하지 않은 결과를 가져오기 때문입니다.

AngularJS는 이에 대한 해결책을 $location 서비스와 ngRoute 모듈의 $route 서비스를 이용해서 제공합니다. $location의 경우 화면과 브라우저상의 히스토리 제어를 제공하고, $route의 경우 $location을 이용해서 더욱 간편한 페이지 내비게이션을 제공합니다.

$route를 돋보이게 하는 것은 ngAnimate 모듈의 힘입니다. ngAnimate는 CSS3의 trension 효과와 animation 효과를 지원합니다. 이 효과들을 이용하면 $route의 페이지 전환 시에 원하는 애니메이션 효과를 적용할 수 있습니다.

1. ngRoute 모듈을 이용한 페이지 내비게이션

ngRoute 모듈은 AngularJS 1.2.2 버전 이전까지는 기본적으로 포함된 형태였지만, 1.2 버전 이후에는 별도로 분리되었기 때문에 사용하려면 자바스크립트 파일을 별도로 추가해야 합니다.

```
<script src="https://ajax.googleapis.com/ajax/libs/angularjs/1.2.12/
 angular-route.js"></script>
```

1.1 ngRoute를 이용한 경로 설정

ngRoute는 여러 뷰가 하나의 공통 레이아웃 내에서 치환되는 형태로 사용되기 때문에 특정 모듈의 전체적인 설정인 config를 이용해서 처리합니다.

예제 | ngRoute0.html

```
19: var app  = angular.module('app',['ngRoute']);
20:
21: app.config(function ($routeProvider, $locationProvider) {
22:   $routeProvider
23:   .when('/menu1', {templateUrl: 'pages/menu1.html'})
24:   .when('/menu2', {templateUrl: 'pages/menu2.html'})
25:   .when('/menu3/:id', {templateUrl: 'pages/menu3.html'})
26:   .otherwise({redirectTo: '/menu1'});
27: });
```

줄 19를 보면 ngRoute가 확장 모듈이기 때문에 'ngRoute'를 추가해주고 있습니다. 줄 22~26에서는 $routeProvider를 이용해서 이 페이지 내에서 추가되는 경로에 대한 처리를 설정하고 있습니다.

- **when**　　특정한 경로인 경우의 설정
- **otherwise**　설정된 경로를 찾을 수 없는 경우 기본 경로

줄 23~25에 나오는 경로의 페이지는 다음과 같이 구성되어 있습니다. 줄 25를 보면 이전에 ngResource를 이용한 예제에서 사용하는 접미사(suffix)를 사용하는 것이 보입니다. 실제로 페이지를 보여주는 HTML 파일은 다음과 같이 작성되어 있습니다.

예제 | pages/menu1.html

```
01: <div class="panel panel-primary" >
02:   <div class="panel-heading">Menu1 Page</div>
03:   <div class="panel-body">
04:     <h1>Menu1 Page</h1>
05:   </div>
06: </div>
```

코드를 보면 전체 웹 페이지가 아닌 일부분이라는 것을 알 수 있습니다(다른 페이지도 마찬가지입니다).

ngRoute를 이용하게 되면 전체를 구성하는 레이아웃을 담당하는 페이지와 각 경로에 맞는 템플릿(Template)이라는 것을 이용하게 됩니다. 위의 pages/menu1.html과 같은 페이지들이 템플릿 페이지이고 이를 감싸는 레이아웃 페이지는 다음과 같은 구조로 작성됩니다.

예제 | ngRoute0.html

```
01: <!DOCTYPE html>
02: <html ng-app='app'>
03:   <head>
```

```
04:    <meta charset="utf-8">
05:    <link rel="stylesheet" href="//netdna.bootstrapcdn.com/bootstrap/
          3.1.0/css/bootstrap.min.css">
06:    </head>
07:    <body >
08:      <div class="page-header">
09:        <h1>ngRoute example</h1>
10:      </div>
11:      <div ng-view class='container'>
12:        <!-- Pages Area -->
13:      </div>
14:
15:    <script src="https://ajax.googleapis.com/…/angular.min.js">
          </script>
16:    <script src="https://ajax.googleapis.com/.../angular-route.js">
          </script>
17:    <script src="https://ajax.googleapis.com/.../angular-resource.js">
          </script>
18:    <script>
19:    var app  = angular.module('app',['ngRoute']);
20:
21:    app.config(function ($routeProvider, $locationProvider) {
22:      $routeProvider
23:      .when('/menu1', {templateUrl: 'pages/menu1.html'})
24:      .when('/menu2', {templateUrl: 'pages/menu2.html'})
25:      .when('/menu3/:id', {templateUrl: 'pages/menu3.html'})
26:      .otherwise({redirectTo: '/menu1'});
27:    });
28:    </script>
29:    </body>
37: </html>
```

ngRoute0.html의 전체 레이아웃은 2개의 〈div〉로 구성됩니다. 하나는 상단의 페이지 헤더에 속하는 줄 08~10까지의 〈div〉이고, 나머지는 URL의 변경에 따른 페이지들을 보여주는 줄 11의 〈div〉입니다.

줄 11의 〈div〉에는 'ngView'라는 AngularJS의 지시자가 사용되는 것을 볼 수 있는데, ngView는 변경된 템플릿 페이지가 들어가는 공간을 의미합니다. ngView 지시자는 $route의 경로가 변경될 때 자동으로 템플릿을 그려주는 작업을 하게 됩니다.

예제의 실행 결과를 보면 다음과 같이 실행되는 것을 볼 수 있습니다.

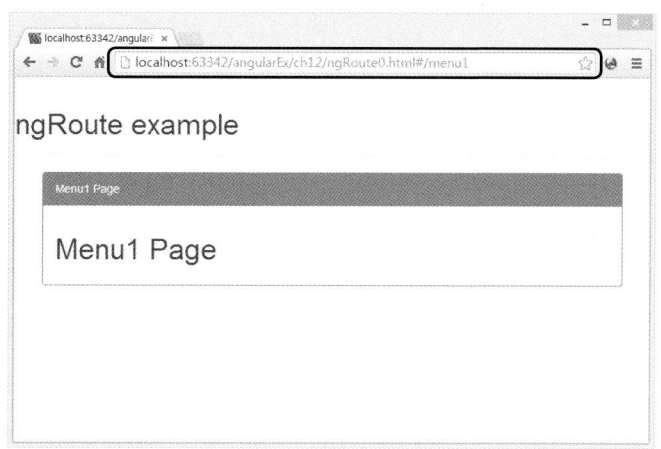

위의 그림에서 주의해서 봐야 하는 부분은 URL경로의 마지막 부분입니다. URL 호출 자체는 ngRoute0.html로 끝나지만, 실제 URL은 otherwise( ) 설정 결과와 같이 '#menu1'이 붙는 형태로 처리되는 것을 확인할 수 있습니다.

ngRoute의 편리함은 위의 #menu1의 경로로 #menu2나 #menu3로 변경해볼 때 알 수 있습니다.

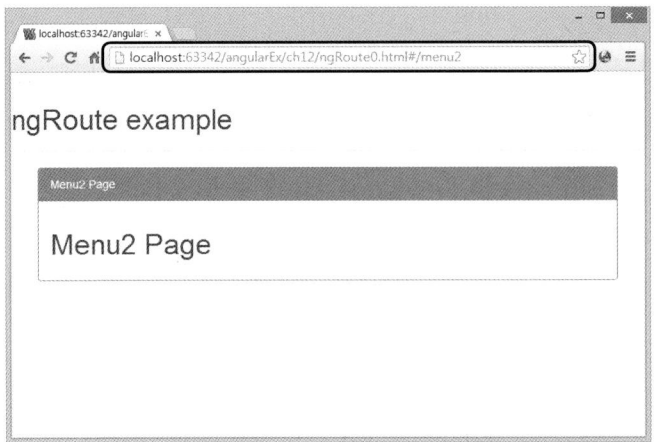

위의 화면은 # 뒤의 경로를 수정했을 때 보이는 경로인데, 자동으로 페이지 일부분이 pages/menu2.html 파일의 내용으로 변경되는 것을 확인할 수 있습니다.

ngRoute의 설정 경로에서 조금 다르게 처리된 부분은 ngRoute0.html의 줄 24입니다.

예제 | ngRoute0.html

```
24:    .when('/menu2', {templateUrl: 'pages/menu2.html'})
25:    .when('/menu3/:id', {templateUrl: 'pages/menu3.html'})
```

이 부분에 대한 처리는 :id 부분을 명시할 때 동작합니다. 만일 URL이 #menu3으로만 끝나게 되면 다음과 같은 화면을 보게 됩니다.

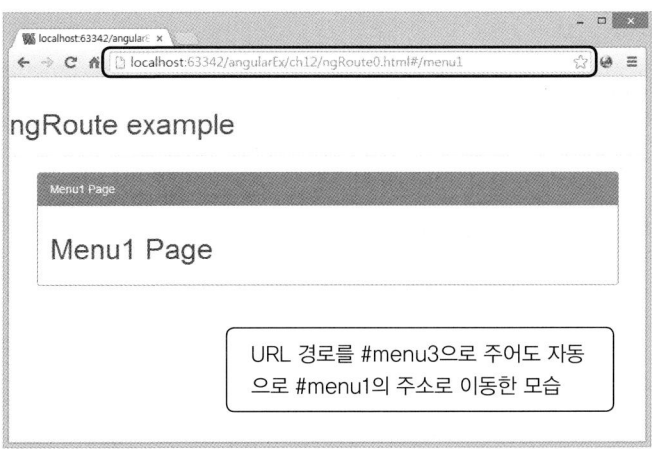

URL 경로를 #menu3으로 주어도 자동
으로 #menu1의 주소로 이동한 모습

':'는 추가적인 정보를 의미하는 것이므로, URL은 '#menu3/aaa'와 같은 형태로 사용해
야만 합니다.

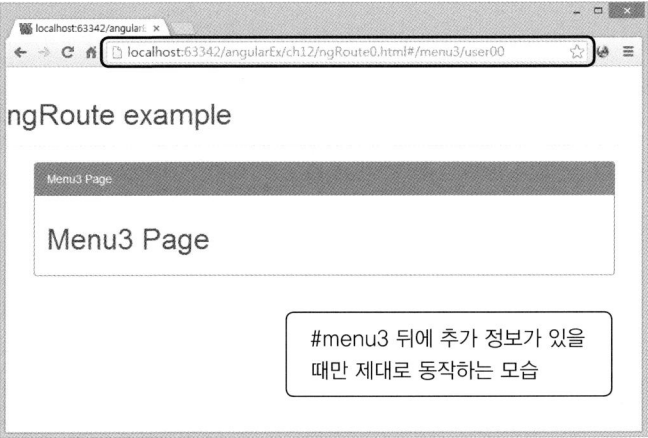

#menu3 뒤에 추가 정보가 있을
때만 제대로 동작하는 모습

2. $route의 속성

ngRoute를 이용할 때 지정하는 route( )는 $route 객체를 반환하고 $route( )는 when( )이라는 기능을 가지고 있어서 이를 이용해서 다음과 같은 속성들을 설정할 수 있습니다.

- **template 속성**   특정 경로에서 보이는 HTML을 문자열로 지정할 때 사용
- **templateUrl 속성**   특정 경로에서 보일 페이지를 지정
- **controller 속성**   특정 경로에서 사용해야 하는 컨트롤러를 지정해서 사용
- **resolve 속성**   특정 경로에 전달되는 데이터를 지정하는 경우에 사용
- **redirectTo 속성**   자동으로 다른 경로로 URL이 변경되는 경우에 사용
- **$routeParams 속성** 컨트롤러에서 현재의 URL에 전달된 파라미터의 추출을 위해서 사용

2.1 각 페이지별 컨트롤러 적용하기

AngularJS의 $route의 기능 중에서 단연 많이 사용하는 기능 중의 하나는 컨트롤러의 설정입니다. 사용 방식은 다음과 같습니다.

예제 | ngRoute1.html

```
37:     $routeProvider
38:     .when('/menu1',
39:       {
40:         templateUrl: 'pages/menu1.html',
41:         controller:'Menu1Ctrl'
42:       })
43:     .when('/menu2', {templateUrl: 'pages/menu2.html'})
44:     .when('/menu3/:id', {templateUrl: 'pages/menu3.html'})
45:     .otherwise({redirectTo: '/menu1'});
```

controller 속성은 문자열로 현재 모듈에 속한 컨트롤러 중에서 지정하게 됩니다. 위의 경우에 pages/menu1.html은 다음과 같이 변경해 두었습니다.

```
01:  <div class="panel panel-primary" >
02:    <div class="panel-heading">Menu1 Page</div>
03:    <div class="panel-body">
04:      <h1>{{title}}</h1>
05:    </div>
06:  </div>
```

코드를 보면 조금 특이한 점으로는 별도의 ng-controller의 속성이 지정되어 있지 않다는 것입니다. 즉 menu1.html은 외부에서 지정된 컨트롤러가 가지는 title 속성을 줄 04에서 출력하도록 지정합니다.

별도의 파일로 분리된 컨트롤러의 경우 줄 32와 같이 폴더를 구성해서 지정하면 좀 더 편하게 사용할 수 있습니다.

```
01:  function Menu1Ctrl($scope){
02:    $scope.title = "Menu1 Controller Page";
03:  }
```

위의 실행 결과는 다음과 같이 컨트롤러의 $scope 객체의 title 속성을 이용해서 보이게 됩니다.

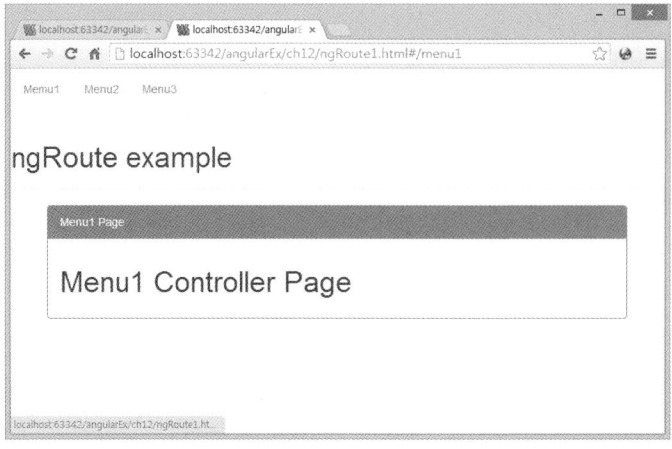

2.2 resolve( )를 이용한 데이터 전달

resolve( )를 이용하면 해당 페이지의 컨트롤러가 동작하기 전에 필요한 정보를 추출할 수 있습니다. 예를 들어, 특정 페이지를 보는 데 있어서 링크에서 제공된 정보 외에도 추가적인 정보를 사용하는 경우에 유용하게 사용할 수 있습니다.

예제 | ngRoute2.html

```
38:    $routeProvider
39:    .when('/menu1',
40:      {
41:        templateUrl: 'pages/menu1.html',
42:        controller:'Menu1Ctrl'
43:      })
44:    .when('/menu2',
45:      {
46:        templateUrl: 'pages/menu2.html',
47:        controller:'Menu2Ctrl',
48:        resolve:
49:        {'data':
50:          ['$http', function($http) {
51:           return $http.get('../ch11/data.json').then(
```

```
52:            function (resp) { return resp.data; },
53:            function (reason) { return false; }
54:        );
55:      }]
56:    }
57:  })
58:  .when('/menu3/:id', {templateUrl: 'pages/menu3.html'})
59:  .otherwise({redirectTo: '/menu1'});
60: });
```

줄 48부터 'menu2.html' 페이지가 호출되면 해당 페이지의 컨트롤러가 동작하기 전에 /ch11/data.json 데이터를 가져와서 'data'라는 이름으로 사용하도록 설정하는 것을 볼 수 있습니다.

resolve를 지정할 때 JSON의 형태로 키와 값을 지정하는 것을 볼 수 있는데, 이것은 컨트롤러에서 특정한 데이터를 선별적으로 받을 수 있게 하는 방안으로 사용할 수 있습니다.

위의 '/menu2'에 실제적인 처리를 하는 컨트롤러는 다음과 같이 구성됩니다.

예제 | ctrl/menu2.js

```
01: function Menu2Ctrl($scope , data){
02:   $scope.title = "Menu2 Controller Page";
03:   console.log(data);
04: }
```

코드를 보면 다른 컨트롤러들과 달리 data라는 것을 주입 받는 것을 볼 수 있습니다. 이렇게 전달된 데이터는 컨트롤러에서 $scope의 모델로 설정하거나, 다른 용도로의 활용할 수 있습니다.

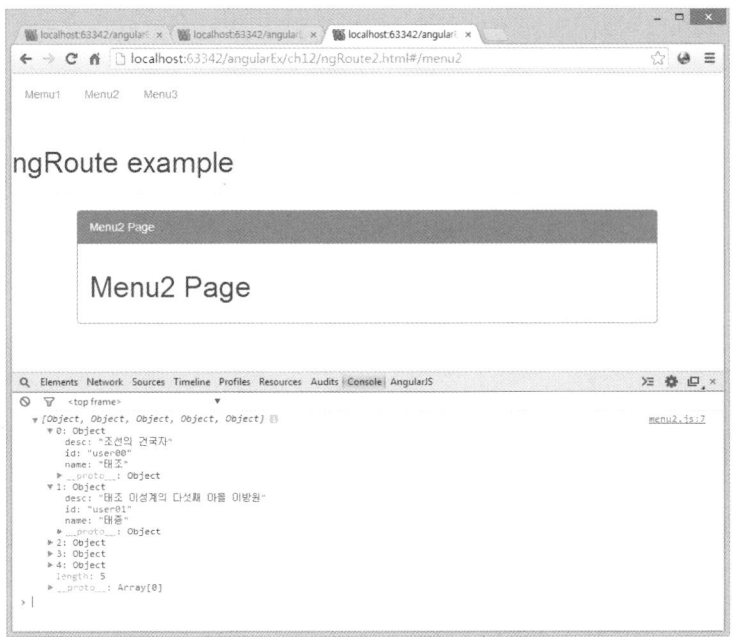

2.3 $routeParams를 이용하는 파라미터 추출

resolve( )가 컨트롤러가 동작하기 전에 필요한 정보를 가공하는 용도로 사용된다면, $routParams는 반대로 컨트롤러에 전달되는 정보를 파악하기 위해서 사용됩니다.

앞의 예제는 'menu3:id'의 URL인 경우에는 'pages/menu3.html'을 호출하도록 되어 있습니다. 이때 :id에 대한 정보가 추가되기 때문에 이 정보와 같이 URL에 추가적인 정보를 추출할 필요가 있다면 $routeParams를 이용하면 됩니다.

```
59:  .when('/menu3/:id',
60:    {
61:      templateUrl: 'pages/menu3.html',
62:      controller:'Menu3Ctrl'
63:    })
```

$routeParams의 사용 방법은 앞의 resolve와 동일하게 컨트롤러가 $routeParams를 주입받는 형태로 사용합니다.

예제 | ctrl/menu3.js

```
01: function Menu3Ctrl($scope , $routeParams){
02:   $scope.title = "Menu3 Controller Page";
03:   console.log($routeParams);
04: }
```

$routeParams는 현재 경로로 전달된 데이터를 객체로 구성해서 사용할 수 있습니다.

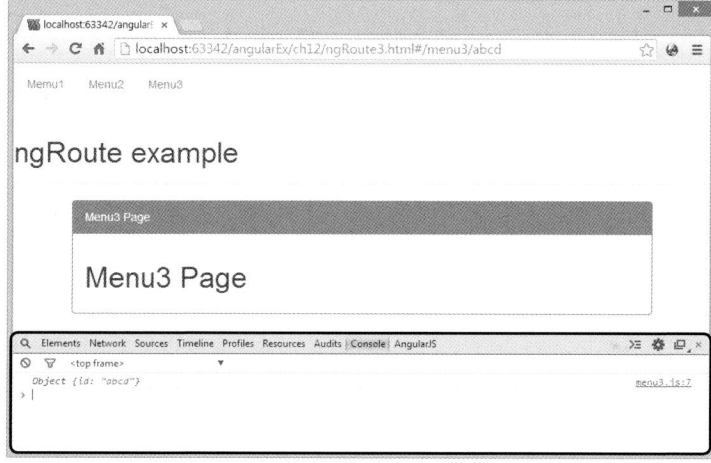

$routeParams에서 :id 정보는 객체의 속성으로 처리되는데, 이것은 URL 정보뿐만 아니라 URL 쿼리가 붙을 때에도 마찬가지로 처리됩니다.

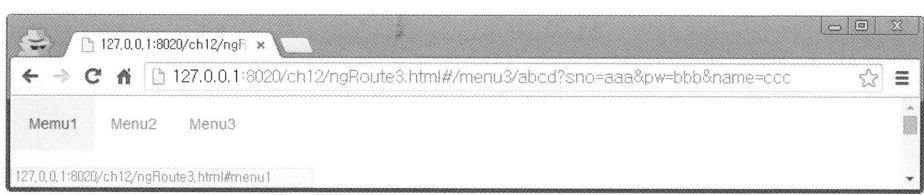

위의 URL을 보면 GET 방식으로 추가적인 정보가 제공되는 것을 볼 수 있습니다. 이에 대한 $routeParams는 다음처럼 처리됩니다.

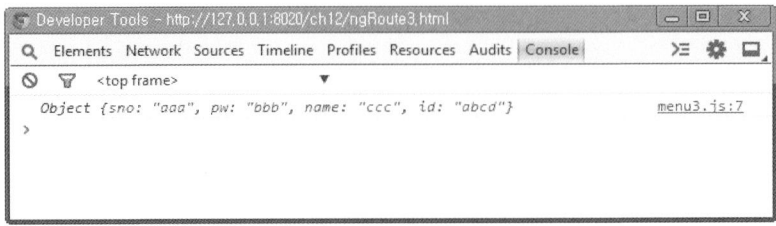

2.4 $location 서비스

AngularJS에서는 ngRoute와 유사한 역할을 하는 $location 서비스를 제공하고 있습니다. $location은 브라우저의 window.location과 거의 비슷한 객체라고 할 수 있습니다. 다음과 같은 기능들이 제공됩니다.

- **path( )**   서버 내에서의 경로
- **absUrl( )**   URL의 절대 경로
- **hash( )**   '#'를 이용한 경우 URL의 해시 경로
- **host( )**   현재 URL의 호스트 정보
- **port( )**   현재 URL의 포트 정보
- **protocol( )** 현재 URL의 프로토콜
- **search( )**   현재 URL 검색

$location 서비스는 컨트롤러에서 화면의 URL을 변경하거나 변경된 후의 정보를 얻기 위해 사용하는 경우가 많습니다.

2.5 $locationProvider

$location 서비스를 이용하려면 $locationProvider를 통해서 서비스 객체를 얻어야 하는데, $locationProvider에는 URL 전환 정책에서 가장 중요한 html5Mode( ) 기능이 있습니다. AngularJS가 URL을 변경하는 방식에는 1) hashbang 모드와 2) HTML5 모드 그리고 이 두 가지 방식을 혼용하는 방식이 있습니다.

hashbang 모드는 기본으로 설정되어 있기 때문에 필요한 경우에 추가적인 접두사를 붙여줄 수 있습니다.

```
$routeProvider
  .when('/path', {
    templateUrl: 'path.html',
});
$locationProvider
  .html5Mode(false)
.hashPrefix('!');

//페이지의 경로는 다음과 같은 방식으로 지정합니다.
<a href="index.html#!/path">link</a>
```

HTML5 모드에서는 html5Mode(true)로 설정하고 〈a href="/path"〉link〈/a〉 와 같은 형태의 경로를 지정합니다. 다만, 과거의 브라우저에서는 HTML5에서 제공하는 페이지의 히스토리 제어(History API)가 불완전하기 때문에 신중하게 사용하는 것이 좋습니다.

3. ngAnimate 모듈을 이용한 페이지 전환 효과

AngularJS의 ngAnimate는 ngRoute와 같이 모듈에 추가하는 형태로 사용하는 애니메이션 효과용 모듈입니다. ngRoute를 이용해서 페이지를 전환할 수 있다면 ngAnimate를 추가해서 좀 더 다양한 페이지 이동 효과를 적용할 수 있습니다.

ngAnimate의 핵심은 CSS3의 키프레임(Keyframe)을 이용해서 상태 변화에 따른 CSS 클래스 정보를 수정하는 방식입니다. 물론 ngAnimate가 CSS3를 이용하기 때문에 이를 지원하지 않는 환경에서는 그 사용이 제한적이긴 하지만, 스마트폰 등에서의 화면 전환 효과를 그대로 이용할 수 있기 때문에 그 전망은 밝다고 할 수 있습니다. ngAnimate 역시 추가 모듈이기 때문에 링크를 추가할 필요가 있습니다.

ngAnimate는 AngularJS의 다음 지시자에 적용할 수 있습니다.

- ngRepeat
- ngView
- ngInclude
- ngSwitch

- ngIf
- ngClass
- ngShow & ngHide
- form & ngModel

적용할 수 있다는 의미는 쉽게 말하자면 위와 같은 지시자들을 가진 요소들에 대해서 ngAnimate가 적용될 수 있다는 것을 의미합니다.

3.1 CSS3의 애니메이션

과거에 브라우저상에서 HTML의 움직임을 위해서는 주로 자바스크립트를 이용해서 일정한 주기별로 요소의 위치를 변경하는 기법을 많이 사용했지만, 최근의 CSS3에서는 키프레임이라는 것을 이용해서 CSS만으로 애니메이션의 상태에 따른 CSS를 지정할 수 있습니다(다만, CSS3의 애니메이션은 과거의 브라우저나 하드웨어에 영향(GPU)을 많이 받습니다). 현재 지원되는 브라우저의 상황은 다음과 같습니다.

브라우저 호환성(Browser compatibility)

		Desktop	Mobile			
Feature	Chrome	Firefox (Gecko)	Internet Explorer	Opera		Safari (WebKit)
Basic support	(Yes) -webkit	5.0 (5.0) -moz 16.0 (16.0)	10	12 -o 12.10 #		4.0 -webkit

키프레임

키프레임(Keyframe)은 CSS의 적용을 단계별로 나누어서 상태를 지정하는 용도로 사용됩니다. 이때에는 시작과 끝 사이의 상태를 0%(혹은 from) ~ 100%(혹은 to)까지 세밀하게 설정할 수 있습니다.

키프레임을 사용할 때 주의할 점은 CSS3에 대한 각 브라우저의 지원이 다르다는 점과 브라우저마다 지원되는 CSS3의 접두사가 다르게 적용된다는 점입니다. 예를 들어 같은 키프레임 효과를 적용하고 싶다면 다음과 같이 @keyframes, @-moz-keyframes, @-webkit-keyframes를 지정해주어야 합니다.

예제 | animate0.html

```
18:    @keyframes slidein {
19:      from {
20:      margin-left:100%;
21:      width:300%
22:      }
23:
24:      to {
25:      margin-left:0%;
26:      width:100%;
27:      }
28:    }
29:
30:    @-moz-keyframes slidein {
31:      from {
32:      margin-left:100%;
33:      width:300%
34:      }
35:
36:      to {
37:      margin-left:0%;
38:      width:100%;
39:      }
40:    }
41:
```

```
42:    @-webkit-keyframes slidein {
43:      from {
44:      margin-left:100%;
45:      width:300%
46:      }
47:
48:      to {
49:      margin-left:0%;
50:      width:100%;
51:      }
52:    }
```

인터넷 익스플로러의 경우에는 @keyframes를 이용해서 애니메이션 효과를 적용하지만, 모질라 계열의 브라우저(Firefox)에서는 @-moz-keyframes를 이용합니다. @-webkit-keyframes는 웹킷 엔진을 이용하는 크롬이나 사파리 브라우저 지원됩니다 (오페라 브라우저의 경우에는 @-o-keyframes와 같은 형태로 작성합니다).

키프레임의 CSS 적용

작성된 키프레임은 일반 CSS와 동일하게 적용할 수 있습니다. 이때도 마찬가지로 브라우저마다 접두사를 지정해주어야 하기 때문에 다음과 같이 접두사를 지정해주어야 합니다.

예제 | animate0.html

```
7:    h1 {
8:      animation-duration: 3s;
9:      -moz-animation-duration: 3s;
10:     -webkit-animation-duration: 3s;
11:
12:     animation-name: slidein;
13:      -moz-animation-name: slidein;
14:      -webkit-animation-name: slidein;
15:    }
```

CSS3의 애니메이션은 키프레임 외에도 다양한 속성을 지정해서 사용할 수 있습니다. 가장 많이 사용하는 것은 애니메이션 효과가 일어나는 시간(animation-duration)을 지정하는 것으로, 초(second) 단위로 설정할 수 있습니다. 이러한 속성에는 다음과 같은 종류가 있습니다.

- animation-delay 속성   애니메이션의 시작 전에 지연 시간
- animation-direction 속성   from에서 to까지 순방향 적용인지, 반대 적용인지
- animation-duration 속성   애니메이션의 수행 시간 지정
- animation-iteration-count 속성   애니메이션의 반복 회수
- animation-name 속성   사용할 키프레임의 이름
- animation-play-state 속성   애니메이션의 실행 중에 정지되었을 때 다음에 이어서 계속 진행할 것인지를 결정
- animation-timing-function 속성   애니메이션의 시간 상태에 따른 동작 속도. 예를 들어 ease, linear, step 등으로 시작 속도와 끝 속도를 조금씩 다르게 지정할 수 있다.
- animation-fill-mode 속성   애니메이션의 실행 이전이나 이후에 변경된 CSS를 유지할 것인지를 지정

앞의 코드를 실행하게 되면 브라우저에서 〈h1〉 태그가 애니메이션 효과로 이동하는 모습을 볼 수 있습니다(코드의 실행 결과를 보면 브라우저에 지원되지 않는 CSS3의 내용은 경고 표시와 함께 처리되지 않는 것을 확인할 수 있습니다).

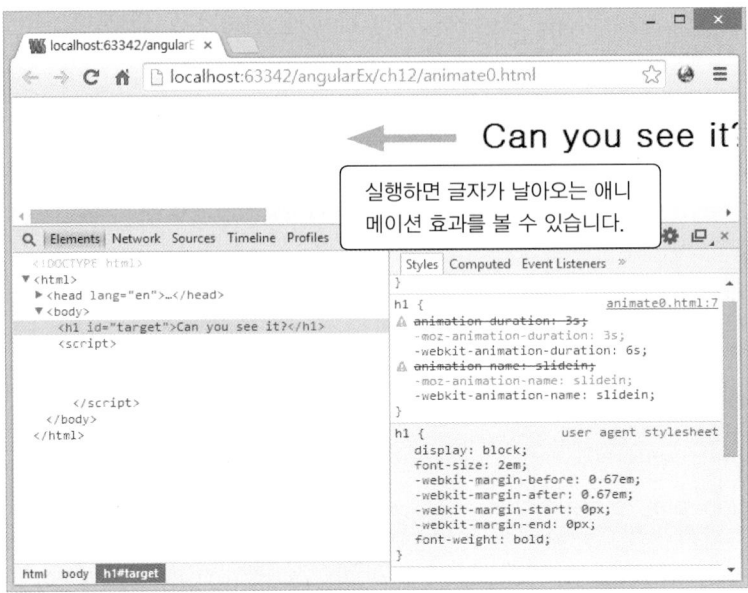

4. ngAnimate의 적용 원리

CSS3의 애니메이션 효과는 엄밀하게 말하자면 순수한 CSS3의 고유 기능이기 때문에 ngAnimate와 같이 별도의 모듈 등이 필요하지는 않습니다.

우리가 AngularJS에서 ngAnimate를 이용해서 이러한 효과를 사용하는 가장 큰 원인은 뷰(View)의 전환 시에 처리해야 하는 복잡한 과정을 ngAnimate 모듈이 자동으로 처리하기 때문입니다.

CSS3에서 하나의 화면이 전환되는 것은 다음과 같은 방식이 적용됩니다.

- 애니메이션 필요하면 시작되면 특정 CSS 클래스를 추가한다.

- 추가된 CSS의 클래스에 의해서 애니메이션 효과가 실행된다.

- 실행 후에는 추가된 CSS 클래스를 제거하거나 다른 CSS 클래스를 적용한다.

예를 들어 다음과 같은 두 개의 뷰가 있고 뷰가 옆으로 밀려 들어오는 효과를 만든다고 가정해 봅니다.

View 1 / View 2

화면 상에서는 하나의 뷰(그림에서 View1)만이 보이므로 View1이 보이는 상태의 화면은 다음과 같이 구성됩니다.

View 1

애니메이션 효과가 시작되면 View2에는 특정 효과를 지정하는 CSS 클래스가 추가되어야 하고, View1에는 점차 사라지는 효과의 CSS 클래스가 적용되어야 합니다.

View 1 / View 2

시간이 지나면서 View1, 2는 지정된 애니메이션을 실행하게 됩니다.

모든 애니메이션이 적용된 후에는 애니메이션의 적용을 위해서 추가된 CSS 클래스가 제거되거나 또 다른 CSS 클래스를 적용받게 합니다.

4.1 ngAnimate의 ng-enter, ng-leave

ngAnimate의 애니메이션 효과는 주로 ng-enter와 ng-leave라는 이름이 붙는 CSS 클래스를 지정해서 동작하게 합니다. 위의 그림에서 각 뷰마다 애니메이션이 시작되어서 화면에 보이고, 사라지는 부분을 ng-enter, ng-leave라는 특정한 단어를 이용해서 구현합니다.

애니메이션이 진행 중에는 특이하게도 ngAnimate가 가지는 ng-enter-active 혹은 ng-leave-active 클래스가 애니메이션이 실행되는 동안 잠시 추가되었다가 사라지게 됩니다.

4.2 뷰 전환 시 슬라이드 효과 만들기

앞의 ngRoute를 사용하는 예제에서 menu1과 menu2의 전환 시에 애니메이션 효과를 적용해 보도록 하겠습니다.

우선은 ngView에는 애니메이션 효과를 적용할 수 있기 때문에 아래와 같이 전환 효과를 표현식을 이용해서 지정할 수 있도록 수정합니다.

예제 | ngAnimate0.html

```
26:    <div ng-view class="container {{ pageClass }}">
```

ngView는 뷰의 전환 시에 컨트롤러의 영향을 받기 때문에 해당 화면의 컨트롤러 코드들을 다음과 같이 수정해줍니다.

예제 | ctrl/menu1.js

```
01:  function Menu1Ctrl($scope){
02:      $scope.title = "Menu1 Controller Page";
03:      $scope.pageClass ="page-menu1";
04:  }
```

```
01: function Menu2Ctrl($scope , data){
02:    $scope.title = "Menu2 Controller Page";
03:    $scope.pageClass ="page-menu2";
04:    console.log(data);
05: }
```

코드에 수정된 부분을 보면 pageClass라는 속성이 $scope에 추가되었고, ngView는 전환 시에 이 속성의 값을 사용하게 됩니다.

ngAnimate 모듈을 적용해야 하기 때문에 주입 받을 수 있도록 모듈의 설정을 변경합니다.

예제 | ngAnimate0.html

```
37: var app  = angular.module('app',['ngRoute','ngAnimate']);
38:    app.config(function ($routeProvider, $locationProvider) {
```

ngAnimate의 동작은 애니메이션의 적용이 가능한 지시자가 있는 곳에 변경할 수 있는 데이터를 지정하는 작업으로 완료됩니다.

실제 작업은 여기에 실제로 동작하는 CSS를 제작하는 일입니다. 이 작업은 크게 2가지 작업으로 진행됩니다.

- 각 뷰의 ng-enter와 ng-leave에 적용될 CSS를 작성하는 부분
- 적용될 CSS에서 동작하는 키프레임을 제작하는 부분

예제 | styles/animate0.css

```
01: /* page specific animations ------- */
02: .container{
03:    position: absolute;
04: }
05: /* page1 ------------------------ */
```

```
06:  .page-menu1.ng-enter  {
07:    animation:scaleUp 2s;
08:    -webkit-animation:slideUp 2s;
09:    -moz-animation:slideUp 2s;
10:  }
11:
12:  .page-menu1.ng-leave {
13:    animation: slideDown 2s;
14:    -webkit-animation: slideDown 2s;
15:    -moz-animation: slideDown 2s;
16:  }
17:
18:  /* page2 ----------------------- */
19:  .page-menu2.ng-leave {
20:    animation:slideDown 2s ;
21:    -webkit-animation:slideDown 2s;
22:    -moz-animation:slideDown 2s;
23:  }
24:  .page-menu2.ng-enter{
25:    animation:slideUp 2s;
26:    -webkit-animation:slideUp 2s;
27:    -moz-animation:slideUp 2s;
28:  }
```

코드를 보면 현재 각 화면의 전환 시에는 sildeUp이나 slideDown 키프레임 애니메이션
을 적용하겠다고 작성되어 있습니다. 반복적인 CSS 구문이 많다고 생각되지만, 경우에
따라서는 각 화면의 전환마다 다른 효과를 적용할 수 있기 때문에 각 화면에 맞게 지정할
수 있도록 해주는 것이 좋습니다.

키프레임의 구조는 다음과 같이 제작할 수 있습니다.

예제 | styles/animate0.css

```
30:  @keyframes slideUp {
31:    from {
32:      transform: translateY(100%);
```

```
33:      opacity: 0;
34:      z-index:8888;
35:    }
36:
37:    to {
38:      transform: translateY(0%);
39:      opacity: 1;
40:      z-index:9999;
41:    }
42: }
43:
44: @-moz-keyframes slideUp {
45:    from {
46:      -moz-transform: translateY(100%);
47:      opacity: 0;
48:      z-index:8888;
49:    }
50:
51:    to {
52:      -moz-transform: translateY(0%);
53:      opacity: 1;
54:      z-index:9999;
55:    }
56: }
57:
58: @-webkit-keyframes slideUp {
59:    from {
60:      -webkit-transform: translateY(100%);
61:      opacity: 0;
62:      z-index:8888;
63:    }
64:
65:    to {
66:      -webkit-transform: translateY(0%);
67:      opacity: 1;
68:      z-index:9999;
69:    }
70: }
```

각 브라우저가 사용하는 CSS3 애니메이션의 접두어가 다르므로 각 브라우저를 고려하는 CSS를 작성해 줍니다.

slideUp 효과에는 CSS3의 translate 효과가 사용되었습니다. 이 효과는 translateX( ) 나 translateY( ) 등을 지정해서 실제 대상 요소를 화면 위에서 이동시키는 작업이 가능합니다. 위의 코드는 애니메이션의 시작 시점(from)에 아래쪽으로 100% 이동했다가 다시 원래의 위치로 돌아오도록 지정된 키프레임입니다.

위의 코드를 실행하면 아래의 화면처럼 화면이 내려가면서 사라지고 다른 화면이 아래에서 나타나는 효과를 볼 수 있습니다.

과거와는 달리 CSS3 역시 점점 더 개발자들이 알아야 하는 내용이 늘고 있습니다. 특히 3D에 관계된 속성들에 대해서 공부하면 위의 전환 효과를 입체적으로 보이도록 하는 것도 그다지 어렵지 않게 작성할 수 있습니다.

만일 애니메이션 효과를 개발자들이 직접 작성해야 한다면 너무나 일이 많아집니다. 인터넷에는 CSS3 기반으로 작성된 애니메이션 라이브러리들을 MIT 라이선스 등으로 공개해 놓은 것들이 많이 있기 때문에 이를 내려받아서 사용하는 것을 권장합니다(다음 화면은 http://daneden.github.io/animate.css/입니다).

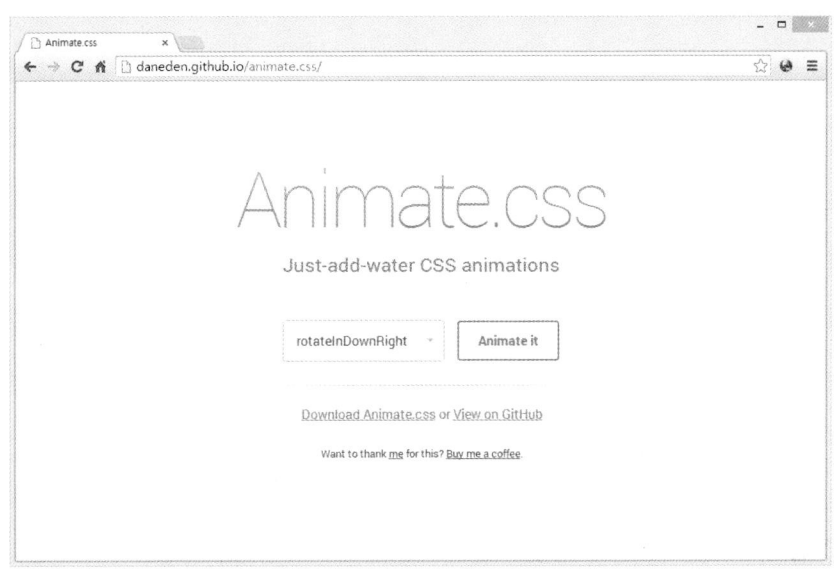

AngularJS 내부에 대한 이해

AngularJS를 좀 더 깊이 이용하고자 할 때 알아두면 좋은 기능들이 많이 있지만, 그중에서도 이번 장에서는 크게 두 가지를 다루려고 합니다.

- $digest( ), $watch( ), $apply( )를 이용하는 내부적인 처리 갱신
- $broadcast( ), $emit( ), $on( )을 이용하는 사용자 정의 이벤트 처리

AngularJS의 가장 중요한 특징을 뽑으라면 역시 '2-way 데이터 바인딩'에 대한 부분을 들 수 있습니다. 그리고 이 기능을 가능하게 하는 것이 위의 $digest( ) 처리이므로, AngularJS를 좀 더 원하는 수준으로 이해하기 위해서 알아둘 필요가 있습니다.

1. AngularJS의 컨텍스트와 $digest( ), $apply( ), $watch( )

AngularJS를 이용하는 코드를 보면 가끔은 기존에 있었던 기능인데, 굳이 AngularJS만의 고유한 속성이나 기능을 이용하는 경우가 종종 있습니다.

예를 들어 jQuery의 $('#id') 대신 angular.element('#id')라든가, window.setInterval( ) 대신에 $interval 서비스 등을 사용하는 것처럼 가끔은 별 차이가 없는 객체들을 보게 됩니다. AngularJS가 굳이 자신만의 객체를 사용하는 가장 큰 이유는 가능하면 처리와 관련 있는 모든 객체를 AngularJS의 애플리케이션으로 관리하고 싶어하기 때문입니다.

AngularJS는 애플리케이션 내에 여러 개의 메모리 공간(컨텍스트)을 가집니다. 그 중에서도 ngApp에 해당하는 가장 큰 영역을 AngularJS 애플리케이션의 컨텍스트 (Context)라고 합니다. 예를 들어 같은 데이터가 다른 공간에 있다면 이것을 흔히 '컨텍스트'가 다르다고 얘기합니다(일반적인 의미로 해석하자면 컨텍스트는 '하나의 울타리가 만들어진 공간'이라고 생각하면 됩니다).

AngularJS를 공부한다면 HTML로 처리하거나, jQuery와 같은 별도의 라이브러리의 기능을 활용하고 싶어집니다. 문제는 이럴 때 화면에서 만들어진 데이터(그것이 이벤트이건 다른 데이터이건)를 AngularJS의 컨텍스트로 어떻게 전달할 수 있는가입니다.

AngularJS를 이용하면 실행되면서 내부적으로 뷰와 컨트롤러는 모델에 해당하는 $scope 객체를 같이 사용하게 됩니다. 2-way 데이터 바인딩에서는 양쪽에서 데이터를 변경하는 것이 가능한데, 그러려면 $scope 안에 데이터가 변경이 일어나면 이를 양쪽 모두에 통보해주는 장치가 필요합니다.

AngularJS는 $digest 루프라는 것을 이용해서 이것을 처리합니다. $digest 루프는 AngularJS 내에서 모든 변화를 감지하는 이벤트 처리 루프입니다.

브라우저가 AngularJS 쪽으로 $scope의 데이터의 변경을 요구하는 작업은 다음과 같습니다.

- ng-click 등과 같이 이벤트 처리
- $http 등에 의한 비동기적인 데이터 변경
- $timer 등에 의한 데이터 변경

예를 들어 사용자가 화면에서 ng-click 이벤트를 발생시키면 AngularJS의 애플리케이션 영역으로 이 데이터는 처리됩니다.

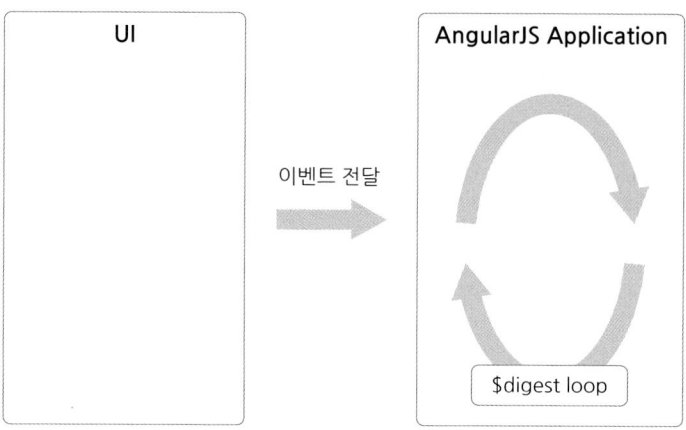

전달된 데이터나 이벤트를 처리하려면 $digest 루프를 실행하면서 1) 올바른 이벤트(데이터)를 처리할 수 있는 AngularJS의 객체를 찾는 작업과 2) 대상에 대한 처리 작업이 필요합니다.

AngularJS의 $digest 루프의 실행은 $scope 단위입니다. 예를 들어 $rootScope에서부터 데이터가 변경되었다는 것을 파악한다면, 현재 애플리케이션 내의 모든 $scope를 찾아 내려가면서 변경된 사항이 있는지를 체크하게 됩니다.

$scope는 내부적으로 watch라는 하나의 속성이 있는데, 이것은 자신에게 어떤 변화가 있는지를 $digest 루프가 알 수 있게 합니다.

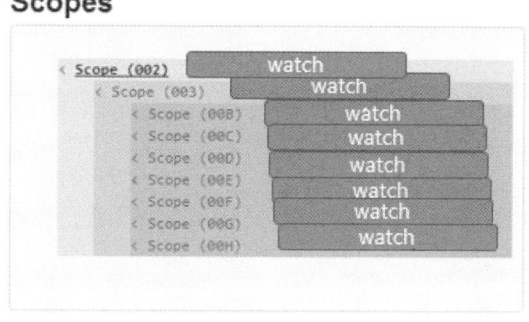

각 $scope에는 $watch( )라는 기능을 통해서 과거와 현재가 같은지를 비교해서 최신의 값이 반영될 수 있도록 작성됩니다. 만일 우리가 직접 $watch( )를 사용할 수 있게 된다면 특정 데이터가 특정 스코프 내에서 변경될 때 감지해서 다른 추가적인 작업을 하는 등의 작업이 가능합니다(재귀적인 호출을 대비해서 10번의 호출 제한이 있습니다).

예제 | ch13\watch0.html

```
08:  <body ng-app="app" ng-controller="SampleCtrl">
09:
10:    Qty: <input type="text" ng-model="qty">
11:    Price: <input type="text" ng-model="price">
12:    Total: <input type="text" ng-model="total">
13:
14:    <script src="https://ajax.googleapis.com/ajax/libs/
           angularjs/1.2.16/angul
15:    <script>
16:
17:    var app = angular.module('app', []);
18:
19:    app.controller('SampleCtrl', function($scope){
20:
21:    $scope.qty = 0;
22:    $scope.price = 0;
23:    var cnt = 0;
24:
25:    $scope.$watch('qty', function(newValue, oldValue) {
26:      console.log(++cnt);
27:    });
28:
29:    $scope.name = 'Hello';
30:
31:    $scope.getTotal = function() {
32:
33:      $scope.total = $scope.qty * $scope.price;
34:    };
35:    });
```

줄 25에서 $scope 객체에 $watch( )를 지정하게 되면 화면의 내용이 변경될 때마다 $watch( )가 호출되는 것을 볼 수 있습니다.

1.1 $apply( )

애플리케이션 내에서 변화가 있다는 것이 감지되면, 그다음에 호출되는 메서드는 $apply( )입니다. $apply( )는 특이하게도 $rootScope에서부터 모든 변화가 있는 것을 체크하게 합니다.

AngularJS를 이용할 때 가끔은 $apply( )를 써야 하는 상황이 생기는데, 이런 일들을 AngularJS에서 처리하는 이벤트가 아니라 jQuery와 같은 라이브러리들을 활용해야 할 때에 주로 사용합니다.

예제 | ch13\apply0.html

```
01: <!DOCTYPE html>
02: <html>
03: <head lang="en">
04:     <meta charset="UTF-8">
05:     <title></title>
06:
07: </head>
08: <body ng-app="app" ng-controller="SampleCtrl">
09:
10: Qty: <input type="text" ng-model="qty">
11: Price: <input type="text" ng-model="price">
12: Total: <input type="text" ng-model="total">
13: <button id="btn">Calc</button>
14:
15: <script src="https://ajax.googleapis.com/.../angular.min.js">
        </script>
16: <script>
18:     var app = angular.module('app', []);
19:
```

```
20:    app.controller('SampleCtrl', function($scope){
21:
22:    $scope.qty = 0;
23:    $scope.price = 0;
24:    var cnt = 0;
25:
26:    $scope.name = 'Hello';
27:
28:    $scope.getTotal = function() {
29:
30:      $scope.total = $scope.qty * $scope.price;
31:    };
32:
33:    var btn = document.getElementById('btn');
34:    btn.addEventListener('click', function(){
35:
36:        $scope.getTotal();
37:        $scope.$apply(); // $apply( )하지 않으면 결과 반영이 안 됨
38:
39:    });
40:
42:    });
43:
44: </script>
45: </body>
46: </html>
```

줄 33, 34를 보면 순수한 DOM 처리로 이벤트를 처리합니다. 만일 줄 37을 주석으로 처리하면 제대로 애플리케이션에 반영되지 못하기 때문에 $apply( )를 반드시 호출해 주어야 합니다.

2. 컨트롤러 간의 이벤트 데이터 전달

AngularJS를 이용해서 개발하다가 자주 만나는 문제 중의 하나는 2중, 3중의 컨트롤러를 사용하면서 데이터를 전달해야 하는 경우입니다. 이 문제를 해결하려면 두 가지 방식을 고민할 수 있습니다.

- 공통으로 주입받는 서비스 객체를 이용한 데이터 전달
- 이벤트 발행을 통한 통신

이 중에서 이벤트 발행을 통한 통신은 사용자 정의 이벤트와 관련 있습니다. 이 방식에서 사용하는 기능은 다음과 같습니다.

- **\$broadcast( )**   아래쪽의 \$scope 쪽으로 메시지를 전달합니다.
- **\$emit( )**   현재 \$scope의 위쪽으로 메시지를 전달합니다.

AngularJS에서는 \$on( )을 이용해서 이벤트 리스닝 처리를 하게 됩니다. 중요한 것은 현재 컨트롤러의 \$scope의 위치일 뿐입니다. 간단한 예제를 작성해봅시다.

예제 | eventEx0.html

```
01: <!DOCTYPE html>
02: ~중략~
13: <div ng-app="app" class="container">
14:   <div ng-controller="OuterCtrl" class="span12">
15:   Top {{count}}
16:   <ul>
17:     <li ng-repeat="i in [1]" ng-controller="InnerCtrl">
18:     <button ng-click="$emit('MyEvent')"> emit('MyEvent')</button>
19:     <button ng-click="$broadcast('MyEvent')">
          broadcast('MyEvent')</button>
20:     <br>
21:     Middle {{count}}
22:     <ul>
23:       <li ng-repeat="item in [1, 2]" ng-controller="OuterCtrl">
24:       - Bottom {{count}}
```

```
25:        </li>
26:       </ul>
27:       </li>
28:     </ul>
29:     </div>
30:  </div>
31:  <script src="//code.jquery.com/jquery-1.11.0.min.js"></script>
32:  <script src="https://ajax.googleapis.com/.../angular.min.js">
       </script>
33:  <script>
35:    var app = angular.module('app',[]);
36:
37:    app.controller ('OuterCtrl',function ($scope) {
38:      $scope.count = 0;
39:      $scope.$on('MyEvent', function() {
40:        $scope.count++;
41:      });
42:    });
43:
44:    app.controller('InnerCtrl',function ($scope) {
45:    });
```

위 코드의 실행 화면은 다음과 같이 보입니다. 화면에서 〈emit〉 버튼을 누르면 위쪽으로 메시지가 전송되는 것을 볼 수 있고, 〈broadcast〉 버튼을 누르게 되면 아래쪽으로 전송됩니다.

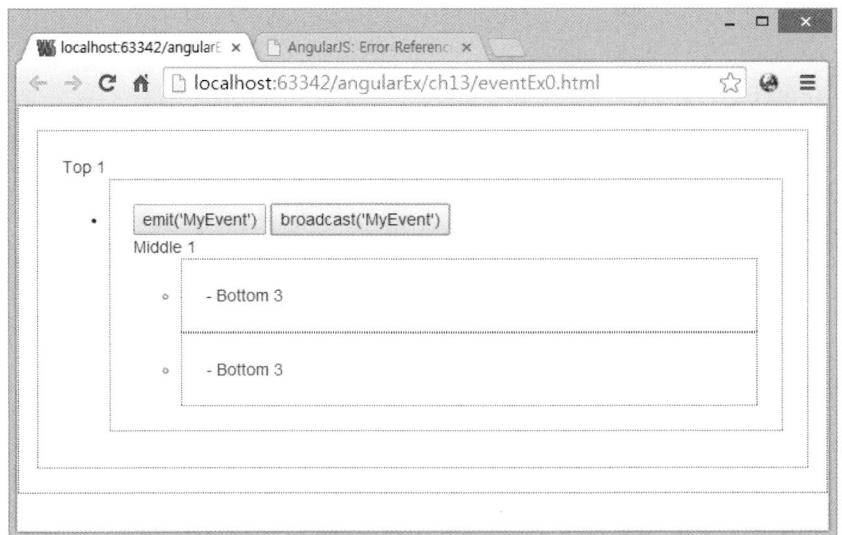

사용자 정의 지시자

AngularJS의 기능 중에는 사용자가 직접 지시자를 생성하는 작업이 가능합니다. 커스텀 지시자라고도 부르는 사용자 정의 지시자는 단순히 축약형의 표현이 아니라, 내부적으로 이벤트 처리와 재사용이 가능한 구조로 설계되어 있습니다.

사용자 정의 지시자의 가장 강력한 점은 한번 개발한 지시자를 모듈에서 공유해서 사용할 수 있기 때문에 중복적인 HTML 처리나 이벤트 처리 등을 하나의 템플릿으로 미리 지정해서 처리할 수 있다는 점입니다. 예를 들어 화면에 페이지 리스트를 보여주기 위해서 하나의 사용자 정의 지시자를 개발해두면 모듈 내에 모든 리스트에서 재사용하는 방식입니다.

1. 모듈에 추가되는 사용자 정의 지시자

사용자 정의 지시자는 선언 시에 모듈에 directives( ) 기능을 이용하여 정의합니다. 파라미터로는 작성하는 지시자의 이름과 여러 정보를 묶은 객체(config)를 넣어주게 됩니다. 설정 객체는 다음과 같은 속성들을 지정해서 사용할 수 있습니다.

- **name** 사용자 정의 지시자의 이름
- **restrict** 사용자 정의 지시자의 용도

    E 요소(element)로 사용 〈myTag〉와 같은 방식

    A 특정 요소의 속성 정보로 사용될 수 있음

C	요소의 클래스 속성값으로 사용 ⟨tag class='myTag'⟩와 같은 형태로 사용
M	주석 처리 용도로 사용

- **priority** 적용의 우선순위
- **scope** 사용자 정의 지시자만의 고유한 격리된(isolated) scope를 생성할 수 있는 속성 (false, true, 객체로 설정 가능). 여기서 정의된 변수 등은 사용자 정의 지시자에 전달되어서 처리됩니다.

@	사용자 정의 지시자에 전달된 데이터를 텍스트로 처리해서 전달 (1-way)
&	1-way 로 참조
=	2-way로 참조

- **template** 사용자 정의 지시자의 HTML 템플릿
- **templateUrl** Ajax로 호출된 페이지를 템플릿으로 활용
- **replace** 사용자 정의 지시자 내에 템플릿이 적용될 것인가, 템플릿으로 치환한 결과를 출력하는가?
- **transclude** 원래의 HTML을 그대로 포함해서 출력하는가
- **link** 사용자 정의 지시자와 DOM이 $scope에 의해서 최종적인 결과를 만들어 낼 때의 처리
- **require** 사용자 정의 지시자에 반드시 필요한 정보

?	없으면 에러 발생
^	상위 $scope 객체 탐색

1.1 name, restrict와 template

사용자 정의 지시자를 만드는 가장 첫 단계는 사용자 정의 지시자의 name과 사용자 정의 지시자의 내용물에 해당하는 template을 작성하는 작업입니다. 이때 사용자 정의 지시자를 요소로 사용할 것인지 속성이나 클래스로 사용할 것인지를 지정하는 restrict를 이용해서 지정합니다.

```
01: <!DOCTYPE html>
02: <html >
03: <head>
04:    <meta charset="utf-8">
05: </head>
06:
07: <body ng-app='app'>
08:
09: <my-link></my-link>
10:
12: <script src="https://ajax.googleapis.com/.../angular.min.js">
       </script>
13: <script>
14:
15: var app = angular.module('app',[]);
16:
17: app.directive('myLink', function() {
18:    return {
19:    restrict:'E',
20:    template: '<button >Button </button> '
21:    }
22: });
23:
24: </script>
25: </body>
26: </html>
```

줄 17에서는 name을 이용해서 사용자 정의 지시자를 생성합니다(주의해서 볼 사실은 AngularJS의 표기법은 '–'를 이용하는 것으로 치환된다는 점입니다. 줄 09에서 대문자 부분이 '–'로 치환되는 것을 볼 수 있습니다).

줄 19에서는 restrict를 'E'로 지정했으므로 요소(element)로 사용됩니다. 예제의 실행 결과는 다음과 같이 보입니다.

1.2 사용자 정의 지시자에 데이터를 전달하는 scope 속성

name, restrict, template은 사용자 정의 지시자에서 가장 중요한 속성들이긴 하지만 좀 더 내장(Built-in) 지시자처럼 동작하려면 데이터를 전달받고 이에 대한 처리 작업이 같이 이루어질 필요가 있습니다.

예를 들어 아래의 코드에서처럼 사용자 정의 지시자의 바깥쪽의 컨트롤러가 가진 데이터를 전달해야 하는 경우가 있습니다. 물론 반대로 사용자 정의 지시자의 데이터를 바깥쪽 컨트롤러에 전달할 필요도 있습니다.

예제 | cdScope0.html

```
07: <body ng-app='app' ng-controller="myCtrl">
08:
09: <h2>{{title}}</h2>
10:
11: <my-link title='{{title}}'></my-link>
13: ~중략~
```

```
17:    var app = angular.module('app',[]);
18:
19:    app.directive('myLink', function() {
20:      return {
21:         restrict:'E',
22:         template: '<button >Button </button>'
23:      }
24:    });
25:
26:    app.controller('myCtrl', function($scope){
28:      $scope.title = 'My Controller';
29:    });
```

위의 코드에서 〈my-link〉는 myCtrl라는 컨트롤러의 $scope 내에 있지만 줄 11의
{{title}}은 제대로 반영되지 못하는 것을 볼 수 있습니다. 이를 해결하려면 scope라는 속
성을 제대로 이해할 필요가 있습니다.

2. 격리된 $scope

사용자 정의 지시자의 경우 ngRepeat와 같은 지시자처럼 고유한 자신만의 $scope를 만
들어 냅니다. 만일 개발자가 사용자 정의 지시자의 scope 속성을 지정하지 않으면, 기본
적으로 자신을 감싸는(위의 코드에서는 myCtrl) $scope를 이용하게 됩니다.

따라서 아래의 코드는 정상적으로 결과가 나옵니다.

예제 | cdScope1.html의 일부

```
19: app.directive('myLink', function() {
20:   return {
21:      restrict:'E'
22:    template: '<button value="{{title}}">Button </button> '
23:    }
```

```
24:   });
25:
26:   app.controller('myCtrl', function($scope){
28:     $scope.title = 'My Controller';
29:   });
```

줄 22에서 {{title}}을 사용하는 코드인데 실제로 실행되는 결과를 보면 바깥쪽 컨트롤러의 $scope 내의 title을 사용하는 것이 보입니다.

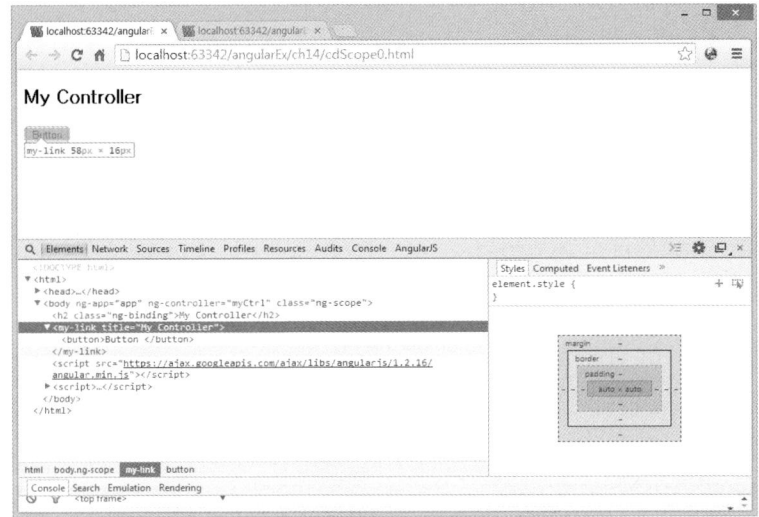

문제는 여전히 {{title}}을 사용자 정의 지시자가 컴파일되는 시점에 적용하면 아무 일도 일어나지 않는다는 겁니다.

이것을 이해하려면 바로 이전 장에서 다룬 AngularJS의 처리 과정을 이해할 필요가 있습니다. AngularJS의 실행은 컴파일 작업과 링킹으로 나누어지고, 컴파일 작업 시에는 지시자 구문이 해석되고 링킹 작업을 하는 동안 $scope가 처리된다는 것을 기억할 필요가 있습니다.

만일 <my-link value="{{title}}"></my-link >과 같은 방식으로 처리하면 사용자 정의 지시자가 컴파일 되는 시점에는 $scope를 사용하지 않기 때문에, 비어 있는 상태에서 template인 `<button>Button</button>`을 사용하게 됩니다. 이후 링킹 작업 시에는 아무런 표현식이나 지시자가 없기 때문에 바깥쪽 객체의 $scope의 내용물은 나오지 않습니다.

2.1 사용자 정의 지시자의 scope를 이용한 격리된 $scope 객체 생성

사용자 정의 지시자를 정의할 때 scope를 지정하게 되면 처리 시에 독립적인 $scope가 생성됩니다. 이것을 이용해서 링킹 작업이 진행될 때 전달되는 데이터를 전달받을 수 있습니다.

데이터의 전달은 데이터의 키(이름)를 통해서 값을 가져오거나(@) 참조(=)하는 방식을 사용합니다. 아래의 코드는 scope를 정의해서 격리된 공간에서 다시 링킹 작업을 진행하게 수정한 방식입니다.

예제 | cdScope3.html

```
01: <!DOCTYPE html>
02: <html >
03: <head>
04:    <meta charset="utf-8">
05: </head>
06:
07: <body ng-app='app' ng-controller="myCtrl">
08:
09: <h2>{{title}}</h2>
10:
11: <my-link  title="{{title}}"></my-link >
14: <script src="https://ajax.googleapis.com/.../angular.min.js">
       </script>
15: <script>
16:
17:    var app = angular.module('app',[]);
18:
19:    app.directive('myLink', function() {
```

```
20:        return {
21:          restrict:'E',
22:           scope:{
23:            title:'@'
24:          },
25:          template: '<button  > {{title}} </button> '
26:        }
27:    });
28:
29:    app.controller('myCtrl', function($scope){
31:      $scope.title = 'My Controller';
32:    });
35: </script>
36: </body>
37: </html>
```

줄 21에서 scope 속성이 선언되어 격리된 스코프를 가지도록 했고, @를 이용해서 링킹 작업이 진행되는 동안 값을 사용하는 방식으로 작성되었습니다. 실행 결과는 다음과 같이 출력되는 것을 볼 수 있습니다.

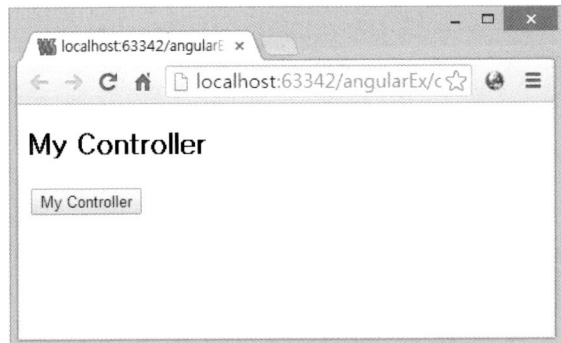

Batarang을 이용해서 보면 사용자 정의 지시자에 독립적인 속성이 부여된 것을 확인할 수 있습니다.

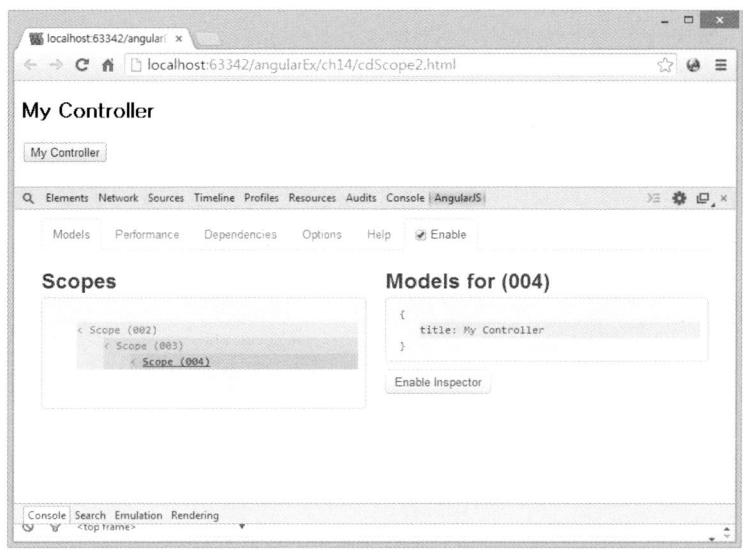

사용자 정의 지시자의 데이터 처리는 scope를 이용하지만, 링킹 작업의 처리는 link라는 속성을 정의해서 제어할 수 있습니다.

2.2 1-way와 2-way의 scope 속성값

사용자 정의 지시자가 독립적인 $scope를 소유하기 위해서 설정한 scope 속성에는 @, &, =를 이용할 수 있습니다.

- **@** 앞의 예제에서 본 것처럼 사용자 정의 지시자가 링킹될 때 자신에게 던져진 데이터를 단순히 텍스트의 형태로 전달받습니다.
- **&** 주어진 사용자 정의 지시자의 $scope 내에 주어지는 데이터를 참조의 형태로 사용합니다. 다만 1-way로 참조하기 때문에 @를 사용하는 경우가 더 많습니다.
- **=** 는 2-way 데이터 바인딩으로 참조되기 때문에 별다른 일이 없다면 &를 사용하기보다는 =를 이용합니다.

실제로 이 속성값들이 어떻게 사용되는지는 다음 그림을 보면서 이해할 수 있습니다.

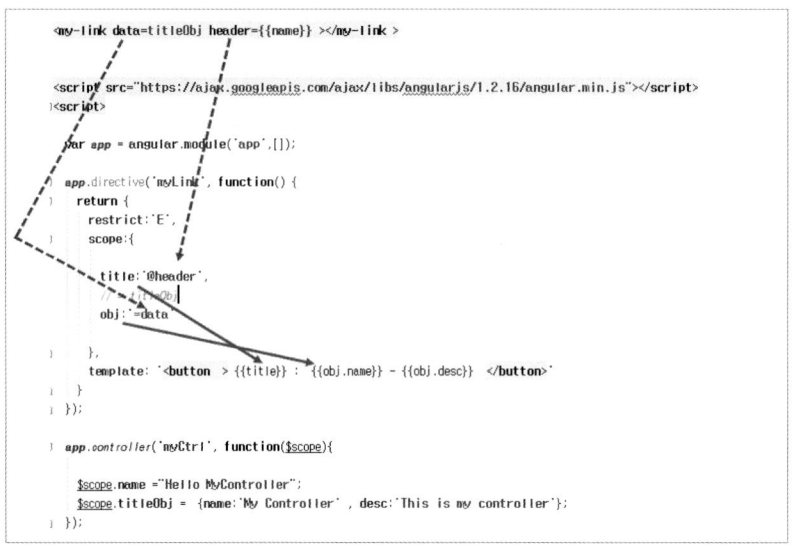

```
<my-link data=titleObj header={{name}} ></my-link >


<script src="https://ajax.googleapis.com/ajax/libs/angularjs/1.2.16/angular.min.js"></script>
<script>

    var app = angular.module('app',[]);

    app.directive('myLink', function() {
        return {
            restrict:'E',
            scope:{

                title:'@header',
                // title:'@titleObj',
                obj:'=data'


            },
            template: '<button > {{title}} : {{obj.name}} - {{obj.desc}}  </button>'
        }
    });


    app.controller('myCtrl', function($scope){

        $scope.name ="Hello MyController";
        $scope.titleObj = {name:'My Controller' , desc:'This is my controller'};
    });
```

위의 코드(chScope3.html)는 가장 아래쪽의 컨트롤러에 변수 name과 titleObj가 선언
되었고, 이를 사용자 정의 지시자에 전달하고 전달 받는 구조를 보여줍니다. 위 예제의 실
행 결과는 다음과 같습니다.

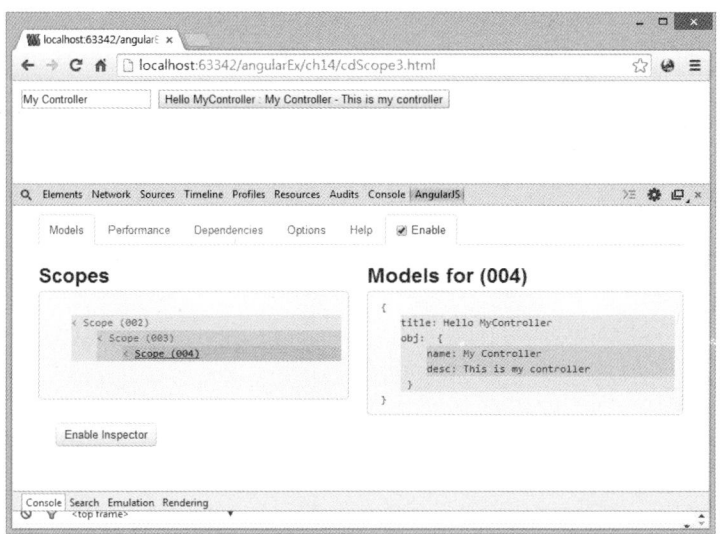

사용자 정의 지시자의 속성의 이름은 scope 내에서는 찾아야 하는 대상이 되기 때문에 scope 내에 원하는 변수(title, obj)를 선언하고 대상을 참조하는 방식을 결정합니다. 이 때 연산자처럼 사용해서 @나 =를 이용합니다.

2.3 컴파일과 링킹

AngularJS가 동작하는 데 있어서 가장 중요한 작업은 역시 컴파일 작업과 링킹이라고 볼 수 있습니다. AngularJS 내의 모든 지시자는 컴파일 과정과 링킹 작업을 거치게 되는 데, compile, link라는 속성의 값으로 함수를 전달하게 되면 이 움직임을 감지하고 추가적인 작업을 해줄 수 있습니다.

compile( )과 link( )는 그 동작 시점에서 가장 큰 차이는 링킹 작업이 일어날 때에는 반드시 $scope가 추가된 상태에서 동작한다는 것입니다. 따라서 compile( )의 파라미터는 단순히 요소와 속성으로만 구성되는 반면에, link( )는 현재 실행 시에 필요한 데이터를 가지는 $scope가 추가된 상태에서 동작합니다.

사용자 정의 지시자에 scope를 이용하지 않으면 바깥쪽의 $scope를 참조하므로, 사용자 정의 지시자가 링킹되는 순간을 감지해보도록 합니다.

예제 | cd4.html

```
10:  <div ng-controller="UserCtrl">
11:
12:    <my-list ng-model="arr"></my-list>
13:
14:  </div>
15:
16:  <script src="https://ajax.googleapis.com/.../angular.min.js">
       </script>
17:  <script>
18:
19:    var app = angular.module('app',[]);
```

```
20:
21:
22:    app.directive('myList', function() {
23:
24:      return {
25:        restrict:'EAC',
26:        replace: true,
27:        template: '<ul class="pagination">
                      <li ng-repeat="data in arr">
                      <a ng-click="clickDoA(data)" >
                      {{data}}</a></li></ul>',
28:        link:function(scope, ele, attr, ctrl){
29:          console.log('link');
30:          console.log(scope.arr);
31:        }
32:      }
33:    });
34:
35:    app.controller('UserCtrl',function($scope){
36:
37:      $scope.arr = [1,2,3,4,5,6,7,8,9];
38:
39:      $scope.clickDoA = function(pageNo){
40:        console.log('AAAAA');
41:        console.log( pageNo);
42:      }
43:    });
```

줄 27의 template은 〈li〉를 출력하는 HTML이고, link( )를 이용해서 링킹되는 순간을
감지합니다. 위의 코드를 실행하면 다음과 같이 실행되는 것을 볼 수 있습니다.

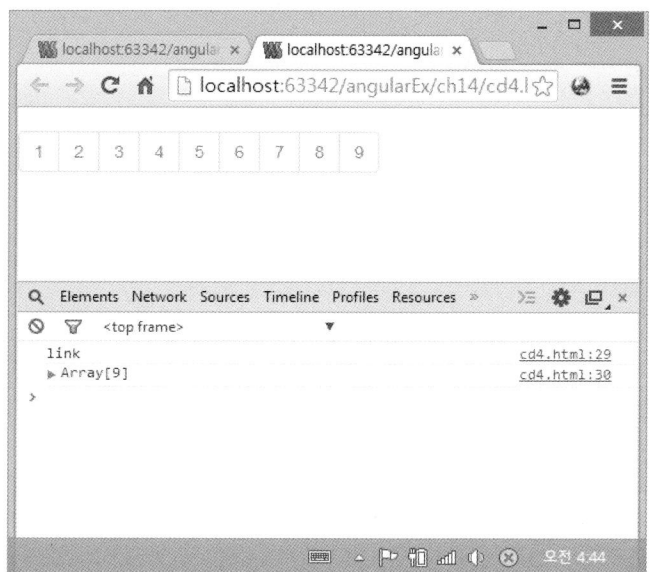

이 밖에도 사용자 정의 지시자의 독립적인 컨트롤러를 지정하는 등 추가적인 기능들이 많이 있습니다. 특히 HTML5의 다양한 기능들과 결합하면 AngularJS를 HTML 기반의 솔루션 개발용으로 활용할 수 있을 것입니다.

찾아보기

INDEX

기호

{ }	49
&	385
=	385
==	45
===	45
|	254
$apply( )	368
$broadcast( )	368
$digest( )	368
$digest 루프	369
$emit( )	368
$evn	245
$first	245
$get( )	282
$http 서비스	277, 284
$index	245
$last	245
$locationProvider	355
$location 서비스	341
$log 서비스	311
$middle	245
$on( )	368
$provide	282
$q 서비스	277
$resource 서비스	277, 315
$rootScope	214, 372
$routeParams	353
$route 서비스	341
$scope	214
$timeout 서비스	311
$watch( )	368

@keyframes	357
@-moz-keyframes	357
@-o-keyframes	358
__proto__	82
@-webkit-keyframes	357

번호

1급 객체(First-class Object)	48
2-way	130

ㄱ

값(Value)	60
객체	42
객체(Object)	19
객체 리터럴	76
기본 자료형(Primitive Type)	39
끌어올리기	58

ㄴ

내장 객체(Built-in Object)	74
내장 지시자	224
느슨한 결합(Loose Coupling)	215

ㄷ

단일 var 패턴	41
단일 객체(Singleton Object)	276
대괄호([ ]) 연산자	46
동등 연산자	45

ㄹ

라이브 스크립트(Live Script)   17

ㅁ

명시적인 속성(Explicit Property)   96
모델(Model)   149, 151
모듈 패턴(Module Pattern)   118
모카(Mocha)   17

ㅂ

변수 객체(Variable Object)   60
변수 해석(Variable Resolution)   62
뷰(View)   151
비동기화(Asynchronous)   159

ㅅ

사용자 정의 객체(User-defined Object)   74
사용자 정의 지시자   224, 377
생성자(Constructor)   76
서버 측 자바스크립트   25
서비스(Service)   276
서비스 객체   278
선언(Declaration)   50
스코프   61
스코프 체인   59
스크립트 언어(Script Language)   17
실행 영역(Execution Context)   59, 61
싱글턴 패턴   67

ㅇ

암묵적 링크(Implicit Link)   93
압타나(Aptana)   28
양방향 메시지 교환 방식   130
온점(.) 연산자   39
웹 서버   28
웹 앱(Web App)   22
이벤트(Event)   18, 130
이벤트 루프(Event Loop)   131
이벤트 리스너(Event Listener)   131
이벤트 큐(Event Queue)   131
인스턴스(Instance)   42, 84
일치 연산자   45

ㅈ

자바스크립트(JavaScript)   17
자바스크립트 엔진(JavaScript Engine)   19
전역 객체(Global Object)   60
전역 컨텍스트(Global Context)   60
접근 제한   116
접두사   358
주입(Inject)   84
중앙집중형 구조   131
중첩 함수   66
지역 변수(Local Variable)   62

ㅊ

참조(Reference)   64
참조 자료형(Reference Type)   39

ㅋ

커스텀 지시자	377
컨텍스트(Context)	369
컨트롤러(Controller)	151
콘솔(Console)	26
콜백 함수	149
클래스(Class)	19
클래스 기반 언어	42
클로저(Closure)	63
키(Key)	60
키프레임(Keyframe)	356

ㅌ

토글(toogle) 기능	251
통합개발환경(IDE)	28

ㅍ

편집기	28
표현식(Expression)	50
프로토타입 기반 언어	42
프로토타입 체인(Prototype Chain)	84
필터(Filter)	225, 253

ㅎ

함수(function)	18
현지화 포맷(Localizable Formats)	255
호이스팅(Hoisting)	40, 58
활성화 객체(Activation Object)	61
히스토리 제어	355

A

absUrl( )	354
Ajax	22
animation-delay 속성	359
animation-direction 속성	359
animation-duration 속성	359
animation-fill-mode 속성	359
animation-iteration-count 속성	359
animation-name 속성	359
animation-play-state 속성	359
animation-timing-function 속성	359
arguments 객체	57

C

cache 속성	287
cancel( )	312
Change event	250
Click event	250
Cloud9 IDE	37
compile( )	387
config( )	278
constant( )	278
controller( )	220
controller 속성	348
CouchDB	25
CSS	20
CSS 클래스	361
current	254

D

data	286
data 속성	287
date	254
debug( )	314
Demeter 방식	131
directives( )	377
DOM	20
Duck Typing	120

E

ECMAScript	44
error( )	314

F

factory( )	278
filter	254, 261
fullDate	255
Function( )	55
Function 객체	55

G

getFn(함수)	279
global	60

H

hash( )	354
hashbang 모드	355
headers	287

headers 속성	287
host( )	354
HTML	20
HTML5	24
html5Mode( )	355
HTML5 모드	355
HTTP 통신	284

I

info( )	314
instanceof 연산자	120
in 연산자	46

J

jQuery	19, 130
JS Bin	36
JScript	18
json	254

K

Keyboard event	250

L

limitTo	254
link	378
link( )	387
log( )	314
londDate	255
lowercase	254

M

Map	75
medium	255
mediumDate	255
mediumTime	256
method 속성	287
Model2 방식	152
MongoDB	25
MongoLab	315
Mouse event	250
MVC 패턴	151

N

name	279
new	78
ngAnimate 모듈	355
ngBindHTML	231
ngBind 지시자	230
ngChange 지시자	250
ngClass 지시자	248
ngClick 지시자	250
ng-controller 속성	218
ngDblClick 지시자	250
ng-enter	362
ngHide 지시자	234
ngIf 지시자	239
ngKeydown 지시자	250
ngKeypress 지시자	250
ngKeyup 지시자	250
ng-le	362
ng-leave-active	362

ngModel 지시자	228
ngMouseDown 지시자	250
ngMouseenter 지시자	250
ngMouseleave 지시자	250
ngMousemove 지시자	250
ngMouseOver 지시자	250
ngMouseup 지시자	250
ngRepeatEnd 지시자	247
ngRepeatStart 지시자	247
ng-repeat 지시자	243
ngRepeat 지시자	240
ngRoute 모듈	342
ngShow 지시자	234
ngSwitch 지시자	235
Node.js	25
null	77
number	254

O

Object.create( )	73
orderBy	254
otherwise	343

P

params 속성	287
path( )	354
Plunker	35
port( )	354
priority	378
protocol( )	354

prototype 속성	124	success( )		286
provider( )	278			
		T		
R		template		378
redirectTo 속성	348	templateUrl		378
REPL	18	templateUrl 속성		348
replace	378	template 속성		348
require	378	this		60
resolve( )	350	timeout 속성		287
resolve 속성	348	toString( )		85
responseType 속성	287	transclude		378
REST	277	transformRequest 속성		287
restrict	377	transformResponse 속성		287
return	49	translateX( )		366
routeParams 속성	348	translateY( )		366
		typeof 연산자		120
S				
Scheme	39	**U**		
scope	378	undefined		40
scope 속성	380	uppercase		254
search( )	354	url 속성		287
Self	39			
service( )	278			
short	255	**V**		
shortDate	256	value( )		278
shortTime	256	var		39, 116
sildeUp	364	VBScript		18
slideDown	364			
SPA	341	**W**		
status	286	warn( )		314

when 343
Wrap 73

X
XMLHttpRequest 284